HISTOIRE GÉNÉRALE

DE

L'ABBAYE DU MONT-Sᵗ-MICHEL.

ROUEN. — IMPRIMERIE DE H. BOISSEL
Rue de la Vicomté, 55

HISTOIRE GÉNÉRALE

DE

L'ABBAYE DU MONT-St-MICHEL

AU PÉRIL DE LA MER

PAR DOM JEAN HUYNES

PUBLIÉE POUR LA PREMIÈRE FOIS AVEC UNE INTRODUCTION ET DES NOTES

Par E. DE ROBILLARD DE BEAUREPAIRE

—

TOME I

ROUEN

CHEZ A. LE BRUMENT

LIBRAIRE DE LA SOCIÉTÉ DE L'HISTOIRE DE NORMANDIE

RUE JEANNE-D'ARC, N° 11

—

M DCCC LXXII

EXTRAIT DU RÉGLEMENT.

Art. 16. — Aucun volume ou fascicule ne peut être livré à l'impression qu'en vertu d'une délibération du Conseil, prise au vu de la déclaration du Commissaire délégué et, lorsqu'il y a lieu, de l'avis du Comité intéressé portant que le travail *est digne d'être publié*. Cette délibération est imprimée au verso de la feuille de titre du premier volume de chaque ouvrage.

Le Conseil, vu la déclaration de M. Boivin-Champeaux, *commissaire délégué, portant que l'édition de l'*Histoire générale de l'Abbaye du Mont-St-Michel, *préparée par* M. E. de Robillard de Beaurepaire, *ui a paru digne d'être publiée par la* Société de l'Histoire de Normandie, *après en avoir délibéré, décide que cet ouvrage sera livré à l'impression.*

Fait à Rouen, le Lundi 4 Décembre 1871.

Certifié :

Le Secrétaire de la Société,

C. LORMIER.

INTRODUCTION.

Notre société a compris au nombre de ses publications normandes l'*Histoire du Mont-Saint-Michel au péril de la mer*, par le bénédictin Dom Huynes, et elle nous a chargé d'en établir le texte et d'en préparer l'impression. Bien que la date de cette composition ne remonte qu'à l'année 1638, les difficultés que nous avons rencontrées, pour remplir notre tâche, ont été nombreuses et d'une nature assez délicate. Mais avant de les exposer, il nous semble utile de faire connaître ce qu'était Dom Huynes et d'indiquer, en même temps, le caractère de l'œuvre qu'il nous a laissée.

Comme la plupart des religieux restés fidèles d'une manière absolue à la vie cénobitique, Dom Huynes n'a point, à proprement parler, de biographie. Deux autres moines du Mont-St-Michel, Dom Louis de Camps et Dom Thomas Le Roy, qui peuvent être considérés comme les continuateurs de ses travaux, nous apprennent qu'il était picard et qu'il fit sa profession religieuse à Redon, en Bretagne, à l'âge de vingt et un ans.

Dans son Histoire littéraire de la congrégation de Saint-Maur, publiée en 1770, Dom Tassin confirme en ces termes ces deux indications : « Dom Martin Jean Huynes, né dans la ville de Beauvais, prononça solennellement ses vœux dans l'abbaye de Redon en Bretagne, le 21 mai 1630, à l'age de 21 ans. Il aimoit la solitude et fuyoit surtout l'oisiveté. Assidu à l'office divin, ses grands travaux pour la congrégation ne l'en dispensoient jamais. Il avoit du talent et du goût pour écrire l'histoire des monastères sur les titres et les pièces originales » [1].

Au reste, dans ses différents écrits, Dom Huynes lui-même a pris soin de lever toute incertitude à cet égard. En tête d'une vie de *sainct Bértivin* [2] nous lisons une sorte d'introduction où il s'explique, d'une façon assez inattendue mais fort nette, sur son lieu de naissance.

« Mon cher lecteur, m'estant rencontré diverses fois avec personnes de differentes provinces qui chacun se glorifioit d'avoir plusieurs sainctz personnages natifs de leur pays, tous concluoient que nul normant ne fut jamais sainct. Mais telles gens monstrent par leurs discours qu'ils sont peu versez ès histoires. Et pour moy, *estant picard* de nation, si je voulois entreprendre cette cause, je monstrerois que depuis l'arrivée des Normants en France, il y a eu plus de sainctz natifs en Normandie ou pour le moins autant qu'on en pourroit rencontrer ès autres provinces. Nous transcriprons icy la vie d'un d'iceux, selon que la trouvons dans un manuscript authentique de ce Mont-St-Michel marqué sur le dos de ce cyphre V. 3, ».

Dans son histoire du Mont-St-Michel, à propos de l'affection des Bretons pour ce lieu privilegié et du dicton populaire : « Le Couesnon par sa folie a mis le Mont en Normandie », il émet cette réflexion qui témoigne tout à la fois de sa pieté et de son origine picarde :

« Et certes pour moy si je voyois ce Mont si proche de Picardie comme je le vois de la Bretagne et qu'il n'y eut qu'une riviere qui l'empeschat d'estre en Picardie, je souhai-

---

[1] Histoire littéraire de la Congrégation de Saint-Maur, p. 57.
[2] Bibliothèque nationale, Mss. français, n° 18, 947, p. 159.

terois volontiers l'esloignement de cette riviere, car qui ne seroit bien aise d'avoir un tel Mont en sa province. »

Au chapitre 3 du VIe traicté de son Histoire générale du Mont intitulé : « Des prieurs qui ont gouverné cette abbaye depuis la reforme jusqu'à maintenant, » il précise davantage en nous faisant connaître que, comme le R. P. Dom Placide Sarcus, il appartenait au diocèse de Beauvais : « Dom Placide Sarcus, nous dit-il, natif de *notre diocèse de Beauvais*[1]. »

Est-il besoin de dire que rien n'autorise la supposition avancée par un historien justement estimé, en vertu de laquelle Jean Huynes auroit tiré son nom de la paroisse d'Huisnes appartenant au Mont-St-Michel[2]?

Le renseignement relatif à la date de sa profession religieuse, que nous trouvons dans l'Histoire littéraire de Saint-Maur, n'est pas moins exact. A deux reprises différentes Dom Huynes s'est expliqué à ce sujet, et dans son Histoire du Mont, et dans la Chronique latine qui vient à la suite. Voici les deux passages :

« Et le R. P. Dom Michel Pirou, natif du diocese de Rouen, un des douze qui veinrent demeurer les premiers de la congregation en ce Mont, et qui y exerça l'office de soubprieur, du temps du premier prieur, demeura en sa place.

---

[1] Bibliothèque nationale, Mss. français, n° 18,947. C'est à ce manuscrit que sont empruntées toutes les citations, de l'Histoire du Mont-Saint-Michel faites dans cette introduction.

[2] « Un rapport, fortuit peut-être, rattache à cette commune le principal historien du Mont-St-Michel, lorsque d'ailleurs son souvenir plane sur tout le littoral de cette baie qu'il a illustré dans sa chronique. Pourquoi d'ailleurs Jean Huynes né à Beauvais n'aurait-il pas tiré son nom religieux de cette localité qui appartenait à son monastère lorsqu'on voit l'abbé Robert de Torigny s'appeler Robert du Mont et lorsqu'on trouve le nom de Robert de Tombelaine qui, bien probablement, n'était pas né sur le rocher de ce nom. »
Avranchin monumental et historique, par Ed. Le Héricher, t. 2, p. 187.

Iceluy auparavant estoit prieur de l'abbaye Sainct Sauveur de Rhedon où il me receut à profession de la regle de St Benoist, l'an mil six cens trente, le mardy vingt et uniesme du moys de may, derniere feste de Pentecostes. » (Histoire générale du Mont-St-Michel, folio 115 v°.)

« Post Pentecosten, Domnus Beda de Fiesques electus est prior monasterii Sancti Sergii et Bacchi Andegavensis, Vindocini, in capitulo generali, et Domnus Michael Pirou, tunc prior Sancti Salvatoris Rothonensis, ubi me ad professionem regulæ Sancti Benedicti admisit, anno Domini millesimo sexentesimo trigesimo, die martis in octavis Pentecostes, vigesima prima mensis maii, quique fuerat unus ex duodecim qui venerant, anno 1622, ad reformandam istam abbatiam, abbatiæ Montis præfectus est. » (Chronica ex variis manu-scriptis Montis Sancti Michaelis in periculo maris, et litteris authenticis et aliis recentioribus à fratre Joanne Huynes confecta. » (folio 156 v°).

En dehors de ces mentions, les indications relatives à l'auteur, que nous trouvons dans les différents ouvrages qui nous ont été conservés, sont très-rares et absolument insignifiantes. Jean Huynes aimait la science pour elle-même, et il est facile de voir qu'il n'a jamais songé à se mettre en scène. Dans deux ou trois circonstances, en racontant certains faits exceptionnels, il ajoute qu'ils ont eu lieu sous ses yeux. C'est ainsi qu'il nous fait connaître que le 1er aout 1638, à six heures du soir, il entendit de grands tonnerres, qu'il vit tomber de la grêle de la grosseur d'une noix ou d'un œuf et que, vers le roc de Tombelaine, un poisson *nommé Balaine* demeura sur les grèves. L'an 1639, le 30 mai, il vit encore transporter dans le Mont, sur une charrette attelée de six chevaux généreux un autre poisson d'une grandeur considérable qui avait été pris dans le Couesnon. (Histoire générale, folio 116 r°.)

Enfin nous lisons dans la chronique latine que notre historien fut réveillé, au Mont St Michel, le 6 juillet 1640, entre dix et onze heures du soir, par un violent tremblement de terre : « Eodem anno die sextâ Julii, post horam decimam serotinam, imminente undecimâ, terra mota est in hoc Monte, tumque ego dormiens à tali commotione expergefactus sum. » (folio 157, r°)

Nous avons cherché vainement autre chose. C'est qu'en effet, dans cette vie qui s'est écoulée obscurément dans le cloître, partagée entre la prière et l'étude, la composition des différents écrits que Dom Huynes nous a laissés est le seul fait saillant qui puisse appeler l'attention de la postérité. A cet égard, sans être très abondants, les renseignements ne font pas précisément défaut.

L'histoire de l'abbaye du Mont-St-Michel sur laquelle nous reviendrons plus tard, n'est pas le seul travail important auquel il ait attaché son nom.

Du Mont-St-Michel, Dom Huynes fut envoyé, après 1640, à une date que nous ne connaissons pas d'une manière très précise, à St-Florent près Saumur où il remplit les fonctions de prieur, et dès 1643 il se mit à réunir les matériaux nécessaires à la rédaction d'une histoire complète de cet établissement religieux. Son travail était achevé en 1647. Il y avait employé quatre années entières.

« Tout ce que dessus, écrit-il, touchant la vie de St Florent, le commencement de l'abbaye de St Florent le Vieil, sa continuation au chasteau de Saumur et finalement près Saumur, soit dit à la plus grande gloire de Dieu et profit du lecteur, n'y ayant rien mis qu'aprez y avoir pensé longuement, appuyé sur autant de bons tesmoignages qu'il m'a esté possible et sur une attentive lecture des archives l'espace de quatre ans, oultre ce que j'ai veu moy-mesme »[1].

---

[1] Histoire générale de l'abbaye Saint Florent lez Saumur, in-4° 492 feuillets, folio 477, v° (Bibliothèque nationale) Manuscrits français n° 19,862.

Le succès ne répondit pas à des labeurs si persévérants. « Malgré tous ses mérites, dit M. Marchegay, l'histoire de Dom Huynes n'a pas obtenu de nos devanciers autant de faveur que d'autres travaux du même genre aujourd'hui complétement oubliés. Un Bénédictin de Saint-Germain des Prés se plaignait avec raison de cette négligence dès l'année 1678. Les Religieux, écrivait-il, ne font pas assez de cas de cette histoire qui est belle, exacte et pleine de critique contre la *Gallia christiana* de Robert. Depuis, l'ouvrage de Dom Huynes n'a pas été mieux traité. Non contents de le laisser dans l'oubli, les moines de Saumur ne se sont pas même préoccupés de sa conservation [1]. »

Les aptitudes historiques dont Jean Huynes avait successivement fait preuve, au Mont-St-Michel et à Saint Florent, marquaient sa place à Saint-Germain-des-Prés. Il y fut appelé vers 1648, et s'appliqua dès lors à se procurer les documents utiles à la rédaction d'un pouillé général des bénéfices de France, et à classer méthodiquement les magnifiques archives de l'abbaye.

La mort le surprit, au milieu de ces occupations absorbantes, le 18 août 1651. — Il était alors âgé de quarante-deux ans.

Voici en quels termes Dom Tassin s'exprime à ce sujet :

« Dom Jean Huynes avait le dessein de faire un pouillé général des bénéfices de France sur les titres originaux, mais il lui aurait fallu une vie plus longue. Il était occupé à mettre en ordre les archives de Saint-Germain-des-Prés lorsqu'il tomba malade le jour de l'Assomption de la Vierge. Trois jours après, le 18 août de l'an 1651, il cessa de vivre ou, comme s'expriment nos mémoires, il cessa de tra-

---

[1] Archives d'Anjou, recueil de documents et mémoires inédits sur cette province publié par Paul Marchegay. Angers, 1843, p. 230.

vailler. Il fut universellement regretté de tous ses confrères qui perdirent en lui un modèle accompli de toutes les vertus chrétiennes et religieuses » [1].

Le Nécrologe de l'abbaye de Saint-Germain complète l'indication de dom Tassin en nous faisant connaître le lieu de sépulture du regrettable défunt :

« L'an 1651, le vendredy dix huictiesme d'aoust, mourut en ce monastère le Pere dom Jean d'Huysne, prestre et religieux profez de notre congregation. Son corps est enterré dans la nef de la grande chapelle de Nostre Dame, à main droicte, entrant vers le bas d'icelle où se voit une pierre sur laquelle est gravé :

18
Aoust
1651
— » [2]

La Bibliothèque nationale renferme un manuscrit de l'histoire de St-Florent, écrit en entier de la main de dom Huynes. C'est celui qui se trouvait à l'abbaye de Saint-Germain-des-Prés, et qui est ainsi décrit dans l'histoire littéraire de la congrégation :

« Dom Huynes composa sur les titres originaux celle de Saint Florent, dont messieurs de Sainte Marthe se sont servis dans leur *Gallia christiana*, en quatre volumes. Son manuscrit est intitulé : Historia hujus abbatiæ (sancti Florentii) ex vetustis monumentis, tabulis atque diplomatibus, auctore D. Joanne Huynes, Sancti-Florentii, congregationis sancti Mauri, priore. Cette histoire que l'auteur a

---

[1] Histoire littéraire de la congrégation de St Maur, p. 57.
[2] Nécrologe de l'abbaye de Saint-Germain-des-Prés. Bibliothèque nationale, Mss. français, n° 18,681, in-folio, p. 5.

finie en 1647, est conservée dans l'abbaye de Saint-Germain et dans celle de Saint-Magloire entre les manuscrits de messieurs de Sainte-Marthe » [1].

M. Marchegay, qui a fait, des manuscrits relatifs à l'abbaye de Saint-Florent, une étude toute particulière, entre dans de plus grands détails et définit ainsi le caractère de cette œuvre importante :

« Dom Huynes s'était déjà fait connaître par une histoire de l'abbaye du Mont-Saint-Michel, dont le manuscrit est conservé à la bibliothèque d'Avranches, lorsqu'il fut chargé de faire celle de Saint-Florent. On ignore à quelle époque il a commencé ce dernier travail, mais il est à peu près certain qu'il l'avait terminé en 1646 ou 1647. L'immense quantité de pièces qu'il a fallu traduire ou analyser, le soin minutieux qui a présidé à l'examen des titres, la compilation des faits et la rédaction du texte ont dû exiger de longues années, quoique l'historien ait déployé le plus grand zèle et n'ait été détourné de son œuvre par aucune des préoccupations qui de nos jours portent un si grave préjudice aux fortes études. Tout ce que Saint-Florent possédait de manuscrits a passé sous les yeux de Dom Huynes, et l'on trouve des notes de sa main sur la plupart de ceux qui appartiennent aux archives de Maine-et-Loire. Son histoire forme un volume in-quarto de plus de 450 feuillets. Elle s'étend depuis la fondation du monastère, au VIe siècle, jusqu'à la nomination du cardinal Mazarin comme chef de l'abbaye en 1651. En tête de son manuscrit, dom Huynes a copié différentes pièces, entr'autres le Missel de Saint-Florent et divers autres documents empruntés au Livre noir et au Livre rouge. On ne saurait trop proclamer l'importance de cet ouvrage pour les faits géné-

---

[1] Histoire littéraire de la congrégation de Saint-Maur, p. 57.

raux comme pour les détails et les particularités. Les personnes qui veulent étudier les antiquités de l'Anjou y trouveront des matériaux précieux en cherchant les articles consacrés aux prieurés que Saint-Florent possédait dans les diocèses d'Angers, de Poitiers et de Maillezais » [1].

Quant aux travaux préliminaires que le savant bénédictin avait entrepris pour arriver à dresser l'état général des bénéfices de France, ils n'ont pas été entièrement perdus pour le public.

La Bibliothèque nationale renferme deux manuscrits latins in-f°, n°s 11,813 et 11,814, où sont consignés les principaux résultats qu'il avait obtenus. L'œuvre était difficile ; elle avait exigé de sa part une vaste correspondance, et il avait eu souvent à lutter contre l'ignorance, la mauvaise volonté ou l'apathie de ceux auxquels il était forcé de s'adresser.

Une lettre de sa main, que l'on rencontre dans le manuscrit 11,813, au folio 300, est de nature à faire connaître les difficultés renaissantes auxquelles il venait sans cesse se heurter, en même temps que le souci d'exactitude rigoureuse dont il fut toujours préoccupé.

« M.

« J'ay receu le catalogue des benefices de l'abbaye de Solignac, mais assez mal escrit et sans les circonstances que leur Visiteur a eu ordre de leur dire :

1° Ils mettent les noms en françois et on les avoit demandé aussy en latin.

2° Ils les distinguent par archiprieurez, je croy qu'ils veulent dire archipreverez, et il y a different de l'un à l'autre.

---

[1] Archives d'Anjou, recueil de documents et mémoires inédits sur cette province, publié par Paul Marchegay, p. 230.

3º On ne peut dire s'il y a Dauuede ou Dannede et ainsi d'autres mots où sont ces lettres n u n s, — Chau*fouret* ou Chauffours, et supposé ce dernier, ils ont escrit, avec telle précipitation qu'il y a : la cure de Chaufours et de la collation de Prevost de Briuesac ou de l'abbaye de Solignac. Peut estre ils veulent dire : la cure de Chaufours est de la collation du Prevost de Brivesac ou de l'abbé de Solignac, et escrivant là *Solignac* de la sorte, ils escrivent dans la mesme page *Sollempniac* et *Sollignac*. C'est autant s'ils nous disoient : nous ne sçavons comment on escrit le nom de nostre abbaye ; en voylà de trois facons, prenez celuy que vous voudrez.

Je supplie donc vostre Reverence de leur mander qu'ils en envoyent un autre latin et françois, où soient à part les benefices reguliers et les seculiers à part, et que les caracteres soient tellement formés que je ne sois obligé à deviner les noms propres et qu'ils observent ce qui est dans la lettre de leur Visiteur.

Fr. JEAN HUYNES. »

Bien qu'elle soit antérieure à l'histoire de l'abbaye de Saint-Florent, l'histoire du Mont-Saint-Michel se distingue par les mêmes procédés d'investigation.

Une lettre adressée par l'auteur, le 23 avril 1639 aux Reverends Superieurs de l'ordre et congregation de Saint Benoît, contient, sur le travail en lui même, et sur les circonstances dans lesquelles il fut exécuté, des renseignements précieux qu'il nous semble intéressant de recueillir. Nous y voyons que dom Jean Huynes, chargé déjà, en qualité de sacriste, garde des archives et du trésor, du soin de montrer les sainctes reliques et le monastère aux visiteurs etrangers, s'était immédiatement appliqué à acquérir les connaissances nécessaires et avait essayé de résumer en un corps d'ouvrage, aussi succinctement que possible, les annales de la sainte montagne; nous y lisons en outre qu'il avait été soutenu et encouragé par les prieurs qui s'étaient succédé de son temps au Mont-Saint-Michel, et principalement par Dom Bernard Jeuardac[1]:

« C'est pourquoy, n'estant tel (docte), j'i ay taché à le devenir selon mon petit pouvoir; et de ce que dessus vous voyez, mes Reverends Peres, que ce n'est sans sujet que je me suis adonné à la recherche de l'histoire de cette abbaye puisque quelques uns d'entre vous m'ont mis en une charge où il m'est necessaire d'en respondre aux Pelerins, lesquels, mais particulierement mon Reverend Pere prieur Dom Bernard Jeuardac, m'ont meu à passer plus outre et à composer cet escript que je soubmets entierement à vos censures, vous suppliant de croire que je n'y ay rien mis dont je n'aye este bien asseuré autant qu'humainement il m'a esté possible. Que si vos Reverences jugent que quelques cayers d'iceux meritent de voir le jour, je croy que plusieurs Pelerins en seront très contents et prendront de là sujet de louer Dieu de ce qu'il luy a plust opérer tant de merveilles en ce Mont, pour l'exaltation de son Saint Archange et le salut des Mortels. » (Histoire générale, folio 2 v°.)

Le vœu qui était exprimé dans cette lettre ne fut pas exaucé, et, pour des raisons que nous ne connaissons pas, le travail de Dom Huynes, qui avait occupé ses loisirs pendant plus de cinq années, ne fut pas livré à l'impression. Cet insuccès ne ralentit pas le zèle de ce religieux, et même après son départ du Mont, lorsqu'il était attaché à l'abbaye de Saint-Germain-des-Prés, il se préoccupait

---

[1] Bernard Jeuardac ou Jevardac était natif du Dorat, au diocèse de Limoges. Il fut honoré, à deux reprises différentes, de la charge de la *supériorité*.

encore d'améliorer son travail. Le texte que nous avons sous les yeux, déjà remanié par l'auteur au Mont-Saint-Michel, au cours de l'année 1640, présente de nombreuses et importantes additions, écrites à Paris, et qui vont jusqu'au 12 juin 1651. La dernière est relative au prieur Dom Huillard. A peu près à la même date, deux mois seulement avant sa mort, Dom Huynes transcrivait, à la suite de son récit, un mandement d'Henri V, roi de France et d'Angleterre, portant ordre à ses trésoriers de verser tous les revenus du Mont-Saint-Michel à l'abbé Robert Jolivet. Cette copie se terminait par la mention suivante, qu'il nous paraît utile de reproduire :

« Copie tirée du cent et uniesme feuillet verso d'un cartulaire de la chambre des comptes à Paris, relié en ais, couvert de cuir blanc, contenant deux cent trente-deux feuillets en parchemin, commençant par ces mots : C'est le livre et registre des chartres et lettres patentes du roy, nostre souverain seigneur, des dons par luy faicts de plusieurs fiefs, terres, rentes et seigneuries commençant à Pasques mil quatre cent vingt et finissant quarto die januarii anno regni nostri octavo. Sic signatum per ipsum Regem.

Scopyndon.

Faict par moy soubsigné ce troisiesme jour de juin, samedy des quatre temps après la Pentecoste, mil six cent cinquante et un.

Frere Jean Huynes, moyne bénédictin
estant de present en l'abbaye Saint-
Germain-des-Prez lez Paris. »

Lorsqu'on parcourt l'histoire générale du Mont-Saint-Michel au péril de la mer, dans l'un des deux manuscrits autographes de la Bibliothèque nationale, il est impossible de ne pas reconnaître qu'elle a dû son origine à une inspiration exclusivement religieuse. Par ce côté elle rappelle le petit livret du cordelier Feuardent, et surtout le roman du Mont-Saint-Michel, de Guillaume de Saint-Pair. A plusieurs siècles de distance, ce dernier et Jean Huynes, tous deux religieux du Mont, s'ils n'ont pas suivi le même plan, ont obéi à des sentiments identiques. L'un et l'autre, d'ailleurs, l'ont nettement indiqué au début de leurs compositions. Guillaume de Saint-Pair nous apprend qu'il a pris la plume pour l'instruction des pélerins et pour substituer aux explications confuses qui leur étaient données un récit sincère et autorisé :

> Molz pelerins qui vunt al Munt
> Enquierent molt, e grant dreit unt,
> Comment l'igliese fut fundee
> Premierement et estoree.
> Cil qui lor dient de l'estoire
> Que cil demandent, en memoire
> Ne l'unt pas bien, ainz vunt faillant
> En plusors leus e mespernant.
> Por faire la apertement
> Entendre a cels qui escient
> N'unt de clerzie, l'a tornée
> De latin tote et ordenée
> Par veirs romiens novelement,
> Molt en segrei, por son convent
> Uns jovencels [1].

Dom Huynes accuse les mêmes intentions non-seule-

---

[1] Le roman du Mont-Saint-Michel, par Guillaume de Saint-Pair, poëte anglo-normand du xii° siècle, publié pour la première fois par Francisque Michel. Caen, Hardel, 1856, p. 1.

ment dans sa lettre aux Révérends Supérieurs de l'ordre de Sainct Benoist, mais encore dans sa dédicace aux Anges bienheureux, et surtout dans l'avertissement aux pelerins et lecteurs si simple et si pieux en même temps :

« Un des motifs qui m'a meu à composer cette histoire, (chers pelerins et lecteurs) a esté le desir que j'avois de vous contenter ; car souventefois depuis que mes Superieurs m'ont commis la garde de la Thresorerie de cette abbaye, ayant entendu les interrogations que vous avez coustume de faire, venants en ce Mont, touchant la fondation de de ce monastere et les choses remarquables qui s'y voient, je jugeois que vous aviez raison de faire telles demandes. C'est pourquoy je me resolu de rechercher diligemment ce que j'en pouvois rencontrer dans les archives de manuscripts de ce monastere, non pour mettre au jour ce que j'y trouverois, mais pour m'en servir en mon particulier et vous pouvoir respondre lors que viendriez à me faire telles demandes. Ce qu'ayant faict tellement quellement, celuy à qui je dois obeissance m'a excité (outre le désir que j'en avois desja conceu pour vous satisfaire) à composer ce livret, et pour cet effest m'a mis entre les mains tout ce que je pouvois desirer pour le mettre en l'estat que vous voyez. Que si vous desirez en faire la lecture vous pourez voir apertement quel est et a esté de tout temps ce Mont-St-Michel, en quel estime les fidelles l'ont eu, ce qui s'y est faict et passé et combien ce Rocher est agreable aux anges mais particulierement à l'Archange St Michel lequel nous veille un jour presenter devant le Throsne du Roy des Roys pour jouir à jamais avec luy de la presence de Dieu.

Ainsy soit il [1]. »

[1] Histoire générale du Mont St Michel, folio 3, v°.
Dans un ms. de la Bibliothèque nationale., Fonds latin n° 1318, se

INTRODUCTION.　　　　　　　　XV

Ces mêmes sentiments de piété qui se retrouvent dans l'œuvre tout entière expliquent aussi le soin minutieux avec lequel le modeste et savant annaliste a groupé, comme dans une sorte d'appendice, une infinité de documents ayant plutôt un intérêt d'édification qu'une véritable valeur historique. Ce sont d'abord des proses et une hymne relatives à St Aubert qui se recommandent par leur antiquité et par les détails curieux qu'ils renferment : Prosa perantiqua, folio 138. r°; alia prosa de sancto Auberto, folio 139 r°, alia prosa de eodem, folio 139 r°. hymnus in laudem sancti Auberti folio 139 v°[1]. Vient ensuite l'hymne *ad primas et secundas vesperas* qui ne remonte qu'aux premières années du 17° siècle; son auteur était moine au Mont St Michel, et c'est à raison de cette particularité que Dom Huynes lui a vraisemblablement donné place dans le recueil : De sancto Auberto ad primas et secundas vesperas hymnus, compositus anno 1613 ab uno de monachis Montis (folio 124 v°). Nous voudrions nous étendre davantage sur les documents français. Le folio 137

---

trouve une histoire de l'abbaye composée dans un but analogue.

Elle porte pour titre : « Histoire de la fondation de l'abbaye du Mont St Michel, au peril de la mer, diocese d'Avranches, ordre de saint Benoist et congregation de St Maur en France, extraite des archives ou manuscripts de la mesme abbaye par un religieux bénédictin dudit Mont. »

Le prologue commence par ces mots :

« C'est à vous, devot pelerin, à qui s'adresse ce petit livre lequel j'ay abbrégé tant qu'il m'a esté possible et composé tout exprès d'un stille assez grossier et simple. »

Renseignement communiqué par M. Léopold Delisle.

[1] Dans le manuscrit 18,947, Mss. Fr. Bibliothèque nationale, ces documents sont classés au fol. 123, sous le titre suivant:

« S'ensuivent plusieurs hymnes et chansons que pourront chanter les pèlerins venants ou s'en retournants du Mont St Michel. »

vº renferme deux compositions anonymes sur l'hymne : *Tibi, Christe, splendor Patris et Christi sanctorum decus angelorum.* » Nous leur emprunterons quelques strophes :

« Ces anges revestus de gloire
Ce sont celestes chevaliers,
Couronnez de mille lauriers
Et saint Michel plein de victoire
Triomphe des ambitieux
Qui se vouloient faire des dieux.

C'est ce bel ange qui nous garde
Des phantosmes falacieux
Qui la nuict deçoivent nos yeux ;
Son œil vigilant nous regarde,
Que rien ne prophane les lys
Reservez pour le paradis.

. . . .
. . . .

Envoyés ce nonce fidele,
L'ange fort, prudent et leger :
C'est un asseuré messager ;
Il faict tousjours la sentinelle
Et nous donnera nuict et jour
Des nouvelles de vostre amour.

Envoyés d'en haut, je vous prie,
Pour guerir nos yeux chassieux
Ce bel esprit officieux.
La mort menace nostre vie
Et nostre ame tire à la fin,
Si nous n'avons ce medecin.

Vierge, la princesse sacrée
Des anges beaux et gratieux,
Vous estes portiere des cieux,
Donnez nous l'amoureuse entrée [1]. »

. . . .

Les pièces classées sous le titre de : *Hymnes aux Saincts Anges et spécialement à sainct Michel*, et qui consistent en une hymne et en une chanson spirituelle sont plus remarquables. Nous les reproduirons intégralement, non pas que nous puissions affirmer qu'elles soient l'œuvre de don Huynes, mais parce qu'elles ont évidemment une origine montoise et qu'à ce titre elles se rattachent à l'histoire littéraire de la célèbre abbaye.

« Roy des Anges que seul j'adore
Fais que je les ayme et honore
Selon qu'il plaist à ta grandeur.
Tout le respect que je leur porte
A toy seigneur je le raporte
Comme à leur maistre et createur.

Arriere donc de ma pensée,
Chasse la fureur insensée
De l'heretique blasphemant,
Disant que toy seul il revere,
Quant il te va par vitupere,
O Dieu ! en tes saincts mesprisant.

N'est-il pas raison que j'honore
Ceux que toy même tu decore
De maint advantage et honneur?

[1] Folio 127 verso.

Ils sont nos anges tutelaires
Contre nos malins adversaires.
Dois-je estre ingrat de ce bonheur?

Le ciel, en grandeur si capable,
Ne voit rien de plus admirable,
N'a rien qui soit plus glorieux :
Les astres brillants de lumière
Ne paroistroient que de poussiere
Si on les comparoit à eux.

La beauté, l'honneur et la grace
Rient tousjours dessus leur face,
Et la flamme de leurs beaux yeux
N'est jamais ternie ou estainte,
Car sur eux n'a aucune atteinte
De la mort le dart furieux.

Une florissante jeunesse
Les tient tousjours en allegresse,
Les maintient en force et vigueur,
Et chasse bien loin de leur veue
La veillesse morne et chesnue
Avec sa tristesse et langueur.

Ce sont les seigneurs de ta suite,
Tes pages d'honneur et d'eslite ;
Ce sont tes soldats redoutez ;
Ce sont les messagers fidelles
Qui portent partout tes nouvelles
Et font sçavoir tes volontés.

Tu leur donne en toute asseurance
De ta famille l'intendance,
Du monde le gouvernement,
Car ils ont advis et sagesse.
Courage, valeur et adresse
Pour s'en acquitter dignement.

Les uns d'une force incroyable
Donnent à la voulte admirable
Du ciel son bransle et mouvement,
Un petit ange tousjours roulle
Et faict jouer comme une boulle,
Sans se lasser, le firmament.

Il n'y a homme en ce bas monde
Que son bon ange ne seconde
Du plus petit jusque au plus grand.
Le menu peuple, les grands princes,
Les royaumes et les provinces
Ont chacun leur ange assistant.

Ils sont fidelles interpretes
Des choses sainctes et secrettes;
Ils sont nos communs truchements;
Ils nous expliquent tes messages
Et nous rechauffent les courages
Pour faire tes commandements.

Donc, ô vertu dont l'assistance
Soulage ainsy nostre impuissance!
Adressez vostre pelerin
Si bien qu'en ce petit voyage
Que je fais pour vous rendre hommage
Du ciel je trouve le chemin.

INTRODUCTION.

Vous qui estes en abondance,
Voyez un peu nostre impuissance ;
Vous qui estes nos freres aisnez
Vous jouissez de l'heritage
Pendant le long pelerinage,
Le triste exil de vos puisnez.

Mais toy surtout, grand capitaine,
L'honneur de la court souveraine,
De ces troupes grand colonnel,
Chef de ces ministres fideles,
Soleil de ces flammes si belles,
Prince des Anges, Sainct Michel,

Tu as, par ta divine grace,
Du vieil dragon rompu l'audace
Et des Anges seditieux,
Abismant cette fierre beste
Qui vouloit à Dieu faire teste
Dans les cahorts plus tenebreux ;

Tu as presenté les primices
De tous les honneurs et services
Qui furent à Dieu oncques faits ;
Offre luy avec ma priere
Le desir que j'ay de bien faire
Et de mieux vivre désormais.

Tu es l'astre dont l'influence
Regit et maintient nostre France;
Fais donc que ce champ florissant
En son printemps à jamais dure,
Que ces lys aillent en verdure
Et en l'honneur tousjours croissants.

Seigneur, nostre Prince regarde
Comme maistre archer de ta garde,
Et luy fais escorte en tout lieu.
Fais que paisibles puissions vivre
Sous son empire et tousjours suivre
La sainte loy de nostre Dieu.

Enfin, ô grand Sainct, je te prie,
Adresse moy vers la patrie
Sejour des esprits glorieux;
Fais que, pelerin sur la terre,
Je puisse gaigner à grand erre
La demeure des bien-heureux.

Fais que des Saints suivant la trace
Un jour je puisse voir la face
Du Sainct des Saincts mon Redempteur
Et qu'à jamais avec ses Anges.
Je puisse chanter ses louanges
Et des hymmes à son honneur [1].

CHANSON SPIRITUELLE EN L'HONNEUR DE DIEU ET DES SAINCTS ANGES.

1.

Je chanteray du Seigneur
  La grandeur
En la presence de ses Anges.
Son Sainct nom je beniray
  Et diray
Tousjours ses Sainctes louanges.

---

[1] Folio 162, recto.

2.

Soit que le flambeau du jour
De son tour
Ait avancé la carriere,
Soit qu'il s'en aille levant
Ou couchant
Il me verra en priere.

3.

Les petits chantres aislés
Esveillés
Seront de la compagnie;
Parmy les champs et les bois,
De leurs voix
Accompliront l'armonie.

4.

L'air noircy de tourbillons
A nos sons
Appaisera son orage,
Le ciel qui nous entendra
Monstrera
Les rays de son beau visage.

5.

Leve donc mon cueur à toy,
O grand Roy,
Embrase moy de ta flamme
Afin que nul entretien
Que le tien
Ne puisse attirer mon ame.

6.

Ta majesté, o grand Dieu,
    D'aucun lieu
Ne sçauroit estre bornée
Et devant toy cent mille ans
    S'escoulant
Ne sont pas une journée.

7.

Tu es au plus haut des cieux
    Glorieux,
Tu es au plus bas du monde,
Tu balance sur trois doigts
    Tout le poids
De cette machine ronde.

8.

Ton esprit penetre tout
    Jusque au bout,
Rien n'est hors de ta presence,
Tu es cet œil qui tout voit
    Et connoit
Le fond de la conscience.

9.

Le Ciel, qui d'astres reluit
    Toute nuict,
Emprunte de toy sa grace,
Et tout l'esclat non-pareil
    Du soleil
N'est qu'un rayon de ta face.

10.

Sans efforts ce que tu veux
    Tu le peux,
Et ton vouloir est ta peine ;
Tu peux effacer ce tout
    Tout d'un coup
Au seul vent de ton haleine.

11.

Tu fais cheminer les Roys
    Sous tes loix
Et les princes de la terre
Desquels tu romps d'vn clein-d'œil
    Tout l'orgueil
Qui est fresle comme verre.

12.

Tu nous donne les moissons
    Aux saisons
Que toy seul fais et dispose,
Tu fais largesse, et soutiens
    De tes biens
La vie de toutes choses.

13.

C'est toy qui d'un riche esmail
    Sans travail
Dore nos belles preries,
C'est toy qui donne à ces champs,
    Tous les ans,
Leurs gayes tapisseries.

14.

Dieu ! qui ne voit les bienfaicts
    Que tu fais
A toute humaine nature,
Bien qu'il semble homme au dehors
    En son corps,
Il n'en a que la figure.

15.

Si tu monstre ton courroux
    Contre nous,
Tout se renverse et chancelle ;
La terre tremble d'effroy,
    Hors de soy
Devant ta face immortelle,

16.

Quand tu lance par les airs
    Mille esclairs
Et les esclats de ta fouldre,
Si tu ne les reserrois,
    Tu mettrois
Tout cet univers en poudre.

17.

Tu fais de flos escumer
    Cette mer,
Tu la brouille de nuaiges,
Et puis tu retiens les vens
    Insolens
Pour accoiser ces orages.

18.

Toy qui commande à ces flux
    Et reflux,
Fais qu'aucun mal ne me greve,
Et deffend ton pelerin
    Au chemin
Quand il passera la greve..

19.

Anges qui donnez les mains
    Aux humains,
Au cours de nostre voyage,
Soyez tousjours mon support
    Jusque au port
De ce mien pelerinage.

20.

Et toy, reçoy ces accens
    Dont le sens
Est tiré de tes ouvrages.
Que tous courbez avec moy
    Devant toy
Te font honneur et hommage.

AMEN [1].

L'ardeur de la foi chez Dom Huynes se conciliait avec un amour sincère de la vérité. Ce goût de l'exactitude, ce besoin de vérification constitue un des traits distinctifs

---

[1] Fol. 162 v°.

de son caractère et se manifeste jusque dans les pièces qui sembleraient, au premier abord; ne devoir témoigner que de sa piété. C'est ainsi que dans son *Invocation aux anges bien heureux et particulièrement au Prince des anges St-Michel,* la grâce qu'il demande avant tout c'est de rester dans son récit absolument fidèle à la vérité. :

« Soyez, je vous prie, o esprits celestes, conducteurs de cette mienne entreprise et guidez tellement mon esprit et ma plume qu'en tout ce que j'escriroy, je ne m'esloigne nullement de la vérité. »

Dom Huynes est, en effet, un écrivain consciencieux jusqu'au scrupule, exact jusqu'à la minutie et d'une absolue sincérité. Son sens critique est quelquefois en défaut, on peut lui reprocher avec raison d'accorder une trop grande confiance aux documents écrits, du moment qu'il sont anciens, mais la fraude lui est antipathique, et il la signale aussitôt qu'il l'a reconnue. Ce goût des informations sérieuses apparaît dans les plus minces détails de son travail. C'est ainsi qu'à propos du poisson qui fut pris sur les grèves du Mont-St-Michel en 1636, il prémunit ses lecteurs contre les exagérations insérées dans certains papiers volants de l'époque. « Cela, nous dit-il, estoit tout à faict prodigieux, et de là les forgeurs de menteries, adjoustant plusieurs choses fabuleuses à tout ce que dessus, ont pris occasion de faire imprimer des papiers volants et les ont vendu en plusieurs endroicts de ce royaume. »

Dans une matière infiniment plus délicate, où, sous prétexte de dévotion, l'erreur tend trop souvent à se glisser, il s'éleva avec beaucoup de force contre tous les écrits apocryphes que d'impudents faussaires proposaient à la crédulité publique. On peut lire notamment dans le second traité de son histoire une réfutation de ce genre. Elle forme la matière du chapitre quarante-deuxième tout entier.

Bien que l'histoire de Dom Huynes n'ait pas été publiée, elle a été consultée et mise à profit par tous les écrivains qui sont venus après lui. Dom Le Roy, dans ses curieuses recherches manuscrites, rend perpétuellement hommage à la science de son prédécesseur, et de nos jours tous ceux qui se sont occupés de la célèbre abbaye n'ont eu garde d'oublier le religieux laborieux et modeste qui leur avait ouvert la voie. Il y a plus, pour tout ce qui tient au récit des faits, l'on peut dire que c'est à peu près exclusivement à son travail que nos écrivains locaux ont emprunté les éléments de leur monographies.

L'auteur de la meilleure étude publiée de nos jours sur le Mont-St-Michel, M. le Héricher, l'a reconnu dans les termes les plus positifs.

« Les principaux éléments de cette histoire, nous dit-il, sont la vie des abbés, leurs œuvres spirituelles et monumentales, leurs acquisitions, les donations, les miracles, les pélerinages, les événements militaires que nous essaierons d'unir en un seul corps de récit appuyé sur les manuscrits de l'abbaye et spécialement sur Dom Huynes, son historien le plus complet. »[1].

Ailleurs il ajoute :

« Nous nous plaisons à apprécier ici ce bon chroniqueur auquel nous devons tout, ce dernier moine, enthousiaste de son monastère, defenseur de ses priviléges, qui écrivait au XVIIe siècle avec le style du moyen-âge, quelquefois avec la grâce de la poésie, qui composa son histoire avec cette affection patiente des érudits amoureux de leur sujet, au milieu des trésors de ce Chartrier, qui ouvrait sur l'admirable cloître de l'abbaye, rapprochement qui explique

---

[1] *Avranchin monumental et historique*, par Edouard Le Hericher, t. II, p. 213.

la double nature du livre de Dom Huynes, œuvre d'érudition exacte, œuvre de piété et de poésie » [1].

C'est dans le même esprit que M. l'abbé Deschamps du Manoir, après avoir fait du vieil annaliste du Monastère une étude approfondie, déclarait que son manuscrit resterait à jamais la meilleure histoire du Mont-St-Michel [2],

Et pourtant, malgré l'attention qui s'est, à diverses reprises, portée sur lui, malgré la justice complète qui a été rendue à ses recherches érudites, nous ne croyons pas que l'on se soit fait jusqu'ici une idée absolument exacte de son œuvre. Presque toujours, en effet, on a réuni dans une même appréciation deux écrits parfaitement distincts, et l'on a attribué à Dom Huynes, avec ce qui lui appartient en propre, les recherches spéciales et les libres jugements de l'un de ses continuateurs. L'examen comparatif des différents manuscrits que nous possédons de l'Histoire du Mont-Saint-Michel expliquera comment cette erreur singulière a pu se produire en même temps qu'elle nous permettra de dissiper toutes ces confusions.

La Bibliothèque de la rue Richelieu, à Paris, renferme deux manuscrits infiniment précieux du travail de Dom Huynes : l'un d'eux porte le numéro 18,946, l'autre, le numéro 18,947 du fonds français. Tous deux sont autographes : mais l'un d'eux renferme le texte arrêté en 1638, tandis que le second nous offre le même texte remanié et augmenté par l'auteur en 1640. Ce second manuscrit, contenant la rédaction définitive de l'auteur, mérite une attention toute particulière et nous croyons devoir indiquer sommairement les principaux documents qu'il contient :

---

[1] Id., t. 2, p. 188.
[2] *Histoire du Mont-St-Michel, au péril de la mer et du Mont Tombelaine*, par l'abbé J. Deschamps du Manoir.

Après avoir énuméré les sources auquel il a puisé dans une sorte d'*index* : « Livres desquels l'autheur c'est servi pour composer cette histoire (folio 1), » Dom Huynes a fait précéder son travail de trois pièces liminaires que nous avons déjà eu l'occasion de mentionner et dont voici les titres : « 1° Lettre que l'autheur de cette histoire envoya à ses superieurs assemblez à Vendosme l'an 1639 (folio 2); 2° Aux anges bienheureux et particulièrement au prince des Anges, St Michel (folio 3, recto); 3° Aux Pèlerins et lecteurs (folio 3, verso.) ». Il y a ajouté une vie de St Aubert : « La vie de St Aubert, evesque d'Avranches (folio 4, — 6) », qui, dans sa pensée, forme la véritable entrée en matière de son livre. « Auparavant que de commencer nostre histoire, nous dit-il, il me semble qu'il sera fort à propos que nous descrivions icy la vie de St Aubert, evesque d'Avranches, premier fondateur de cette église du Mont, qui mérita d'estre executeur des volontez du glorieux arcange saint Michel. »

L'histoire du Mont-St-Michel qui vient ensuite comprend six traités. — Elle commence au folio 7 et finit au folio 116, au bas duquel on lit la mention suivante : « Fin du sixiesme et dernier traicté de l'Histoire generale du Mont-St-Michel, le tout composé et faict l'an mil six cens trente huict au susdit Mont-St-Michel, et reveu et corrigé en plusieurs endroicts l'an mil six cens quarante, par le même autheur. »

Pour compléter sa rédaction, Dom Huynes y ajouta, à titre d'annexes ou de pièces justificatives, certains documents de valeur inégale que nous allons énumérer dans l'ordre qu'il leur a assigné :

1 *Signum gloriosissimi Lotharii regis*, folio 116 v°. — 2, *Carta quam comes Richardus fecit sancto Michaeli ante obitum suum Fiscanno*, folio 116 v°. — 3, *Bulla Alexandri Papæ tertii*, folio 118 v°. — *Bulla Alexandri quarti*,

folio 120 v°. — 5, *Historia Montis Gargani, prout reperitur in tribus manu-scriptis antiquis et fide dignis monasterii Montis Sancti Michaelis in periculo maris*, folio 127. — *De sancto Auberto ad primas et secundas vesperas hymnus*, folio 124 v°. — *Historia Montis Tumba, prout est in antiquis manu-scriptis, verbatim et fideliter à Fratre Joanni Huynes descripta*, folios 126-135. — 8, *Notæ fratris Joannis Huynes in predictam historiam, folio* 136. — 9, Sur l'hymne : *Tibi, Christe, splendor Patris*, vers français, folio 137.—10, *Prosa perantiqua*, folio 138. — 11, *Alia prosa de eodem*, folio 139. — 13, *Hymnus in laudem Sancti Auberti*, folio 139 v°. — 14, *Chronica ex variis manu-scriptis Montis sancti Michaelis in periculo maris et litteris authenticis et aliis recentioribus à fratre Joanni Huynes confecta*, folios 140, 157. — 15, *Quædam notæ Fratris Joannis Huynes*, folio 158. — 16, *Vita sancti Bertivini normanni et levitæ*, folios 159-161. — 17, Hymnes aux Saints Anges et spécialement à St Michel, folio 162. — 18, Additions diverses à l'Histoire du Mont-St-Michel, folios 163, 164, 165, 166, 167. — 19, *Catalogus abbatum sancti Michaelis de Monte-Tumba*, folios 168-170. — 20, Copie tirée du cent et uniesme feuillet d'un cartulaire de la Chambre des Comptes de Paris.

A une date que rien ne révèle, on a joint au recueil dix autres pièces qui, originairement, n'en faisaient certainement pas partie. Ce sont :

1. Au très glorieux St Michel, patron et titulaire du Mont St Michel, *oroison du dévot pelerin*, folio 176. — 2, Chronique sans titre, folios 178, 183. — 3, Extraict mot pour mot de l'histoire d'Anjou, par Jean Bourdigné, qui vivoit au temps de François premier, Roy de France, folio 185. — 4, Sur l'exemption de juridiction que peuvent deffendre les religieux St-Michel, folio 187. — 5, L'état du temporel de l'abbaye de St Michel de Cozan en Conflans, pays de Roussillon, qui est de l'obeissance du Roy de

France, folio 188. — 6, *In dedicatione S. Michaelis archangeli in Monte Tumba, in primo et secundo nocturno lectiones. — De Sancto Michaele hymni*, p. 189. — 7, *Catalogus abbatum Montis Sancti Michaelis, diocesis Abrincensis*, folio 193. — 8, *Epitome de Historia Sancti Michaelis, periculo maris*, folios, 195-198. — 9. *Compositio facta inter Episcopum Abrincensem et abbatem hujus loci super juridictione... aliisque articulis. Institutio et destitutio ecclesiarum et presbyterorum hujus Montis*, folio 199. — 10, Catalogue des saintes reliques qui se voyent dans le tresor du Mont St Michel, folios 201-208.

L'extrait de l'*Histoire d'Anjou*, n° 2, le *Catalogue des Abbés*, n° 7. et l'arrangement intervenu entre l'evêque d'Avranches et l'abbé du Mont sont bien de l'écriture de Dom Huynes, mais il n'avait pas eu la pensée de les rattacher à son œuvre : les autres pièces sont d'une date de beaucoup postérieure et ne présentent d'ailleurs qu'un mince intérêt.

Quant aux annexes, proprement dites, que nous avons précédemment énumérées et qui forment vingt numéros, elles sont pour la plupart de véritables *instrumenta* et composent le complément naturel, sinon nécessaire, de l'œuvre du savant bénédictin. A côté de ces pièces justificatives se trouvent des travaux originaux. Nous ne voulons pas seulement parler ici des *additions* diverses destinées à entrer dans la rédaction de l'histoire et à faire corps avec elle, mais encore du n° 8 : *Notæ Fr. Joannis Huynes in predictam historiam;* du n° 15 : *Quædam notæ Fr. Joannis Huynes;* du n° 14 : *Chronica ex variis manu-scriptis*, et du n° 19, *Catalogus abbatum sancti Michaelis de Monte Tumba*. Les notes de Dom Huynes, n°s 8 et 15, sont particulièrement intéressantes et peuvent encore aujourd'hui être consultées avec fruit.

Les deux manuscrits de la bibliothèque nationale contiennent toute l'œuvre de Dom Huynes, et dans sa forme première et dans sa rédaction définitive. Jusqu'ici cependant, ce n'est point à ces manuscrits autographes que l'on s'est généralement adressé pour étudier l'œuvre du savant bénédictin. Indépendamment de ces deux manuscrits, il existe une prétendue copie de l'histoire du Mont-St-Michel qui se trouve aujourd'hui à la bibliothèque d'Avranches et qui faisait autrefois partie de la riche collection des manuscrits de la grande abbaye. Elle porte le n° 22 dans l'ancien catalogue et le n° 209 dans le nouveau, et comprend 200 pages d'une écriture très fine et fort irrégulière. Le titre est ainsi conçu : « Histoire de la célèbre abbaye du Mont-St-Michel au péril de la mer, divisé en cinq parties : — le tout recueilli des anciens titres, chartes et pancartes, de cette abbaye par un religieux bénédictin de la congrégation de Sainct-Maur. — Nota : L'auteur est frère Jean Huynes, natif de Beauvais. Il fit profession à l'aage de vingt et un an, au monastere de St-Sauveur de Rhedon le 21 may 1630. Il composa son histoire en 1638 et mourut en l'abbaye de St-Germain des Prez le 18 août 1651.

« Dom Louis de Camps, religieux de la mesme congrégation, a transcrit la présente histoire où il n'a changé que quelques phrases sans altérer l'essentiel de l'histoire. »

Cette note a été regardée par tout le monde comme étant l'expression de la vérité, et c'est à travers la transcription de Dom Louis de Camps que l'on a perpétuellement considéré Dom Huynes. — Or, rien n'est moins exact que l'affirmation anonyme qui s'y trouve contenue, et il importe de rétablir la vérité, dans l'intérêt de Dom Huynes et surtout dans l'intérêt de de Camps. Ce dernier en effet est tout autre chose qu'un copiste : c'est un historien pour son compte ayant sa physionomie et son originalité.

Je m'imagine que sa première résolution avait été de reproduire textuellement l'œuvre de son devancier; mais ce labeur patient et désintéressé ne lui a pas longtemps suffi, et il a été amené peu à peu à prendre un rôle moins impersonnel.

Sans doute c'est souvent le même fond d'idées, les mêmes renseignements et parfois les mêmes expressions ; — mais, quand on y regarde de près, que de différences non-seulement dans le langage mais encore dans l'inspiration ! Quelquefois de Camps copie, ailleurs il résume, plus souvent il amplifie, et presque toujours, au lieu de rester témoin impassible des événements qui se déroulent sous ses yeux, il porte sur les choses et sur les hommes, si élevés qu'ils soient dans la hiérarchie ecclésiastique, des jugements formulés avec une ardeur expressive dont l'honneur et la responsabilité lui appartiennent. Un examen plus détaillé va d'ailleurs nous permettre de préciser davantage notre pensée.

Lorsque l'on compare le manuscrit de la bibliothèque nationale 18.947 avec celui de la bibliothèque d'Avranches, on est frappé tout d'abord de la différence qui existe entre eux pour la distribution générale des matières. L'œuvre originale de Dom Huynes, en mettant de côté les pièces préliminaires, *Lettre aux Révérends Pères supérieurs*, *Invocation aux Saincts Anges*, *Avertissement aux lecteurs et Pelerins*, *Vie de sainct Aubert*, comprend six traités dont voici textuellement les titres :

« Premier traicté de l'histoire du Mont-St-Michel contenant tout ce que nous trouvons de remarquable depuis son commencement jusque au temps que les Religieux y furent introduits (14 chapitres).

« Traicté second contenant l'introduction des Religieux en cette église, les miracles qui s'y sont faicts et le raport de l'archevêque Baldric touchant l'écusson dict de Sainct-Michel (42 chapitres indépendamment de la relation de Baldric).

« Traicté troisième contenant le cathalogue des abbés et ce que chacun d'eux a faict digne de remarque (36 chapitres).

« Traicté quatrième : De ceux qui ont tesmoignez affectionner cette église de St-Michel, soit en y aumosnant de leurs biens, soit autrement, et finalement un cathalogue de bénéfices dépendant de cette abbaye (18 chapitres, indépendamment du catalogue des Prieurés et Cures).

« Traicté cinquième : Des soldats et de la conservation de cette abbaye contre ses ennemis (20 chapitres).

« Traicté sixième : Des sociétés de cette abbaye avec plusieurs autres, de son union à la congrégation de Sainct-Maur et des choses dignes de remarque qui y sont arrivées depuis (12 chapitres). »

Voici maintenant, en regard du plan suivi par Dom Huynes, les divisions générales adoptées par de Camps.

Son travail au lieu de six traités ne comprend que cinq parties disposées dans l'ordre suivant :

« *Première partie* : De l'apparition de sainct Michel au Mont-de-Tombe, de sa fondation et divers progrès, de la vie de saint Aubert et des abbés qui ont gouverné ce monastère (34 chapitres). Ms. 209, Fol. 1-75.

« *Deuxième partie* : De l'union de cette abbaye à la congrégation de Saint-Maur en France (23 chapitres). *Ibid.*, Fol. 26-116.

« *Troisième partie* : Des soldats, capitaines et gouverneurs du Mont-St-Michel et de divers exploits d'armes en ce lieu (Avant-propos et 23 chapitres). *Ibid.*, Fol. 117-151.

« *Quatrième partie* : Des saintes reliques, des indulgences et des miracles qui se sont faits en ce lieu (10 chapitres). *Ibid.*, Fol. 151-177.

« *Cinquième partie* : Des donations faites à cette abbaye et des dépendances d'icelle en prieurés, cures, etc. (14 chapitres). *Ibid.*, Fol. 177-199.

Ces modifications ne sont pas seulement de forme et lorsqu'on pousse l'étude un peu plus avant il est aisé de reconnaître que l'œuvre de dom Huynes a été l'objet d'un remaniement général.

Le premier traité de l'Histoire du Mont-St-Michel est condensé dans les quatre chapitres de la première partie du travail de De Camps qui portent les titres suivants : 1. De l'apparition de St Michel à St Aubert avec un abrégé de sa vie. — 2. Suitte du mesme subjet. — 3. De la fondation de cette église par les chanoines. — 4. Du commencement de la dévotion au Mont Sainct Michel.

Au paragraphe 1ᵉʳ du chapitre 9 de la IVᵉ partie on reconnait encore l'abrégé des chapitres 11 et 12 du premier traité : « Un chanoyne voulant voir à descouvert les sainctes reliques est puny de mort. — Un homme puny de mort pour avoir voulu temererement demeurer la nuict en cette eglise Sainct Michel. »

Le traité deuxième se retrouve dans la presque totalité du chapitre v de la 1ʳᵉ partie : « Du dereiglement et de la sortie des chanoynes de ce Mont », dans certains passages du chapitre vii : « De Maynard, 2ᵉ abbé », et du chapitre viii : « Des abbez Hildebert 1ᵉʳ et 2ᵉ et de l'invention du corps de Saint Aubert », et, de plus, dans les paragraphes 2 à 35 du chapitre ix de la 4ᵉ partie ; « Des miracles survenus en ce Mont », comme aussi dans les deux tiers environ du chapitre viii de la même partie intitulé : « De plusieurs merveilles veues en cette eglise. »

Le traité troisième a son équivalent dans la 1re partie, depuis le chapitre vi jusqu'au chapitre xxxi inclusivement, en y ajoutant une notable portion du chapitre xxxiii.

Le traité quatrième est compris dans la ve partie tout entière, dans les cinq premiers chapitres de la 4e partie relatifs aux Saintes Reliques, dans les chapitres 7 et 10 de la même partie, intitulés, le premier : « Des Indulgences », le second : « De quelques personnes considérables qui sont venues visiter cette sainte Montagne », et dans le chapitre xv de la troisième partie : « De l'Institution des chevaliers de l'ordre de Sainct Michel. » Quant au catalogue des prieurés et des cures, il a été considérablement amplifié dans les chapitres 8 à 12 de la cinquième partie : Ch. viii. Des anciens prieurés dépendant de cette abbaye. — Ch. ix. Des cures dependants de cette abbaye aux eveschez d'Avranches et de Coustances. — Ch. x. Des autres cures en divers eveschez. — Ch. xi. Des cures qui nous sont contestées ou ostées. — Ch. xii. Des chapellenies dépendant de cette abbaye.

Le traité cinquième se trouve reproduit dans les 21 premiers chapitres et dans le commencement du 22e de la troisième partie.

Enfin le traité sixième est représenté entièrement dans le manuscrit d'Avranches par la 2e partie.

Ces modifications de plan, dont les détails dans lesquels nous venons d'entrer révèlent toute l'importance, correspondent à des changements intrinsèques plus saisissants encore.

D'après les indications contenues dans l'œuvre de Louis de Camps, ce serait vers l'année 1664 qu'elle aurait été achevée. A cette date, vingt-six années s'étaient écoulées depuis que dom Huynes avait présenté son travail aux

Révérends Pères de la Congrégation réunis à Vendosme. Pendant ce laps de temps, bien des événements s'étaient accomplis; l'ardeur des pèlerinages s'étaient ralentie, et à la simplicité de la foi avait succédé un esprit de critique moins disposé à accueillir tous les récits miraculeux. — De Camps, bien qu'il s'en défende, a subi quelque peu l'influence de son époque; sous sa plume l'œuvre de son devancier a perdu son cachet primitif. Elle est moins destinée aux pèlerins qu'aux lecteurs ordinaires, et les miracles racontés si compendieusement par Dom Huynes dans un traité tout entier sont relégués à l'arrière-plan et indiqués sommairement dans le chapitre IX de la cinquième partie.

Comme on devait s'y attendre, la *Lettre* de Dom Huynes *aux Révérends Pères supérieurs* a été passée sous silence, et il en a été de même de l'*Avertissement aux Pèlerins* et de l'*Invocation aux saints Anges*. Ces documents ont été remplacés par une préface qui atteste certaines prétentions littéraires et philosophiques.

« Préface : Quoyque ceux qui ont esté establis en la charge de thresorier de cette abbaye du Mont-St-Michel ayent tasché de satisfaire à la curiosité de ceux qui visitent ce lieu auguste et celebre partout l'univers et les ayent entretenus amplement touchant sa fondation, son progrez et les choses les plus memorables, je puis pourtant assurer que jusques à présent, ce flambeau lumineux notre premier fondateur, je veux dire saint Aubert est demeuré avec ses ouvrages comme enfermé sous le boisseau et dans l'obscurité. La voix ne dure pas toujours; elle n'a qu'un instant et ne se fait entendre qu'en certains lieux, elle est bornée dans l'enceinte de nos cloîtres, et ne se peut communiquer au dehors que par un raport qui souvent est infidel, diminuant la vérité et multipliant le mensonge.

« Ces désavantages me donnent une sainte témerité et

une genereuse presomption d'exposer au public les premières conceptions de cette histoire toutte merveilleuse, laquelle, ayant la vérité pour compagne, la devotion du glorieux arcange St Michel pour objet et une pieuse et louable curiosité pour amie, paroistra d'autant plus belle en son jour et sera d'autant plus agréable à son lecteur qu'elle a esté desirée de plusieurs avec passion. C'est à leurs prieres que je couche icy par escrit ce que j'en ay dit plusieurs fois, affin que ces images qui n'avaient fait que passer soient arrestées sur le papier et que les parolles qui ont frappé les oreilles demeurent exposées aux yeux et qu'ainsy on puisse les lire et considerer à loisir. Je raconteray tellement les choses que je tascheray ne rien obmettre de necessaire, et ne diray rien de superflu. Le dessein que j'ay pris paroistra avec ses divisions ès pages suivantes, et comme ce seroit chose longue et fort ennuieuse de rapporter au long les bulles et les patentes que les Papes, Roys, Ducs et autres ont donné à cette abbaye, je me contenteray d'en produire quelques fragments des plus importantes à mon subjet et de noter la date et l'autheur de chacune. J'advoue que je me suis plus estudié à rendre mon stile clair qu'elegant, croyant que la naiveté luy estoit plus propre et plus utile à mes lecteurs que la recherche d'un discours, ayant en veue la satisfaction de leur pieuse curiosité et non pas la louange de bien escrire. Chacun pourra veoir par ce petit ouvrage quel a esté de tout temps ce Mont-St-Michel et en quel estat il est maintenant. On le poura regarder comme un canal par lequel l'Esprit divin anime le corps de l'église gallicane, comme un sanctuaire de devotion, comme un jardin de delices, un champ de bataille et un trophée du prince de la milice celeste contre les ennemis de la France et de notre saincte Religion. Enfin on le peut envisager comme un lieu eslevé presque jusqu'a la moyenne region de l'air, un milieu entre Dieu et les hommes, par où celuy-là descend vers ceux-ci sans perdre sa majesté et qui fait monter ceux-ci jusqu'a celuy-là pour quitter leur bassesse et par les merites du saint Archange et de ce grand prélat st Aubert entrer en la splendeur de la gloire de leur souverain. »

Les dissertations morales et théologiques étaient dans le goût de Dom Louis de Camps et on en rencontre assez souvent dans les cinq parties de l'histoire du Mont-St-Michel. La première nous offre notamment quelques lignes sur la signification symbolique des apparitions de Saint Michel au Mont-Gargan et au Mont-Tombe, — la seconde nous raconte les entreprises du démon contre les règles de l'observance monastique, — et la troisième débute par un avant-propos sur l'union nécessaire de la puissance temporelle à la puissance spirituelle. Cette dissertation en forme que de Camps a particulièrement soignée a pour but de justifier le titre de gouverneur du Mont-St-Michel qui appartînt longtemps au chef spirituel de l'abbaye.

Nous en extrairons seulement quelques lignes : « Ce n'est pas d'aujourd'hui que l'on a veu la puissance unie avec le sacerdoce. Ce sont deux colomnes des monarchies d'autant plus fortes et inébranlables qu'elles sont estroictement conjointes. L'un et l'autre est émané du ciel et cet escrivain hardy qui a porté sa plume jusque dans le sein de la divinité nous représente icy bas Jesus-Christ sous la figure de Melchisedech qui estoit Roy et grand prestre tout ensemble. Si nous considerons la loy de nature, j'y vois un Abraham, un Jacob et tous les premiers nez qui par consequent estoient les Roys des peuples, lesquels sont en mesme temps sacrificateurs. Dans la loy escrite les Macabées et dans la loi de grace le Viquaire de J. C. devant qui les Princes et les Monarques se prosternent pour rendre hommage à sa souveraineté. »

Le récit de Dom Huynes n'est généralement pas embarassé de pareilles digressions, il va droit au but et ne comporte guères que de rares et brèves réflexions. — La divergence de vues n'est pas moins accentuée dans les jugements que formulent les deux écrivains. Tous deux sont attachés ardemment à leur monastère et à leur congrégation, tous deux sont partisans de l'austérité et de la règle, tous deux considèrent comme une cause de ruine et de désordres la mise des abbayes en commende et saluent comme l'aurore d'une période d'édification et de sainteté l'arrivée des religieux de Saint-Maur au Mont-St-Michel. Mais la ressemblance s'arrête là, et autant Dom Huynes met de modération et de réserve dans ses appréciations, autant dom Louis de Camps y apporte d'ardeur et quelquefois même de passion. Le style des deux historiens se ressent de leurs dispositions d'esprit habituelles : Celui de Dom Huynes est simple et sans grand éclat, celui de son successeur, quelquefois prétentieux et subtil, revêt dans certaines circonstances une couleur et un piquant tout particuliers. Il n'est guères de passages, dans lesquels ce double caractère des deux historiens ne puisse être facilement constaté. — Les portraits que de Camps trace de temps en temps des personnages notables de l'abbaye viennent surtout mettre en relief toute son originalité. Lorsqu'il rencontre sur son chemin des abbés selon son cœur, il trouve pour les louer des paroles émues et imagées, complètement inconnues de son savant devancier.

Les éloges de Roger II, de Robert de Torigni et de Pierre Le Roy [1], exprimés en termes colorés, sont particulièrement remarquables, mais combien sont plus saisissantes les critiques que de Camps a dirigées contre quelques-uns des abbés et des gouverneurs. Malgré sa profession religieuse,

---

[1] V. vol. 1ᵉʳ, p. 245, 248, 259.

notre écrivain n'a pas échappé à cette loi générale qui nous rend plus facile l'attaque que la défense. Aussi est-ce avec un entrain soutenu et implacable qu'il stigmatise successivement les désordres, les abus et les ridicules. — Dans ses investigations ardentes et minutieuses il n'oublie rien et il n'épargne personne. C'est d'abord l'abbé Suppo — « pierre d'achoppement de la communauté, » — Roger I, « qui cede avec infamie son baton pastoral, » — Richard de Mere, « plus considérable pour sa noblesse que pour ses vertus et dont les deportements paroissoient plutot d'un courtisan que d'un moyne, » et enfin Robert Jolivet auquel il reproche energiquement ses habitudes effeminées et sa lacheté criminelle. Dans un ton plus adouci quel portrait frappant que celui de Richard Tustin si vaniteux et si magnifique [1] :

« Richard ayant obtenu ces bulles si conformes à son humeur qui estoit de marcher à la grandeur et de paroistre magnifique en tout, fit faire une mittre fort belle, toute couverte de perle et de pierrerie, ainsy qu'elle se voit encore dans la thresorerie, où est la plus encienne des trois qui y sont conservées. Le vulgaire l'attribue à Saint Aubert, mais à faux, comme je crois. Nostre abbé se voyant coeffé à la mode, fut si pompeux, en enfan, des privileges qu'il avoit obtenus, et si libéral de donner des bénédictions que, non content de les donner dans les divins offices, mais voulant aller de pair avec les evesques, il bénissoit le peuple dans les places publiques, dans les villes et chasteaux : ce qui ne dura guères. »

Le langage devient plus acrimonieux lorsque de Camps quitte les abbés réguliers pour arriver aux commandataires. Au chapitre xxiv de son troisième traité, Dom Huynes, après avoir raconté l'élection faite par les moines

---

[1] Vol. 1ᵉʳ, p. 252.

de Jean Gonault pour abbé, et la nomination par le pape du cardinal d'Estouteville à la même dignité, analyse de point en point l'accord qui intervint plus tard entre les deux prétendants. De Camps expose identiquement les mêmes faits, il n'ajoute qu'une reflexion, mais elle est caractéristique :

« Ainsi cet Esaü, nous dit-il en parlant de Gonault, « vendit sa primogeniture pour une ecuellée de len-« tilles[1]. »

Les grands travaux entrepris au Mont-St-Michel par le cardinal d'Estouteville ne rendent pas la critique de notre annaliste moins sévère et, à propos d'un incident pénible, il écrit les lignes suivantes :

« Quant à ce qui est des obsèques du cardinal, il y eut grande dispute entre les chanoines de Sainte Marie Majeure et les freres Augustins, à qui des deux appartenoient les pretieux anneaux de ses doibts et ses riches vestements, tel-tellement que chacun le depouillant et prenant ce qu'il put tant d'une part que d'autre, laisserent son corps presque tout nud et fut ainsy enterré par les Augustins, non sans quelque ignominie après avoir vescu si splendidement des biens de tant de benefices qu'il possedoit, sans en avoir jamais exercé les charges[2]. »

Même ironie dans les réflexions relatives au cardinal de Joyeuse qui, lui aussi, avoit obtenu la commende de l'abbaye :

« Voilà ce que nous pouvons dire de ce religieux. Qui voudra scavoir quelque chose à sa louange pourra s'adresser ailleurs qu'à nos archives. Jacques Gauctier, jésuite, le met en sa Chronolgie entre les illustres personnages du

[1] Vol. 1. 251.
[2] Vol. 1. 252.

xvii⁰ siècle. Les œuvres pies auxquelles il emploia plus de 200,000 escus seroient plus meritoires s'il les avoit faites de son patrimoine et qu'il n'eut pas, pour ainsy dire, descouvert saint Pierre pour couvrir saint Paul, veu que de ce seul monastere, pendant sa commende on luy a porté dans ses coffres pour le moins pareille somme ¹. »

L'un des personnages resté le plus antipathique aux religieux du Mont-St-Michel est incontestablement Jean Le Veneur, second abbé commendataire. Dom Huynes ne lui est pas plus favorable que de Camps, mais dans les lignes que l'un et l'autre lui consacrent, il est aisé de constater les dissemblances d'esprit et de tempérament qui existent entre les deux écrivains. Tandis que le premier parle avec une tristesse émue de l'établissement de la commende, dans laquelle il voit une sorte de punition divine du désordre et du relachement qui s'étaient introduits dans les monastères, le second ne fait qu'effleurer ces graves considérations pour appuyer avec une insistance malicieuse sur la cupidité et l'ostentation du nouvel abbé.

« Qui a jamais vu, s'écrie-t-il, une ambition plus violente pour les bénéfices. J'écris ceci le jour du grand docteur saint Ambroise. Qu'il ferait beau mettre en parallèle l'affection de ces deux prélats ; mais cela passe les bornes que je me suis proposées.

« Si tost donc qu'il luy fut permis de porter le nom d'abbé, il envoya ses agents et procureurs pour recevoir les biens de ce monastere en laissant le moins qu'il pouvait pour l'entretien des moynes dont il diminua le nombre pour en avoir moins à nourrir. Il jouit de cette abbaye l'espace de quinze ans sans y avoir laissé autres marques que celles de son escusson. Il le fit premièrement mettre dans la place de celuy du cardinal d'Estouteville, qui estoit sur

¹ Vol. 1, 273.

l'oratoire près de son effigie en peinture ès grandes vitres du chœur voulant donner à connoistre à la postérité que cette effigie estoit sienne. Ensuite de cela il fit biffer les armes de Jean de Lamps, son prédécesseur, qui estoient au haut de la voute du chœur et y fit appliquer les siennes pensant immortaliser sa memoire estant l'autheur d'un ouvrage si magnifique.

« Je m'étonne comment on a souffert si longtemps ces armes ainsi placées. »

Dom Huynes a consacré un chapitre entier de son sixième traité à exposer les faits qui s'étaient passés au Mont-Saint-Michel sous l'administration du prieur Dom Henry du Pont. Ce religieux, qui mourut à Paris au collége de Cluny le 17 mars 1639, était son contemporain; il avait essayé d'introduire à l'abbaye une réforme qui ne réussit pas, mais qui prépara les voies à l'acceptation ultérieure de la règle de Saint-Maur : toutes ces considérations disposaient Dom Huynes à l'indulgence et lui commandaient une extrême réserve.

Dom Louis de Camps, vingt-cinq ans plus tard, n'était pas retenu par les mêmes scrupules, aussi est-ce en toute franchise et sans ménagement qu'il formule son appréciation.

Pour compléter cette série de rapprochements, nous voulons transcrire ici quelques passages relatifs à l'état d'abaissement auquel était arrivée l'institution monastique au Mont-Saint-Michel dans les premières années du XVIIe siècle. Par suite du funeste régime de la commende, la discipline, cette condition essentielle de la vie régulière des corps religieux et civils, avait absolument disparu, et les désordres de toute nature étaient arrivés à leur comble. Cette déplorable situation morale, analogue à celle qui s'était produite parmi les chanoines, au moment de leur remplacement par les moines en 966, a été décrite en quelques mots d'une inspiration excellente, par Dom Huynes ; mais c'est seulement en lisant son continuateur que l'on peut apercevoir toute l'étendue du mal et sonder la profondeur de la plaie :

« Ce sacré temple et cet auguste monastère du Mont-Saint-Michel n'avait plus aucune apparence d'un lieu d'ordre. Les lieux reguliers etoient ouverts à toute sorte de personnes hommes et femmes : la plupart des logements sans portes ni fenestres, une muraille abbatue d'un costé, une autre qui s'en alloit en ruyne, et qui plus est, l'office divin presque délaissé, n'y ayant que trois ou quatre pauvres moynes qui assistoient au chœur, les autres se divertissants à la campagne, menants une vie pour la plus part indigne même d'un simple seculier L'ignorance y étoit si grande que plusieurs ne pouvoient pas même lire du françois. Lors qu'ils estoient en ce Mont, ils passoient leur temps sur des boutiques ou à s'enyvrer. Un jour quelques pelerins ayant esté trouver le thresorier en un cabaret pour leur faire veoir les sainctes reliques, cet yvrogne leur repondit : Je me donne au diable si les chiens ne les ont mangez. J'obmet par charité leurs autres vices et impudicité, la plus part vivant publicquement avec des femmes comme gens mariez ; il nous reste encore plusieurs de leurs enfants. Je laisse à penser quelle edification pouvoient avoir le peuple et particulierement les pelerins voyants un lieu si sainct tellement désolé et si mal desservi. Plusieurs detestoient les abbez commendataires que les moynes disoient estre cause de ces désordres, les autres blasmoient l'ignorance et la vie des religieux, et chacun s'en retournoit fort mal édifié. Leur mort a porté tesmoignage véritable de leur vie. Elle a esté pour la plus grande partie funeste et miserable. »

De Camps, si épris de l'austérité et de la règle, revient ailleurs sur ce sombre tableau de la décadence monastique, et à propos des négociations conduites par M. Guillard pour faire accepter aux religieux une réforme, que tant de considérations rendoient impérieuses, il ajoute les lignes suivantes :

« Car M. Guillard voyant tous ces moynes fort joyeux de cet accord et qu'ils abandonnoient tout ce qu'ils pouvoient prétendre en ce Mont moyennant laditte pension de 400 livres, il prit la hardiesse, de sa propre authorité, de chasser hors cette ville du Mont-St-Michel toutes les p...... jeunes et vieilles m........ qui appartenoient auxdits moynes. Mons. Barcillon approuva fort cette genereuse action et par compassion leur donna et aux enfants de ce concubinage quelque argent. »

Nous pouvons maintenant nous arrêter : il serait sans doute intéressant de poursuivre ce parallèle, en suivant, dans les deux auteurs les progrès de cette noble réforme de St-Maur qui donna à l'église de France tant de personnages éminents par leur science et par leur piété, et qui inaugura, dans les monastères soumis à sa règle, une véritable ère de régénération. Les limites que nous nous sommes imposées ne nous le permettent pas ; le lecteur suppléera d'ailleurs facilement à ce que nous aurions pu dire, en parcourant les additions de Dom Louis de Camps, que nous publions à la suite des traités de l'histoire du Mont-St-Michel.

Chose étrange, presque tous les passages dont les historiens postérieurs se sont emparés lui appartiennent exclusivement ; c'est à lui que sont empruntées toutes les réflexions piquantes, toutes les expressions imagées, toutes les critiques acerbes qui ont été plus tard mises en lumière, en sorte qu'il nous paraît absolument certain que c'est, au moyen de de Camps, que Dom Huynes est arrivé à la notoriété. Malgré les qualités sérieuses qui la distinguent, l'histoire du Mont-Saint-Michel, sans les adjonctions originales qui y ont été faites, n'aurait probablement pas eu plus de succès que celle de St-Florent. Aussi avons-nous considéré comme un acte de stricte équité de replacer à son rang ce continuateur obscur auquel on n'avait guère su jusqu'ici que reprocher d'avoir altéré le texte de son devancier. — Cette considération justifiera, nous l'espérons, les développements dans lesquels nous sommes entré.

Ce serait un curieux chapitre à écrire que celui des continuateurs de Dom Huynes et de Dom Louis de Camps. Nous n'avons pas la prétention de l'entreprendre, mais nous devons, à titre de complément de cette introduction, signaler au moins quelques documents renfermés dans les dépôts publics.

La Bibliothèque nationale possède deux monographies inédites de l'abbaye, qui sont l'œuvre de l'auteur des *Curieuses recherches*, Dom Thomas Le Roy.

La première que nous rencontrons au folio 427 du manuscrit latin, n° 1318, est intitulée : « Brefve hystoire de l'abbaye du Mont-St-Michel par Dom Thomas Le Roy; » c'est un résumé envoyé par l'auteur à Dom Luc d'Achery, le 29 juillet 1647.

La seconde qui porte dans le fond français le n° 18,950, est un peu plus étendue; elle ne comprend pas moins de 196 pages et porte la date du 13 juin 1698. C'est encore un essai de forme modeste, écrit d'une manière hâtive et qui semble comme l'ébauche ou l'abrégé d'un travail plus important.

Il est accompagné d'une lettre d'envoi qui en fixe le caractère et dont voici le texte :

« Mon Reverend Pere, la précipitation avec laquelle tout cecy a esté broché sera cause qu'il se trouvera beaucoup de fautes, tant dans l'orthographe que ès-mots, mais

Vostre Reverence suppléera à ce defaut. Que si vous trouvez qu'il y en ait trop et qu'il soit trop long, vous en osterez ce qu'il vous plaira et ce que jugerez ne devoir pas estre mis au jour. Enfin un historien judicieux comme Vostre Reverence sait ce qui est à faire. »

Pas plus que les travaux de Dom Huyes et de de Camps, l'essai de Dom Le Roy ne paraît avoir été imprimé. Il renferme cependant des détails précieux, notamment sur la reprise du Mont-St-Michel par de Vicques et sur la sédition des Nuds Pieds dans l'Avranchin.

Il y a beaucoup moins de profit à retirer de la lecture d'un autre manuscrit rédigé à la date de 1744 et qui comprend 665 pages [1].

C'est, en définitive, à la bibliothèque d'Avranches qu'il faut revenir pour trouver une continuation vraiment intéressante de l'histoire générale du Mont-St-Michel. Le manuscrit n° 209, dont nous avons si souvent parlé, renferme, à la suite du travail de de Camps, qui s'arrête à l'année 1663 [2] une addition qui nous conduit à la fin de l'année 1669.

L'auteur, dont jusqu'à présent personne ne s'est guère préoccupé, se nommait Dom Estienne Jobart, et exerçait, comme Dom Huynes et comme Dom Louis de Camps, les fonctions de trésorier sacriste de l'abbaye. Il nous a révélé

---

[1] « Histoire du Mont-St-Michel depuis sa fondation par St Aubert, en 768, jusqu'à l'année 1744, composée par un religieux benedictin de l'abbaye royale du Mont-St-Michel, de la congrégation de St Maur. » Bibliothèque nationale, fonds français, n° 18,949.

[2] Le travail primitif de dom Huynes s'était arrêté à l'année 1639 au début du gouvernement de Richard de la Luzerne, sieur de Breyent. — Le ms. 209 renferme, en outre, des indications de diverses mains relatives aux prieurs Jean Godefroy, P. Cherot, Michel Briant, Pierre Terrier, Joseph Aubrée, Henry Fermelys et Jean Loosne. La plus récente est de 1693.

lui-même son nom et sa qualité à deux reprises différentes, et dans le ms. n° 209 à propos d'une déclaration ironique que lui adressa le gouverneur du Mont-St-Michel [3] et en signant, dans un autre manuscrit, l'inventaire des insignes reliques de l'abbaye : « Le présent inventaire des susdittes reliques et reliquaires a esté veu, corrigé et vérifié par nous soubsignez.

Fr. ESTIENNE JOBART,

Tresorier et secrétaire du chapitre. »

Estienne Jobart était un esprit étroit et passionné ; mais il est exact jusqu'à la minutie, et il a recueilli, sans grand souci des élégances du langage, certaines particularités qui ne manquent ni de couleur ni d'étrangeté. Son œuvre, à vrai dire, consiste dans deux récits : le premier est celui de la levée du corps de saint Gaud, qui occupe un cahier interfolié entre les pages 156 et 157 ; le second est l'Histoire, jour par jour, du gouvernement du sieur de La Chastière ; c'est surtout dans cette dernière relation qu'Estienne Jobart a donné toute sa mesure. Par ses défauts comme par ses qualités, c'était bien le biographe qui convenait à ce singulier personnage qui clot la série des gouverneurs du Mont. Après avoir eu comme chef militaire d'Estouteville, qui défendit la place contre les Anglais, de Vicques que chanta Vitel, de Querolant dont la destinée fut si tragique, de Bricqueville si impitoyable pour les malheureux Nuds-pieds, l'abbaye devait, par un bizarre coup de fortune, tomber entre les mains de la Chastière. Ancien cheva-

---

[1] « Et moy thresorier et secretaire du monastere (Dom Estienne Jobart), je lui ay oui dire de sa grosse bouche que jamais nous n'aurions lesdittes clefs ni portiers. » — Bibliothèque d'Avranches, ms. 209, fol. 156-157.

lier de l'ordre de Malte, il avait épousé une belle personne dont il avait fait la connaissance aux eaux de Bourbon et qui avait été congédiée de la maison de la duchesse de Longueville « pour quelque bruit, nous dit Dom Estienne Jobart, de mauvaise conversation de ladite demoiselle avec certains seigneurs. »

Dans le but de satisfaire aux visées ambitieuses de sa femme, de la Chastière acquit le gouvernement du Mont-St-Michel. C'était alors une situation sans importance et qui eut pu rappeler ce fameux gouvernement de Notre-Dame de la Garde qui fit plus tard le bonheur de Georges de Scudéry. De la Chastière s'était placé à un autre point de vue, et il ne demandait à sa fonction que les facilités qu'elle pouvait lui fournir pour exploiter les religieux et les manants. Aussi sa vie ne se composa-t-elle au Mont-St-Michel que d'une succession non interrompue de rapines et de violences. Tant d'excès soulevèrent enfin l'indignation générale et motivèrent une information judiciaire qui eut entraîné sa révocation, s'il n'était mort de saisissement et de colère au début même de l'enquête. Tout cela, Dom Estienne Jobart nous le raconte, par le menu, sans rien omettre et avec une colère contenue qui s'épanche de temps à autre en réflexions, puisées dans les livres saints. Mais s'il détestait cordialement le gouverneur, il avait une antipathie encore plus accentuée pour madame la gouvernante, et c'est avec une verve railleuse et impitoyable qu'il nous retrace le départ de cette dame du Mont-St-Michel, son carosse délabré, ses misérables cavalles et son mauvais équipage. « Après avoir rodé en différents lieux, écrit-il, « on dit qu'elle est à Paris où elle vit assez humiliée, « après avoir servy elle et son mari d'instrument et de « fléau de la justice de Dieu pour nous vexer et pour punir « et chastier le mauvais peuplé de la ville et d'alentour. »

Cette narration détaillée n'a pas suffi à Dom Estienne Jobart. Dans un manuscrit donné par M. Deschamps du Manoir et auquel nous avons déjà fait allusion, il est revenu sur ce sujet avec le même entrain et la même abondance [1].

« L'an 1662, le 20 juin, le sieur de la Chastière, 23e gouverneur, fit son entrée en ce chasteau qu'il a gouverné environ l'espace de cinq ans. Ledit sieur de la Chastière estoit un pauvre misérable, soy disant gentilhomme, originaire du pais de Touraine, autrefois abbé d'une abbaye de St-Benoist, chevalier de Malte et même profez à ce que l'on tient. C'est pourquoy sa mère, ses frères et

---

[1] Ms. n° 247. Don de M. l'abbé Deschamps du Manoir. Ms. sur papier de 23 pages, intitulé : *Inventaire de toutes les reliques, reliquaires et autres argenteries de la thresorerie du Mont-St-Michel, où il est exprimé quand et par qui ces saintes Reliques ont este données et enchassées.* — [Outre ce traité spécial, ce manuscrit renferme les chapitres suivants : « Litanies des saincts, dont il y a des reliques notables et asseurées dans la tresorrie du Mont-St-Michel (p. 9). — Inventaire de l'argenterie qui est conservée dans ladite tresorrie outre les susdits reliquaires (p. 12). — Blason des armoiries qui sont apposees en cette abbaye du Mont-St-Michel ; armoiries des abbez (p. 13). — Des gouverneurs du Mont-St-Michel (p. 15). Ce manuscrit est l'œuvre de trois écrivains. Le 1er chapitre, pages 1 à 7, appartient à un auteur dont nous ne saurions indiquer le nom. La fin de ce chapitre, p. 7-8, est de la main de Dom Louis de Camps, ainsi que les Litanies des Saincts, l'inventaire de l'argenterie, le blason des armoiries et le chapitre dernier des gouverneurs du Mont-St-Michel, p. 15-18. C'est à frère Étienne Jobart, trésorier et secrétaire du chapitre, qu'est due l'histoire du gouverneur de la Chastière et de la nomination comme gouverneur de l'abbé de Souvré, p. 18-23. — Ce récit, que l'on rencontre plus circonstancié dans « l'Histoire de la célèbre abbaye du Mont-St-Michel au péril de la mer, » n° 209, s'étend de l'année 1662 à 1668. — L'inventaire de toutes les reliques contient, en outre, de nombreuses additions dues à frère Jobart, ainsi qu'il est facile de le reconnaître à l'inspection des écritures et ainsi que l'indique une note signée par le rédacteur.

sœurs luy disputent et desnient sa part de la succession. Ce dit sieur quittant son abbaye et sa profession ou chevalerie de Malte, s'estoit marié, par amourette, avec une femme parisienne, femme de cour, superbe, altiere, grande fourbe et tiranne, de mauvais renom, laquelle par ses mauvais conseils et persuasions a aussy perdu son dit mari de réputation... »

Ce n'est-là qu'un léger crayon des deux époux. — Voici en regard le récit circonstancié du départ de madame de la Chastière.

« Après la mort donc et enterrement dudit sieur de la Chastière, la ditte dame sa femme est encore demeurée icy cinq ou six sepmaines, haïe et abhorrée de tout le monde, chassée mesme des hostelleries d'Avranches et de Pontorson où elle estoit allée pour ses affaires, congediée ou refusée de loger chez quelques gens de condition qu'elle estimoit leurs amis et contrainte une fois ou deux de loger avec son train et chevaux, en chemin dans des escuries ou dans une grange sur de la paille, de sorte qu'enfin, se voyant si haïe et abhorrée et prevoyant bien qu'on estoit prest de la congédier de ce Mont, elle s'en est allée, et sa première station n'a esté qu'à Genest, de là la riviere de Seleune, où elle est demeurée dix jours dans un cabaret; et de là, sous prétexte de dévotion, est allée à St-Pair dit aujourdhui St-Gaud proche Grandville, dans un cabaret dont l'hoste s'appelle *Dieu le Veut*, où elle a accouché d'une fille qu'elle a laissée à Grandville à la charge de madame la gouvernante dudit Grandville, la marraine de sa petite ; puis la dite dame s'en est allée à Paris, avec quatre enfants, en très mauvais équipage, dans un carosse tout délabré, attelé de trois grandes juments haridelles et là vit à Paris, misérable, tantost dans un lieu, tantost à l'autre, à ce que l'on dit. Voilà le gouvernement, la conduitte et l'issue de madame de la Chastière, laquelle pour tous gages a laissé beaucoup de debtes qu'elle debvoit aux pauvres gens de la ville et d'ailleurs, pour payements ne leur a laissé que pour 60 ou 80 livres de vieilles nippes qu'elle n'a pu emporter, ce qui n'est pas pour payer le dixieme de ses debtes et pilleries et volleries des meubles des pauvres gens. Voilà en bref l'histoire du gouvernement du feu sieur de la Chastière et de sa femme dont on peut dire ce trait de l'Ecriture : *Impii in tenebris conticiscent et tanquam fœnum velociter arescent et quemadmodum fumus deficient.* »

Ces extraits peuvent faire apprécier le genre de notre chroniqueur. Don Estienne Jobart est le dernier trésorier-historien du Mont-St-Michel. Bien qu'il ne puisse, à aucun titre, être comparé ni à Dom Huynes, ni à Dom Louis de Camps, il nous a semblé qu'il méritait une mention et qu'il devait figurer après eux dans la liste des anciens chroniqueurs de l'abbaye.

Un mot maintenant sur le plan que nous avons suivi en préparant cette édition :

Le texte auquel nous nous sommes attaché et que nous avons reproduit, est celui qui a été arrêté définitivement par Dom Huynes en 1640, tel qu'il nous a été conservé dans le manuscrit français n° 18,747 de la Bibliothèque nationale.

Nous avons placé en notes certains passages d'une chronique latine écrite aussi par Dom Huynes. Cette chronique qui, dans une certaine mesure, complète ou éclaircit le texte français, fait partie du même manuscrit et s'étend, ainsi que nous l'avons déjà dit, du f° 140 au f° 157.

Enfin nous avons rejeté à la suite des quatre derniers traités, en manière d'appendice, des additions de Dom Louis De Camps et de Dom Estienne Jobart, puisées dans le ms. n° 209 de la bibliothèque d'Avranches.

Nous avons été singulièrement aidé dans notre travail par notre savant et dévoué confrère M. Léopold Delisle, membre de l'Institut et conservateur au département des manuscrits de la Bibliothèque nationale; nous lui en exprimons ici notre vive et sincère gratitude.

Malgré le secours qui nous a été prêté et bien que nous ayons apporté tous nos soins à cette édition, nous ne nous dissimulons pas les lacunes et les imperfections qu'elle présente. Nous espérons toutefois qu'elle pourra être consultée avec fruit et qu'elle sera de quelque utilité pour tous ceux qui voudront étudier les événements si divers et si nombreux qui se rattachent à l'histoire de la célèbre abbaye.

LETTRE

QUE L'AUTEUR DE CETTE HISTOIRE ENVOYA A
SES SUPERIEURS ASSEMBLÉS A VENDOSME
L'AN MIL SIX CENT TRENTE-NEUF.

*Aux Reverends superieurs de l'ordre et congregation
de St Benoist en France salut.*

Mes Reverends Peres, ayant apris par cœur la regle de nostre bienheureux pere St Benoist, suivant la louable coustume usitée en nostre congregation et l'admonition faicte aux Benedictins au concile celebré à Aix la Chapelle l'an huict cent dix sept : *Ut monachi omnes qui possunt regulam memoriter discant,* [1] la souvenance des divines instructions qui sont en icelle me revient facilement en memoire lorsque je desire m'en servir et que je considere avec quelle vigilance je me dois comporter en ce à quoy je suis appliqué par quelques uns de vous, Mes Reverends Peres. Pour quoy vous asseurer j'adresse à Vos Reverences des escripts touchant l'histoire de ce Mont-St-Michel, le contenu desquels j'ay recherché avec tout

---

[1] Tome VI des Conciles, p. 297, suivant l'impression de Paris, faicte en 1636.

le soin et diligence à moy possible, m'y sentant obligé selon ma profession. Car si notre bienheureux Pere parlant de ceux qui doivent chanter au chœur ou lire au refectoire dit : *Fratres autem non per ordinem legant aut cantent sed qui œdificent audientes* [1], Et : *Cantare autem aut legere non presumat nisi qui potest ipsum officium implere ut œdificentur audientes* [2], et s'il veut qu'à la porte du monastere il y ait un vieillard *sapiens qui sciat accipere responsum et reddere* [3], bref s'il veut que *donum dei à sapientibus sapienter administretur* [4], en quels termes estimera-on qu'il parleroit d'un Religieux qui a charge de monstrer les sainctes reliques de ce monastere du Mont-St-Michel à gens de toute sorte de condition qui viennent de tous costez pour voir et s'enquerir (après avoir faict leurs devotions) de la fondation et des progrez de cette eglise et abbaye et qui font mille questions de part et d'autre selon les divers objects qu'ils rencontrent? Certe il n'y a personne qui n'advoue ingenument qu'il diroit qu'un Religieux qui a une telle charge doit estre bien versé ès antiquitez de ce Mont. En quoy on se pourra encor confirmer davantage lisant au concile susdit cette admonition : *Vt docti fratres eligantur qui cum supervenientibus monachis loquantur;* car si pour parler à des Religieux qui ordinairement sont gens prudens, discrets, faciles à excuser les manquements

[1] Ch. 78.
[2] Ch. 47.
[3] Ch. 66.
[4] Ch. 53.

qu'ils voyent et qui de l'ignorance d'un Religieux ne concluent que tous les autres luy sont semblables, combien à plus juste raison faut-il que celuy-là soit docte qui a à satisfaire non à des Religieux seulement mais à tout le monde qui aborde en ce Mont? C'est pourquoy, n'estant tel, j'ai taché à le devenir selon mon petit pouvoir; et de ce que dessus vous voyez, mes Reverends Peres, que ce n'est sans sujet que je me suis adonné à l'histoire de cette abbaye puisque quelques uns d'entre nous m'ont mis en une charge où il m'est necessaire d'en respondre aux Pelerins, lesquels, mais particulièrement mon Reverend Pere Prieur Dom Bernard Jetlarddc, m'ont meut à passer plus outre et à composer cet escript que je soubmets entierement à vos censures, vous suppliant de croire que je n'y ai rien mis dont je n'aye esté bien asseuré autant qu'humainement il m'a esté possible. Que si vos Reverences jugent que quelques cayers d'iceux meritent de voir le jour, je croy que plusieurs Pelerins en seront très-contents et prendront de là sujet de louer Dieu de ce qu'il luy a plust operer tant de merveilles en ce Mont, pour l'exaltation de son St Archange et le salut des Mortels.

Du Mont-St-Michel
 ce 23 d'apvril
1639.   Mes Reverends Peres,
    Votre très-humble et très-affectionné très obeissant et le moindre de vos Religieux.
    Frere JEAN HUYNES.

Aux anges bienheureux et particulierement au Prince des anges St Michel.

Un des plus excellents benefices que nous ayons jamais receu de la main très-liberale de Dieu (O Esprits Celestes) c'est qu'il ait plu à sa souveraine providence de vous ordonner pour estre nos gardes et guides ès sentiers difficiles et inconnus destours de cette scabreuse et miserable vie remplie d'une infinité de précipices et d'espoisses tenebres. A raison de quoy nous sommes obligés de remercier mille fois le jour sa bonté infinie, mais aussi devrions nous eslever nos yeux vers vous autres, Esprits bien-heureux, et de toute l'estendue de nos cœurs vous tesmoigner le contentement et allegresse que nous ressentons en nous mesmes de vous avoir pour protecteurs et deffenseurs et vous remercier du soin si vigilant que prenez à chasser loin de nous les Esprits infernaux qui tous ne visent incessamment qu'à notre ruine et à nous faire tresbucher, s'ils le pouvoient, avec eux ès profonds des Enfers. Mais puisque la fragilité de notre nature ne nous permet de tousjours penser à ce signalé benefice, si ne pouvons, ainsy que le devrions, vous rendre, à chaque moment, des graces des bons offices que vous nous faictes continuellement, pour le moins devons nous, si ne voulons encourir le vice d'ingratitude, nous ressouvenir des choses plus signalées que vous avez faict pour nostre bien et avancement et vous en sçavoir bon gré comme aussy à l'autheur et createur de toutes choses. Ce sont là, comme je croy, les salaires et recompenses que vous desirez de nous; veu mesme que pour nous faciliter cette ressouvenance vous vous estes souvent accomodez à nos sens, prenants des corps aeriens pour vous rendre visibles à nos yeux et nous designer comme au doigt les places et lieux où vous desiriez que ces remerciments vous fussent particulièrement rendus, laissant de plus à la posterité des signes et marques de vos apparitions. Et en cela, entre autres, s'est rendu recommandable le Prince de vostre milice, s'apparoissant en divers lieux et particulierement en cette noble province de Normandie au glorieux St Aubert Evesque d'Avranches. Nous parlerons en l'histoire que nous allons composer de cette apparition, moyennant vostre assistance, et de ce que du depuis s'est passé en ce Mont de Tombe digne de remarque. Soyez, je vous prie, o Esprits celestes, conducteurs de cette mienne entreprise, et guidez tellement mon esprit et ma plume qu'en tout ce que j'escriray je ne m'esloigne nullement de la verité. Et ce faisant les fidelles prendront occasion d'exalter de tout leur possible vos grandeurs et d'en remercier la divine majesté, devant laquelle nous puissions un jour chanter avec vous : Sainct, sainct, sainct. Ainsy soit il.

Aux Pelerins et Lecteurs.

Un des motifs qui m'a meu à composer ceste histoire (chers Pelerins et lecteurs) a esté le desir que j'avois de vous contenter; car souventefois depuis que mes superieurs m'ont commis la garde de la Thresorerie de cette abbaye, ayant entendu les interrogations que vous avez coustume de faire, venants en ce Mont, touchant la fondation de ce Monastere et les choses remarquables qui s'y voient, je jugeois que vous aviez raison de faire telles demandes. C'est pourquoy je me resolu de rechercher diligemment ce que j'en pouvois rencontrer dans les archives de manuscripts de ce Monastere, non pour mettre au jour ce que j'y trouverois, mais pour m'en servir en mon particulier et vous pouvoir respondre lorsque viendriez à me faire telles demandes. Ce qu'ayant faict tellement quellement, celuy à qui je dois obeissance m'a excité (outre le désir que j'en avois desja conceu pour vous satisfaire) à composer ce livre et pour cet effect m'a mis entre les mains tout ce que je pouvois desirer pour le mettre en l'estat que vous voyez. Que si vous desirez en faire la lecture vous pourrez voir apertement quel est et a esté de tout temps ce Mont-St-Michel, en quel estime les fideles l'ont eu, ce qui s'y est faict et passé et combien ce Rocher est agreable aux Anges mais particulierement à l'Archange St Michel, lequel nous veille un jour presenter devant le Throsne du Roy des Roys pour jouir à jamais avec luy de la presence de Dieu. Ainsy soit il.

LA VIE DE S^T AUBERT

EVESQUE D'AVRANCHES.

Auparavant que de commencer nostre histoire il me semble qu'il sera fort à propos que nous descrivions icy la vie de St Aubert Evesque d'Avranches, premier fondateur de cette eglise du Mont, qui merita d'estre exécuteur des volontez du glorieux Archange St Michel [1].

Ce saint nasquit en cette province de Normandie lors appellée Neustrie de parens nobles et illustres lesquels eurent un grand soin de le duire dès sa tendre jeunesse à toute sorte de bonnes œuvres. A cet effet ils le mirent sous la conduite de gens doctes et craygnant Dieu lesquels luy enseignerent les sciences tant divines qu'humaines fort aysement. Car ce saint enfant y estoit assez porté de soy-mesme. Il estoit fort sobre en son vivre et aymoit grandement la chasteté. On remarquoit dès lors en luy une gravité non affectée ou indiscrete mais humble et bien moderée. Bref sa vie estoit telle que, si elle eut manqué de miracles, elle eut

[1] Collectarium Historiarum Normannicarum t. 44.

— 8 —

semblé incroyable. Ses parens estants morts, il demeura heritier de plusieurs grands biens lesquels il divisa en trois parties à l'imitation de St Joachim et Sainte Anne, et donna la premiere partie pour l'entretenement des eglises et sustentation des ministres d'icelles. La seconde il la destina pour sustenter les pauvres passans et pelerins et pour subvenir aux necessitez de ses compatriotes et pauvres sujects honorant en eux notre Seigneur Jesus-Christ. La troisième il se la reserva pour son usage et entretien. Parvenu qu'il fut en aage compétant pour exercer la dignité sacerdotale, il s'y fit promouvoir avec beaucoup d'humilité et de ressentiment de devotion. Et bien que sa vie fut telle que nous avons desja dit, neantmoins, depuis qu'il eut receu les ordres sacrez, il se comporta tellement en toutes ses actions qu'on l'eust plustost pris pour un ange du ciel que pour un homme mortel. Il menoit une vie plus aspre et austere, continuoit plus longuement ses oraisons et s'occupoit de toutes ses forces à ayder le prochain tant ès necessitez corporelles que spirituelles, excitant un chacun par son exemple à aymer et glorifier Dieu, lequel voyant qu'il estoit servy si fidellement par ce sien serviteur le constitua pasteur de sa famille Avranchinoise pour la guider au chemin de la vie eternelle ainsy que nous allons monstrer.

L'an sept cents quatre [*] l'Evesque d'Avranches

---

[*] Il y en a qui mettent St Auber cinquiesme evesque d'Avranches; neantmoins si nous avions à en faire le catalogue nous prouverions pour raisons qu'il y en a eu plus de huict devant luy.

estant mort, le clergé et le peuple s'assemblerent en l'eglise selon la coustume de ce temps là pour proceder à l'election d'un autre Evesque. Mais se rencontrant en iceux plusieurs volontez diverses on trouvoit des grandes difficultés à terminer cet affaire, de sorte que plusieurs fois tous furent contraincts de se retirer chez eux sans avoir rien conclu et d'assigner un autre jour pour parler de cela. Mais estants retournez et voyans qu'ils n'advançoient en rien et que le tout demeuroit tousjours en mesme estat, ils s'accorderent et conclurent de jeusner une sepmaine entière et de supplier le St-Esprit à ce qu'il luy plust illuminer leurs entendements pour connoistre celuy qu'il desiroit estre leur pasteur. Le septiesme jour, ils vinrent à l'eglise où faisants leurs prieres avec beaucoup d'affection ils entendirent soudainement un grand esclat de tonnerre et une voix comme sortant de ce tonnerre qui disoit *Aubert prestre sera vostre Pontife*. A peine avoyent-ils entendus cette voix que le St-Esprit descendit sur luy en forme de feu remplissant toute l'eglise d'une clarté plus resplendissante que le soleil, dont tous furent espouvantez et incontinent après resjouis, tellement que ne tergiversans plus davantage ils s'escrierent tous d'une mesme voix qu'Aubert seroit leur Evesque.

Le saint, ayant veu de si clairs tesmoignages que c'estoit la volonté de Dieu qu'il acceptast cette charge, n'y osa resister, mais s'y soubmit humblement, ne s'enorgueillissant d'une si haute et sublime dignité, mais s'humiliant d'autant plus qu'il se voyoit exalté, n'employant pas les revenus et richesses de son Evesché mal à propos mais à sustenter les pauvres de Jesus Christ et à faire reedifier, orner et embellir les eglises de son diocese, lesquelles il visitoit luy mesme souvent, et y rencontrant quelques abus employoit tous les moyens utiles et possibles pour les extirper du tout, voulant de plus que le service divin y fut celebré exactement et honorablement et qu'on y annonçast diligemment la parole de Dieu. Il persuadoit facilement ces choses, car outre sa science et vie angelique il estoit admiré d'un chacun à raison des grands et frequents miracles qu'il faisoit durant cette sainte occupation, ressuscitant quelques morts et rendant la santé aux malades qui avoyent recours à luy pour recevoir guerison; mesme quelquefois prenant compassion des bestes brutes il obtenoit de Dieu leur guerison par ses merites.

Or non seulement les infirmes l'alloient trouver pour estre delivrez de leurs infirmitez corporelles ou spirituelles; mais aussy ceux qui estoient molestez en quelque autre maniere, pour implorer son ayde et secours. Un jour ce vigilant pasteur, venant de visiter son cher troupeau et s'en retournant en son eglise cathedralle, se vit environné sur le chemin d'une multitude de vilageois lesquels joignants les mains s'escrioient d'une voix triste et lamentable qu'il eut pitié de leur misere, le supplians, la larme à l'œil, qu'il daignast regarder leur affliction et chasser loin de leurs terres un espouvantable dragon qui se retiroit vers la mer et venoit presque à chaque moment les poursuivre pour les devorer eux et leurs troupeaux, infestant de son haleine puante tous les lieux par lesquels il passoit. Le saint, à ces clameurs, s'arresta et consolant toute cette populace par ses discours remplis de charité et prudence leur promit de les ayder et secourir en tout ce qu'il pourroit. Se munissant donc des armes spirituelles de l'oraison et mettant toute sa confiance en Dieu, il se resolut d'aller attaquer et combattre ce dragon, lequel dès qu'il eut apperceu le saint et le peuple qui le suivoit, jettant feu et flammes par les narines, et sa gueule beante, s'approcha d'eux comme pour les devorer, bruslant du feu qu'il degorgeoit les herbes et arbrisseaux par où il passoit. Mais St Aubert ne s'espouvantant nullement pour cela, bien que le peuple retournast en arriere, demeura ferme et stable au mesme endroict, fit le signe de la croix et jettant son estolle sur le dragon luy commanda de se tenir coy et de ne bouger non plus que s'il eut esté mort. O vertu divine! A ces paroles le dragon demeura immobile et tout le peuple qui trambloit de frayeur et regardoit de loin ne sçavoit que penser de cela, jusques à ce qu'après avoir bien consideré, ils virent clairement que le dragon ne se remuoit nullement, et de là prirent la hardiesse de s'approcher de leur sainct Evesque lequel pour lors reprenant son estolle conjura le dragon de ne nuire doresnavant à aucun. Et afin que personne par après n'en fut incommodé il supplia notre Seigneur de permettre que la mer faisant son flux et reflux l'engloutit. Ce qui fut fait, et depuis ne fut veu ni apperceu de personne. Saint Aubert, bien joyeux de cette victoire, s'en alla avec le peuple dans la plus prochaine eglise rendre action de graces à Notre Seigneur d'une telle faveur, puis continuant son chemin retourna en sa ville episcopale d'Avranches où il s'adonnoit à toutes les œuvres de misericorde, donnant à manger aux fameliques et à boire à ceux qui avoyent soif; il revestoit les nuds; hebergeoit les pelerins; visitoit les malades et leur donnoit des bons et salutaires conseils pour les soulager en leurs maladies et induire à supporter le mal avec patience; bref il visitoit les prisonniers et ensevelissoit les morts. Estant tel envers son prochain, il estoit fort rude à soy mesme. Entre plusieurs de ses austeritez, on remarque qu'il jeusnoit au pain et à l'eau tous les jeusnes commandez de l'eglise et ce fort sobrement ne mangeant qu'après vespres. Estant par ces saincts exercices devenu fort aggreable à Dieu et menant en terre une vie angelique, il plut à Notre Seigneur se servir de luy pour bastir une eglise sur le haut de ce mont en l'honneur de l'Archange St Michel selon que nous dirons au premier traicté de l'histoire suivante. Finalement le saint après avoir beaucoup travaillé à la vigne de nostre Seigneur, predit le jour, de sa mort et alla jouir au Ciel de la recompense de ses travaux environ l'an sept cens vingt trois le dixiesme de septembre. Neantmoins ce jour-là en l'Evesché d'Avranches, ou autre part que nous sçachions, on n'en faict aucune commemoration, mais seulement le dix-huictiesme jour de juin auquel son saint corps fut miraculeusement trouvé en ce mont où il avoit esté apporté après sa mort et enterré dans l'eglise Saint-Pierre (c'estoit la chapelle bastie auprès l'eglise Sainct-Michel) où il demeura jusques en l'an neuf cens soixante six, auquel temps il fut deterré par un chanoyne et mussé sur un lambris comme nous dirons au second traicté de l'histoire suivante. Les breviaires d'Avranches tant anciens que modernes et le Martyrologe Gallican font mention de luy le dix huictiesme jour de juin et le seiziesme d'octobre. Nous avons recueilli cette vie des manuscripts de ce monastere.

PREMIER TRAICTÉ

DE

L'HISTOIRE DU MONT-Sᵀ-MICHEL

CONTENANT

TOUT CE QUE NOUS TROUVONS DE REMARQUABLE DEPUIS SON COMMENCEMENT JUSQUES AU TEMPS QUE LES RELIGIEUX Y FURENT INTRODUITS.

CHAPITRE PREMIER.

Description du Mont-St-Michel selon qu'il paroit à present.

En la Province de Normandie au diocese d'Avranches vers l'occident on voit un beau rocher qui peut à bon droict estre nombré entre les merveilles du monde. Il s'appelloit autrefois Mont-de-Tombe et *Ocrinum* selon que le marquent quelques historiens [1] : maintenant on le nomme Mont-St-Michel au peril de la mer. Ce Rocher est haut de trois cens pieds et contient en son circuit un demy quart de lieue et davantage si l'on veut mesurer ce que la greve couvre

---

[1] D'Argentré, Histoire de Bretagne, Livre premier, ch. 9, p. 36. Le Sʳ Tassin en ses cartes generales de toutes les costes de la France met *Ocrium*.

d'iceluy. Sur sa cime est bastie une belle eglise longue de deux cent trente huict pieds, large de cent dix huit vers la croysée, et haute de cent trente cinq depuis le pavé du chœur jusques au pinnacle du clocher qui est dessus le chœur. Autour de cette eglise, quelque peu plus bas, est le monastere composé de très hauts, forts et spatieux bastiments, lequel est aussy appellé du vulgaire Chasteau à cause de sa situation inexpugnable, raison pour quoy nos Roys de France très chrestiens y entretiennent aux despents de leurs finances des soldats à ce que les ennemis de leur couronne ne s'emparent d'une si forte place. Plus bas jusques au pied du rocher du costé de l'orient et du midy est bastie une petite ville ceinte de murailles en laquelle il n'y a qu'une paroisse, et est dédiée au Prince des Apostres Saint Pierre. Du costé de l'occident est une forte tour nommée la Gabrielle dessus laquelle est un moulin à vent. Le reste du rocher du costé du septentrion est inculte et formé des garennes où se nourrissent quantité de lapins ; de plus on y voit les *Poulins* par où on monte avec un cable long de quatre vingt braces les choses necessaires au Monastere tant pour vivre que pour bastir. On y voit aussi la fontayne St Aubert de laquelle nous parlerons cy après et de la chapelle dédiée au mesme sainct qui est de ce costé tirant vers l'occident. Mais ce qui faict paroistre grandement ce rocher et rend ses édifices admirables aux yeux des mortels c'est sa situation, car estant dessus, de quelque costé que vous tourniez les yeux, tantost vous ne voyez que le sable de la mer, tantost que la mer qui couvre tout ce sable selon son flux et reflux qu'elle faict deux fois en vingt quatre heures, donnant le reste du temps libre accest à ceux qui desirent visiter cest lieu. Vous voyez quelquefois des grosses vapeurs comme nuées passer au dessous de vous, et d'autres fois elles vous environnent de tous costez si que ne voyez ny ciel ny terre. Mais les vents s'eslevant les font bien dissiper, et non contents de cela, par leurs espouvantables soufflements et sifflements, semblent vouloir renverser tous les édifices, et que la mer ayant conspiré avec eux tache de briser ce rocher, tant sont impetueux et vehements ses flots, lesquels toutefois sont contraincts de s'entrebriser, rencontrants sa dureté.

Or comme après la pluye vient le beau temps, ainsy la serénité et bonace de la mer paroist après que ces tempestes et bourrasques sont appaisez, et lors les vents s'estants retirez en leurs antres et cachots, c'est un contentement indicible de regarder du haut de ce rocher les pays circonvoisins. Si vous jettez les yeux entre l'occident et le septentrion vous ne voyez que mer et, moyennant des lunettes d'approche, quelques Isles angloises; vers l'occident vous appercevez une bonne partie de la Bretagne et le fleuve de Couesnon qui la separe de Normandie. Vers le septentrion on voit les rivières de Sée et Selonne qui venants de Ducé et d'Avranches coulent entre ce Mont et Genest. On voit aussy le rocher de Tombelaine et le Promontoire de Grandville. Vers l'orient paroist la ville episcopale d'Avranches avec plusieurs autres pays. Bref du costé du midy vous y voyez plusieurs terres tant de Normandie que de Bretagne et souvent vous appercevez de ce costé là et du costé de l'orient plusieurs pellerins qui viennent par bandes de tous les quartiers de la France et quelquefois aussy des Royaumes etrangers visiter par devotion ceste église du Mont. Et bien que des autres costez vous en voyez venir plusieurs, neantmoins les chemins vers le midy et l'orient sont les plus frequentez tant parce que de ces costez et particulierement de celuy du midy la terre ferme est plus proche, n'y ayant que trois quarts de lieue jusques à la rive d'Ardevon, qu'à cause aussy qu'il n'y a aucun danger, si ce n'est que les rivières susdittes coulants sur les greves viennent à changer de lieu, ce qui arrive rarement. Toutefois, afin que personne n'y soit trompé il est bon que ceux qui ignorent à quelle heure la mer faict son flux et reflux et qui n'ont une longue experience des guideaux qu'elle faict sur les greves, prennent quelque guide; et, Dieu mercy, personne moyennant quelque petit salaire, ne doit avoir crainte de n'en trouver; plusieurs de ce pays s'y offrent volontiers.

CHAPITRE SECOND

D'une forest qui estoit anciennement autour de ce rocher en laquelle habitoient des Hermites ausquels un asne portoit à vivre, lequel dévoré d'un loup, Dieu voulut que le loup fit l'office de l'asne jusques à ce que les hermites se retirerent, la mer renversant la forest (1).

Anciennement ce rocher paroissoit tout autre qu'il faict maintenant, car outre qu'il n'estoit couvert que d'espines et de buissons, tout autour on ne voyoit qu'une espaisse forest et le flux de la mer en estoit esloigné de trois lieues excepté qu'il s'advancoit dans les rivieres. Or jaçoit que cette forest fut si affreuse et propre plustost pour l'habitation des bestes que des hommes, ce neantmoins elle plust à quelques uns grandement amateurs de la solitude, lesquels s'y retirerent pour, là esloignez de tous les tracas et commerces du monde, contempler à loisir les perfections immenses du createur de toutes choses. Pour cet effect ils bastirent deux petites chapelles ès lieux plus à l'escart, l'une en l'honneur de St Estienne premier martyr et l'autre de St Symphorien, lesquelles ont demeurez long temps sur pied. Ès anciens et recenst manuscripts de cette abbaye est rapportée une chose très-digne de remarque touchant la nourriture de ces

---

¹ Les Breviaires de Coustances reveus et corrigés l'an 1602.—Les Breviaires de Lizieux reveus et imprimés l'an 1624. Mss. RR. II 9. Δ. ⚡. 13 —. AA et plusieurs autres.

devots hermites ; car on lit en iceux et c'est l'opinion commune et cela se voit depint sur une vitre de cette eglise, faicte il y a environ cent soixante ans, que Dieu voulant soulager ces pieux hermites du travail qu'ils avoyent à sortir de cette forest pour chercher des vivres inspira un bon curé d'un village nommé pour lors Asteriac et à present Beauvoir, de charger un asne de vivres convenables à ces solitaires. Ce qu'il faisoit toutes et quantes fois qu'il voyoit une grosse vapeur semblable à une espaisse fumée s'eslever de la forest, et cet asne ainsy chargé s'en alloit seul sans aucune conduite ès hermitages de ces solitaires et s'en retournoit seul ayant esté deschargé, continuant tousjours à faire cet office jusques à ce qu'un jour s'en allant, selon son ordinaire, vers ces hermites, vn loup affamé se rua de grande furie dessus et le devora. Or Dieu qui a soin de repaistre les petits des corbeaux qui l'invoquent entendit aussy les gemissements de ces hermites qui ne scavoyent pourquoy l'asne ne venoit vers eux selon son ordinaire, et voulut que le loup fit l'office de l'asne. Voilà ce que disent ces manuscripts. Ces hermites ainsy sequestrez du bruit du monde ne le peurent pas tousjours estre de celuy de la mer, car icelle flotant souventefois contre les terres et racines de la forest qui lui estoit voisine les renversoit petit à petit, et faisant tomber les arbres sans dessus dessous les couvrit pour la plus part de ses ondes et de son sable en moins de deux on trois ans, chose qui est grandement merveilleuse. Car bien que quelquefois la mer renverse ses rivages et s'estende sur les terres habitables (comme l'experience journaliere nous apprend), si est-ce neantmoins qu'elle renverse rarement en si peu de temps des forests si longues et si larges comme estoit celle-là qui avoit de longueur six lieues ou environ et trois ou quatre de large en quelques endroits. Ce grand ravage contrignit ces solitaires qui avoyent mené si long-temps en ces desers une vie angelique en des corps mortels et corruptibles de se retirer à quartier et chercher d'autres solitudes, marrys de ce grand changement, se resignans toutefois au bon plaisir de Dieu, les voyes et les pensées duquel sont plus tost à admirer que non point à examiner.

CHAPITRE TROISIEME

Le peuple affligé de la subversion de la forest se console entendant que St Michel s'estoit apparu à leur Evesque. Comment se fit cette apparition et de l'acheminement de l'Evesque avec son peuple vers ce Mont.

Les hermites se consolant en Dieu, les seculiers s'en affligeoient grandement comme gens qui voyant arriver quelque chose contre leur opinion estiment que tout est perdu, ainsy que quelques uns firent pour lors, s'abandonnans à la tristesse à cause de ce changement, lesquels neantmoins commencerent bien-tost à se moderer, entendans raconter que ce changement estoit une disposition pour une plus grande merveille et que l'archange St Michel s'estoit apparu à leur Evesque St Aubert et luy avoit commandé de luy bastir un temple sur ce Mont de Tombe[1] pour y estre honoré et estre le patron et special protecteur de leur patrie. Et à la vérité cest Evesque avoit faict assembler ses chanoynes et leur avoit tenu les propos suivants en presence de plusieurs :

« Mes très chers freres, le sujet pourquoy je vous ay aujourd'huy faict assembler icy est pour ce pays tout plein de resjouissance mais pour moy tout plein de frayeur et de crainte. Il y a quelque temps que

---

[1] Ce Mont de Tombe est un rocher haut de 100 pieds sans comprendre les bastiments qui sont aussy eslevés de 300 pieds sur le sommet. Et n'a qu'un demi quart de lieue de circuit. Le fleuve de Couesnon le separe de la Bretaigne et le met en la province de Normandie, à trois lieues et au diocese d'Avranches*. Il avoit anciennement toute autre apparence qu'il n'a maintenant. Au raport des enciens manuscrits de cette abbaye il estoit couvert d'espines et de buissons et environné d'une epaisse forest, le flux et reflux de la mer en estant esloigné de trois lieues. Quelques saints hermites avoient choisi cette solitude affreuse pour servir à Dieu avec plus de tranquillité, et il leur estoit pourveu miraculeusement de tout ce qu'ils avoient besoin pour la vie humaine. Avant que ce Rocher eut pris le nom du Mont-Saint-Michel pour la devotion qu'on luy a porté il estoit appelé *Ocrinum* ou *Otrinum* et Ptolemée en son histoire le qualifie promontoire de Bretaigne. Il estoit aussy appellé Mont de Tombe parce qu'en effet il paroit comme un superbe tombeau ou mausolée eslevé au milieu d'une greve fort spatieuse. Nos enciens manuscrits le comparent à l'arche de Noë et veritablement il s'y veoit beaucoup de raport quant à la longueur et largeur et de la façon qu'il est à present il peut à bon droict passer pour une des merveilles du monde.

* Ch. I, 1re partie, p. 5, Ms. d'Avranches.

m'estant mis le soir sur le lict pour prendre quelque repos je vis en songe devant moy l'Archange St Michel lequel me dist que je luy edifiasse un temple sur le Mont de Tombe et qu'il vouloit là estre honoré et reclamé ainsy qu'il l'estoit au Mont-Gargan. M'ayant dit cela il disparut. Je m'esveillay soudain et demeuray tout pensif touchant cette vision, et, après plusieurs agitations d'esprit, je conclus que je ne devois croyre à cette revelation, d'autant, disois-je, que ce pourroit estre quelque illusion. Après cela, quelques jours s'estant escoulez, le mesme Archange m'apparut comme auparavant, mais d'un maintien plus severe, me disant que sa volonté estoit que je luy fis bastir un temple au lieu où il m'avoit dit la premiere fois et que je luy devois obeyr sans tant de delay. Ces paroles m'esmeurent grandement et ne puz reposer le reste de la nuict. Je me mis donc à prier Dieu et à le supplier qu'il ne permit que je fus trompé et que, si c'estoit sa volonté que je fis ce qui m'avoit esté revelé, il me fit connoistre son desir plus clairement, puisqu'il nous enseignoit, par son apostre et evangeliste St Jean, d'esprouver les esprits sçauoir s'ils sont de Dieu. Et ne me contentant de prier plus fervemment sa divine majesté sur ce sujet je commençay à jeusner et veiller plus que de coustume et à sustenter les pauvres avec un soin très-particulier, ainsy qu'avez peu voir ces jours passez, esperant que par le moyen de leurs prieres j'obtiendrois ce dont mes pechez me rendoient indigne. Enfin hyer m'estant couché j'eu beaucoup de peine à m'endormir, la pensée de ces visions precedentes me venant tousjours en l'esprit ; neantmoins, à la parfin, la lassitude du corps assoupit tous mes sens. Estant ainsy endormy, voicy que je vis cet archange qui me reprenoit tres-aigrement de mon incredulité et me blasmant d'estre trop tardif à croire me donna un coup de doigt sur la teste dont vous en voyez la marque. Alors tout tremblant de peur je luy demanday à quel endroict du Mont de Tombe il desiroit qu'on luy erigea cet oratoire. Il me dit qu'il vouloit que ce fut au lieu où je trouverois vn taureau lié qu'un larron a desrobé depuis nagueres et caché en ce Mont, espiant l'occasion de le pouvoir mener au loin pour le vendre, et m'a engagé de le rendre à celuy auquel il appartient. Quant à ce qui touche la grandeur de l'oratoire, il m'a dit que ce seroit tout l'espace que je trouverois foullé des pieds du taureau [1]. »

Ces paroles si naisves du St Evesque ne causerent aucun doute ès esprits des assistans, et de plus ils voyoient de leurs yeux en sa teste le trou que l'archange luy avait faict, qui estoit une preuve très certaine de la vérité de son dire. Car un chacun sçavoit qu'il n'avoit auparavant ce trou et qu'humainement il ne pouvoit estre en santé comme il estoit et le fut l'espace de quinze ans qu'il survescut ayant une telle blessure. Tous pensoyent seulement, saisis de joye et d'allegresse, à suivre leur pasteur jusques au lieu choisy par l'Ange

---

[1] Mss. RR f. 145—AA f. 3—B f. 1. Ꮞ f. 9 et 13— II ₉ f 2 Δ f. 2 et 46 Les anciens Breviaires d'Avranches.

Dans les Breviaires du diocèse de Rennes il est dit que ce larron avoit nom Leon.

et y eussent desjà voulu estre pour voir et contempler cette place tant aymée des esprits bien-heureux. Mais ne pouvans sur le champ il le regardent de loin et louent et benissent Dieu de la faveur qu'il leur faisoit et à toute la France. Ils se preparent donc pour s'y acheminer et le pasteur se resjouissoit, voyant la devotion de son cher troupeau. Estant tous preparez, le clergé commenca à marcher, chantant le long du chemin des hymnes et cantiques, le peuple le suivoit avec une singuliere devotion, et le St Evesque au milieu de tous estoit ravy en Dieu et le benissoit incessamment d'avoir donné un tel deffenseur à toute la France et particulierement à son pays de Neustrie. Ayant ainsy cheminé allegrement trois lieues par des chemins aspres et raboteux (car il faut icy remarquer en passant que la mer n'approchoit encor près le Rocher de Tombe, et n'avoit encore reduit en greves tout ce grand espace qu'on voit entre le Rocher de Tombelaine et Avranches, mais seulement avoit renversé tout ce qui estoit entre Tombelaine et la mer qui estoit desjà l'espace de deux lieues pour le moins) ils arriverent au pied de la montagne, où le clergé s'arrestant, le peuple regardoit et personne n'avoit la hardiesse de monter le premier au sommet d'icelle; tous firent voye à St Aubert, lequel monta le premier et trouva tout disposé selon que le glorieux Arcange luy avoit specifié.

CHAPITRE QUATRIESME

Saint Aubert ayant faict rendre le taureau à son maistre commença avec ses ouvriers à applanir la place pour bastir une eglise, à quoy il fut secouru du ciel pour abattre deux poinctes du rocher[1].

Saint Aubert bien joyeux d'estre parvenu sur le haut de cette montagne fit incontinant deslier le taureau et commanda qu'on s'enquist à qui il appartenoit pour le rendre. Puis il resolut de ne s'en retourner en son eglise et de ne se departir de ce lieu que le tout n'eut este mis à chef conformement à la volonté de l'arcange. Tous s'offrirent gratuitement au St Prelat pour travailler à un œuvre si sainct, lequel en retint quelques uns et luy mesme se mit des premiers à travailler, et quelque fois estant recrus du travail il s'assioit sur une pierre qu'on a montré long-temps comme chose digne de remarque; maintenant elle nous est inconnue. Or comme les difficultés ne manquent jamais ès grandes entreprises, aussy le St Evesque en rencontra plusieurs. Entr' autres la place où il falloit bastir le temple estoit fort difficile à applanir d'autant qu'il y avoit deux poinctes qu'on ne pouvoit abbatre et au tour d'icelles tous les ouvriers ensemble, quoy qu'en assez grand nombre, perdoient leur peine, et tous leurs efforts s'en alloient en vain. Cela estant neantmoins

---

[1] Les manu-scripts de ce Mont cy-dessus citez.

necessaire d'estre abbatu et tous ne sçachant quel remede y apporter, ils demeurerent en grande perplexité d'esprit. Mais ce glorieux Arcange, pour qui et par le commandement duquel ils travailloient, les secourut en icelle. Car la nuit ensuivant il s'apparut à un certain nommé Bain du village d'Huynes, homme des plus apparens de sa paroisse, lequel avoit douze fils et luy commanda de s'en venir travailler luy et ses enfants, avec les ouvriers du St Evesque, ce qu'il fit incontinant, et après avoir exposé à St Aubert la cause de son arrivée si matineuse, luy et ses enfants se mirent à travailler et osterent les deux poinctes du Rocher sans se forcer ou pener aucunement, ce qui donna grand sujet à tous d'admirer et louer la vertu et puissance divine qui soulage ainsy ceux qui travaillent à son service et rend les choses humainement impossibles tant aysées et faciles [1]. D'autres rapportent cette action autrement et le tout, selon qu'ils disent, se voit depeint sur une vitre de l'eglise faicte il y a environ cent soixante ans, et de plus cela est dans quelques manuscripts de ce Mont. Ils disent donc que cet homme estant venu avec onze de ses enfants et ne pouvant rien faire non plus que les autres, St Aubert luy demanda s'il avoit amené tous ses enfans, ainsy que St Michel luy avoit commandé, et qu'iceluy repondit qu'ouy, excepté qu'il avoit encor un petit garcon et qu'il ne l'avoit apporté estant incapable de travailler, alors St Aubert dit qu'on l'allast querir, d'autant dit-il,

---

[1] Ms. Δ F. 3 et plusieurs autres.

que Dieu a eslevé les choses infirmes et foibles de ce monde pour confondre les forts et puissants. Ayant esté apporté, il le prit entre ses bras et ayant approché son petit pied senestre contre une de ces poinctes qui estoit plus difficile à desmolir, il l'imprima dedans comme si c'eust esté cire mole et fit tomber par cet attouchement cette poincte du haut en bas où on la voit encor à present avec l'impression du pied de l'enfant [1]. Depuis St Aubert ayant esté canonizé, on bastit en son honneur sur icelle la chapelle qu'on y voit encore. Or soit que la chose se soit passée de la premiere ou seconde maniere, ou que l'une des poinctes ayt esté desmollye selon la premiere opinion et l'autre selon la seconde, ce qui est, me semble, très probable, (neanmoins en une prose ancienne il est dit qu'il les fit choir toutes deux), l'une n'est point plus impossible et incroyable que l'autre, veu que Dieu l'a peu faire et peut faire des choses plus extraordinaires lesquelles surpasseront l'entendement humain, et sembleront aux sages de ce monde du tout incroyables. Le pape Eugene quatriesme, en une bulle qu'il donna à ce monastère l'an mil quatre cent quarante cinq, que nous voyons saine et entiere, faict mention de cette merveille comme aussy des reliques que St Aubert envoya querir au Mont-Gargan : « Inter multiplicia et diversa miracula, dit il, ab altissimo omnium conditore atque Domino, ob gloriosi sancti Michaelis Archangeli merita, christiano populo hactenus, ut accepimus,

---

[1] Ms. Δ f. 47 et 65.

patefacta, monasterium dicti sancti in periculo maris, ordinis sancti Benedicti, Abrincensis diocesis, ad ipsius sancti Michaelis monita atque mandata fundatum et erectum fuisse reperitur, et ad hoc, ut hujusmodi fundatio et erectio commodius fieri possent, ex monte super quo dictum monasterium consistit duæ rupes super eo tunc existentes, quæ humano ope nullatenus tolli potuissent, submotæ. Necnon etiam una certi pallii ab eodem sancto Michaele in Monte Gargano perantea collocati et alia, super qua idem sanctus Michael stetit, marmoris partes ad ipsius monasterii ecclesiam dilatæ fuerunt [1]. » Voilà ce qu'il en dit ; maintenant poursuivons notre histoire.

CHAPITRE CINQUIESME

Saint Aubert est environné de deux autres difficultez, asçavoir pour la grandeur du temple et pour retrouver des sainctes reliques et est enseigné par l'Arcange comment il s'y doit comporter.

La susditte difficulté miraculeusement ostée, selon que nous avons monstré, on continua l'ouvrage avec

[1] Extraict de l'original qui est dans les archives.

autant plus d'affection qu'on remarquoit que Dieu et le glorieux St Michel s'y delectoient. Cependant St Aubert qui avoit l'œil sur toute cette entreprise se vit environné de deux autres difficultez ausquelles il ne scauoit comment y remedier. L'une estoit de la grandeur du temple. Car bien qu'il eut esté adverty auparavant par l'arcange que ce seroit l'espace qu'il trouveroit foullé des pieds du taureau, ce neantmoins soit qu'il se fut oublyé à son arrivée d'y prendre garde ou autrement, il ne peut par après distinguer cet espace tant à cause du peuple qui estoit venu et avoit marché de tous costez, qu'à cause qu'on avoit abbatu les poinctes du rocher lesquelles tombantes avoyent foullé un grand espace. L'autre estoit qu'il n'avoit aucune relique ou marque de St Michel pour colloquer selon la coustume ancienne en l'eglise qu'il alloit faire bastir. C'est pourquoy il se mit en prieres et ne se releva de terre que St Michel ne luy eut apparu, lequel le consola, luy disant que, quant à la premiere chose dont il le supplioit, il prit gardé le lendemain au lieu qu'il trouveroit sec et qu'il fit son eglise de cette grandeur ; quant à ce qui touche la seconde, qu'il envoyast promptement quelques uns au Mont-Gargan pour y demander une partie du marbre sur lequel il s'y estoit apparu, et du drap vermeil qu'il y avoit laissé sur l'autel. L'evesque bien joyeux de tels enseignements en advertit ses plus familiers lesquels, le jour venu, prirent soigneusement garde avec luy quel lieu ils trouveroient sec. Chose admirable : le Rocher estant tout mouillé de la rosée, ils virent le lieu seul designé par l'ange tout sec, de sorte qu'il ne restoit plus qu'à bastir l'eglise ; mais auparavant ils consulterent entre eux qui seroient ceux qui iroient au Mont Gargan; et tous trouverent bon que le St Evesque envoyast deux ou trois de ses chanoines, ce qu'il fit, et leur donnant sa benediction leur commanda de se comporter serieusement en cette entreprise.

CHAPITRE SIXIESME

Saint Aubert enuoya des chanoines au Mont-Gargan où ils obtiennent des Reliques par la vertu desquelles douze aveugles sont illuminez [1].

Les chanoynes munis de la benediction de leur Evesque se mirent en chemin et, après quelques semaines arriverent au Mont-Gargan, où ils furent receus très benignement par l'abbé du lieu (nous ne sçavons si cet abbé avoit des moines ou des chanoynes soûs sa conduite; en un ancien manuscript de ce Mont il est dit que c'estoient des chanoynes [2]; nous avons apris par une lettre à nous envoyée de Rome l'an

---

[1] Ms. II 9 f. 17 et tous les susdits manu-scripts de ce Mont. — Les Breviaires de Bayeux reveus et imprimés l'an 1628 ; Les Breviaires d'Angers imprimez par le commandement de M. Guillaume Ruzé evesque les années 1574 et 1580.

[2] Ms Δ f 47.

1637 le 3 decembre, que maintenant le Mont-Gargan est desservi par des prestres seculiers) auquel ils exposerent les causes de leur advenement et ce qui estoit arrivé en leur pays. De quoy bien content, il leur fit bonne chaire, et cependant s'en alla en Siponté ou Manfredonie advertir l'Evesque ou Archevesque (car Siponte est maintenant siege Archiepiscopal) de leur arrivée, lequel les voulut voir et vint exprès au Mont-Gargan où il entendit de leur bouche comment le tout c'estoit passé en ce pays, de quoy il les congratula grandement. Quelques jours s'estant escoulez durant tels tesmoignages de bienveillance mutuelle, les chanöynes qui n'ignoroient point que St Aubert desiroit fort leur retour, supplierent l'Evesque, l'Abbé et tous ceux du Mont-Gargan de leur vouloir donner les reliques qu'ils estoient venus querir, induits par la revelation qu'en avoit faict l'Archange St Michel à St Aubert. A quoy iceux condescendants leur donnerent une partie du drap vermeil que St Michel avait laissé sur l'autel, s'y apparoissant, ainsy que nous avons dit cy-dessus, et une partie du marbre sur lequel il s'estoit apparu, les suppliant qu'en recompense de cette faveur ils daignassent auoir souvenance d'eux en leurs prieres. A quoy les chanoynes s'obligerent tant pour eux que pour leurs confreres et successeurs promettant à l'Evesque et à toute l'Assemblée de ne jamais oublier un tel bienfaict [1]. Cela faict ils dirent adieu à

---

[1] De là vient que nous célébrons fort solennellement le 8 de mars l'apparition de St Michel au Mont-Gargan.

tous et se mirent en chemin chargez des susdittes reliques desquelles ils reconnurent bientost la vertu et efficace, car à peine estoient-ils sortis du Mont-Gargan que plusieurs vexez de diverses maladies veinrent vers eux pour recévoir guerison par l'attouchement des sainctes reliques, et tous s'en retournoyent gueris en leurs maisons avec joye et contentement. Et pour parler seulement des aveugles, tous les manu-scripts traictant de l'hystoire de ce Mont disent qu'il y en eut douze qui recouvrèrent la veue corporelle par l'attouchement d'icelles depuis le jour de leur départ jusques au temps de leur arrivée au village d'Astériac où les chanoynes estants de retour pensoient estre comme en un nouveau monde. Car quoyque desjà assez esmerveillez des choses extraordinaires qu'ils avoient veu sur les chemins, ils le furent beaucoup plus de voir les grands ravages que la mer avoit faict durant leur absence, ayant renversé tout ce qui estoit resté de la forest depuis Tombelaine jusques à Avranches [1], occasion pourquoy ils ne passerent outre, mais se reposant là, envoyerent dès aussytost aduertir St Aubert de l'heureux succez de leur voyage [2]. Or nous autres, à l'imitation de ces chanoynes, auparavant que de passer plus outre à l'exposition de cette histoire, reposons nous un

---

[1] Il est icy à noter que ce qui restoit de bois et forest entre Tombelaine et Avranches fut totalement submergé et emporté par l'impetuosité de la mer pendant l'année que les chanoines emploierent en leur voiage d'Italie.
Ms. d'Avranches n° 209. 1ʳᵉ partie ch. 2.

[2] Ms. Δ f. 4 et 47.

peu et considerons, je vous prie, à quoy St Aubert s'estoit occupé durant leur absence.

CHAPITRE SEPTIESME.

Saint Aubert faict bastir une petite eglise, puis va au devant des sainctes reliques et est tesmoin du miracle arrivé en une femme aveugle ; bref, voulant dedier l'église, est adverty que Dieu l'a dediée.

Sainct Aubert qui auparavant que d'envoyer au Mont-Gargan avoit applany, assisté de l'ayde divine, toutes les difficultez qui se rencontroient au lieu où il faisoit bastir l'église et qui sçavoit de quelle grandeur la vouloit l'arcange St-Michel commença à la faire eriger, y aydant aussy luy mesme, dès aussy tost qu'il eut envoyé les chanoynes susdits au Mont-Gargan, et la fit bastir non point superbement ou avec beaucoup d'artifice, ains simplement en forme de grotte, capable de contenir environ cent personnes, desirant qu'elle fut semblable à celle que le glorieux St Michel avoit luy mesme creusée dans le roc du Mont-Gargan, et nous voulant montrer par là que ce n'est point tant aux temples exterieurs que Dieu requiert de la somptuosité et magnificence comme en nos cœurs qui sont les temples du Sainct-Esprit, lesquels nous devons eslever bien haut par des desvotes et frequentes prieres et les parer et orner de toutes les sainctes vertus. Et pour dire vray, l'experience journaliere nous apprend assez que là où sont les temples les plus somptueux, c'est là où nous sommes les moins devots, la corruption de nostre nature estant telle que de faire repaistre et entretenir nostre vaine curiosité des choses mesmes dont nous devrions nous exciter à louer et remercier Dieu, et ainsy, au lieu d'estre venu honorer Dieu et ses saincts dans leurs temples, nous nous trouvons avoir passé notre temps à regarder vainement ce qui y estoit de plus curieux à nos sens. Mais retournons à nostre histoire.

Au temps que le messager envoyé de la part des chanoynes annonça leur arrivée, St Aubert pensoit à dedier le temple qui depuis peu estoit achevé. Mais à raison de ces nouvelles il jugea qu'il seroit plus à propos, auparavant que de passer plus outre, d'aller au devant des sainctes reliques. Tous donc se preparerent et l'evesque se revestit de ses habits pontificaux, et descendant de la montagne allerent jusques à Beauvoir où les chanoynes qui avoyent apporté les sainctes reliques, voyant de loin venir cette procession et entendant dire que leur St Prelat y estoit furent au devant, se jetterent à ses pieds pour recevoir sa benediction et luy rapporterent succinctement ce qui leur estoit arrivé depuis leur depart, avec esperance de luy en parler plus au long, lorsque la commodité s'en presenteroit. Je passe icy sous silence les affections dont un chacun se sentoit touché; car qui est celuy qui les pourroit vrayment exprimer, veu mesme que ceux qui y estoient presens eussent bien eu de la peine à les expliquer? Tous estoient epris d'une devótion sans pareille et saisis d'une joye indicible. Enfin après que un chacun eut revéré les sainctes reliques, on parla de les apporter en ce Mont. Tous prirent leur rang pour marcher processionnellement. Et, ô vertu divine! afin que, un chacun reconnut clairement les riches thresors qu'ils possedoient, à peine une femme aveugle qui se faisoit conduire pour accompagner les sainctes reliques estoit parvenue sur les greves, qu'elle recouvra la veue par la vertu d'icelles, dont un chacun demeura fort esmerveillé et conceut encore une plus grande devotion envers icelle ; et dès ceste heure pour n'oublier jamais un tel miracle, et aussy à cause que cette femme, dès aussytost qu'elle commença à voir s'escria : « Qu'il faict beau voir » ! on nomma le village d'où elle estoit Beauvoir, qu'on nommoit auparavant Asteriac. La procession estant arrivée au haut de ce Mont, on colloqua les sainctes reliques decemment en l'eglise, puis un chacun se retira ès pétits logis et cabanes qu'on avoit bastys autour d'icelle, attendant le lendemain pour en faire la dedicace. Mais la nuict, l'Arcange s'apparut à St Aubert et luy dit qu'il avoit esté present et tous les Esprits celestes à la dedicace qu'en avoit faict le Seigneur de toutes choses et partant qu'il n'avoit qu'à y entrer et à y offrir ses vœux et prières [1]. Le jour

[1] Les bons et anciens manu-scripts de ce Mont varient en cet endroict, les uns disants que St Aubert la dedia, les autres que ce fut le

venu, le vigilant pasteur advertit son cher troupeau de ce qui luy avoit été dit, et entrant dans l'eglise prit les sainctes reliques qu'il avoit mis en un lieu decent, ainsy que nous avons dit, et les colloqua sur l'autel St-Michel dans une chasse, puis commença à chanter l'office canonial avec ses chanoynes et à y dire sa messe. On voit encore aujourd'huy dans la chapelle Notre-Dame sous terre, qui est dessous la nef, l'autel quoy qu'à demy demoly, sur lequel ce sainct celebra, et cela seul nous reste de tout ce qui fut basty pour lors et de l'eglise que nous disons que St Aubert fit construire en l'honneur de St Michel où est maintenant cette chapelle.

CHAPITRE HUICTIEME.

Saint Aubert establit des chanoynes en ce Mont et leur donne des rentes pour vivre, obtient une fontayne d'eau douce et finalement l'Arcange luy promet de prendre ce Mont en sa protection.

Après l'office ce vigilant pasteur pensa qu'il avoit mis à chef le commandement du Prince de la milice

Seigneur des Anges. Tous les modernes suivent cette derniere opinion.

celeste, et par consequent, qu'il estoit temps qu'il s'en retournast en sa ville episcopale pour vaequer en ce qui estoit de sa charge ; mais d'autre part considerant qu'il n'estoit raisonnable de laisser ce lieu desert et que ce n'estoit assez d'avoir commencé à celebrer l'office divin, mais qu'il falloit poursuivre, il establit auparavant son depart douze clercs ou chanoynes pour s'employer à cet exercice, lesquels il dotta de rentes et revenus suffisans pour leur nourriture et vestiere, leur donnant pour cet effect les villages d'Huynes et de Genest. Ayant pourveu au vivre des chanoynes par ce moyen, il restoit en peine pour leur boire, car durant sa demeure sur cette montagne il avoit reconnu que la disette d'eau douce, qui est la chose plus necessaire pour la conservation de l'estre humain, y estoit continuellement et que ce seroit chose fort difficile voire presque impossible à ceux qui y demeureroient d'en aller querir une lieue loin. C'est pourquoi il se mit en prières, et ceux qui estoient avec luy firent le mesme, pour supplier Notre Seigneur, par l'intercession de l'Arcange St Michel, de leur vouloir descouvrir une source d'eau vive pour ceux qui le serviroient doresenavant en ce lieu, et continuerent leurs oraisons avec tant de fervens et vehements desirs qu'ils obtindrent non seulement ce qu'ils demandoient mais bien plus, car l'Arcange s'apparut à l'evesque, et luy monstra au bas du rocher dans le roc vne fontayne à laquelle non seulement les sitibons se sont rafraichis par plusieurs années, mais encore plusieurs infirmes et particulierement les febricitants, beuvans de cet eau, ont recouvré leur pristine santé. On la nomma depuis la fontayne *St Aubert* à cause qu'elle fut obtenue par ses prieres. On s'est servy de l'eau de cette fontayne jusques à ce qu'on a eu l'invention de faire des cysternes, et on s'en sert encore lorsque l'eau manque ès dittes cysternes, surtout les habitans de la ville. Elle est enclose d'une haute tour, et depuis icelle jusques aux sales plus basses de dessous le cloistre, on voit un long degré fermé de murailles par lequel on descendoit autrefois du monastère pour puiser de l'eau. Aujourd'huy ce degré est rempli de vidances et demeure inutile. Voilà ce que nous pouvons dire de cette fontayne.

St Auber, ayant ainsy accomply de poinct en poinct la volonté du prince de la milice celeste, s'en alla dans l'eglise pour rendre action de graces à notre Seigneur et remercier l'Arcange St Michel de ce qu'il s'estoit voulu servir de luy en un œuvre si signalé et le prier de prendre ce temple sous sa protection. Durant son oraison, St Michel luy apparut et luy dit : « Je suis Michel l'Arcange qui assiste en la presence de Dieu, qui suis resolu d'habiter en ce lieu et de le prendre en tutelle, d'en avoir soin et d'y avoir egard. » Ces promesses resjouirent grandement St Aubert, et se levant fort content dit adieu aux chanoynes qu'il laissoit pour celebrer l'office divin, et s'en retourna en son eglise, venant visiter souvent ce sainct lieu le reste de sa vie.

CHAPITRE NEUFIESME.

Du temps auquel fut faict tout ce que dessus [1].

La première apparition de l'Arcange St Michel à St Aubert se fit l'an sept cens huict, le seiziesme jour du mois d'octobre, Jean septiesme estant vicaire universel de Jesus Christ en terre et Childebert second regnant en France. Un an après, asçavoir l'an sept cens neuf, aussy le seiziesme jour d'octobre, la dedicace du temple fut faicte par le Seigneur des Anges. C'est pourquoy tous les ans, à tel jour, on célèbre ensemble deux festes, sçavoir est celle de l'apparition de St Michel à St Aubert et celle de la dedicace de cette eglise du Mont de Tombe. Sigibert en ses chroniques dit que cette apparition se fit l'an sept cens neuf, mais il eut mieux faict de la mettre l'an sept cens huict, conformement à plusieurs bons et anciens manu-scripts que nous voyons en cette abbaye. Cela eut faict que tous les autres autheurs externes qui sont venus depuis et qui l'ont suivy eussent mis cette revelation l'an sept cens huict et non l'an sept cens neuf. Mais que dirons nous de l'Eminentissime cardinal Ba-

---

[1] Mss. ? f. — RR f. 178 △ f. 1, 45 et 65.

ronius ¹ qui a tant leu Sigibert et neant moins, parlant de St Aubert, Evesque de Cambray, dit que ce fut à luy que se fit cette revelation ? Car outre que St Aubert dit que ce fut à *Auberto Abrincatensi Episcopo,* c'est que nos manu-scripts faicts plus de sept cens ans avant que le cardinal Baronius fut au monde, le disent clairement, et tous les autheurs, tant anciens que modernes, excepté luy. C'est pourquoy nous nous contenterons, avec Anthoyne de Yepès, abbé de Valladoly, d'admirer comment un tel personnage s'est trompé en ce point. Quant audit abbé de Valladoly qui croit que cette abbaye commença d'estre abbaye dès le temps de cette apparition, il eut mieux faict de s'accorder avec Robert Gaguin qui dit que ce fut Richard premier, duc des Normants, qui chassa les chanoynes qui y vivoient mal et y mit des religieux. Il dit aussy que la regularité monastique n'y est plus gardée ny observée comme jadis, ny le service divin faict avec telle solennité et splendeur qu'au temps passé, et met que la cause de tous ces desordres sont les abbez commendataires. A quoy nous respondrons qu'en ce qui est de la regularité, il disoit vray au temps qu'il escrivoit son hystoire, car pour lors elle ne s'y gardoit ; mais maintenant, Dieu mercy, depuis l'an mil six cens vingt deux, 27 d'octobre, elle y est fort bien observée. Quant à la solennité du service divin, il est vray qu'il ne peut estre faict avec la splendeur qu'il se faisoit anciennement, pour les

---

¹ Annotations sur le martyrologe le huictiesme de may et le treiziesme de decembre — Tome huictiesme de ses annales l'an 709.

causes qu'il dit, car s'il n'y avoit un abbé commendataire qui prend pour soy plus des deux parts du revenu, on employroit ces biens à nourrir plusieurs bons religieux et à embellir l'eglise. Mais passons outre et poursuivons nostre hystoire.

CHAPITRE DIXIESME.

La renommée de ce Mont volle de tous costez : le Pape, le Roy de France et les Hybernois y envoyent des sainctes reliques, et ce Mont change de nom.

La renommée de l'apparition de l'Arcange St Michel faicte à St Aubert ne tarda gueres à voller de tous costez. On commença dès lors d'y venir en pelerinage des provinces lointines, et la quantité des miracles qui s'y faisoient tous les jours se divulgua tellement que le souverain Pontife (nous ne sçavons son nom ny precisement l'année) entendant tant de merveilles en receut un singulier contentement, et voulant, comme Pasteur universel de toute l'Eglise, non seulement monstrer qu'il approuvoit ce devot pelerinage, mais aussy qu'il desiroit l'augmenter, envoya une petite chasse pleine de sainctes reliques pour colloquer dans cette eglise du glorieux Arcange St Michel. Nous nommerons ces reliques lorsque nous parlerons des reliques de ce Mont en general. Childebert second du nom, Roy de France, y offrit aussy des reliques de St Barthelemy, venant en pelerinage en cette eglise. D'autre part, St Michel, qui avoit promis à St Aubert d'habiter en ce lieu et d'en avoir soin, excita les Hybernois d'y venir en pelerinage et d'en apporter aussy. Car les ayant délivré d'un dragon espouvantable qui les infectoit et toutes leurs terres, il commanda qu'on prit le poignard et l'ecusson qu'il avoit laissé auprès de ce dragon en seigne de victoire et qu'on les apportast en ce Mont, ce qui fut faict, ainsy que nous dirons plus amplement à la fin du traicté second. Ces dons et les merveilles qu'on voyoit tous les jours arriver firent croire pour tous certain que St Michel se plaisoit en ce lieu et qu'il l'avoit pris en sa tutelle et sauvegarde. C'est pourquoy on commença à nommer ordinairement ce rocher *Mont St Michel* et à le surnommer *Au Peril de la Mer*, non que la mer perisse autour, mais d'autant que par son flux et reflux effaçant sur la greve les chemins par lesquels on y arrive, elle les rend perilleux à ceux qui n'ont coustume d'y venir. C'est pourquoy telles gens font prudemment de prendre quelque guide auparavant que de se mettre en chemin sur icelle, chose qu'ils peuvent faire facilement.

CHAPITRE ONZIESME.

Un chanoyne voulant voir à descouvert les sainctes reliques apportées du Mont-Gargan, est puny de mort.

Nous avons dit cy dessus que St Aubert, ayant receu les sainctes reliques qu'il avoit envoyé querir au Mont-Gargan, les mit reveremment dans une chasse qu'il colloqua dessus l'autel St-Michel pour là estre honorées et respectées des fidelles. Or depuis ce temps là, aucun des chanoynes que St Aubert laissa en ce Mont et de ceux qui leur succederent n'eut la hardiesse d'ouvrir cette chasse pour voir le marbre et le drap vermeil qui estoient dedans, tous s'estimans indignes de regarder des choses si precieuses, jusques à ce qu'un jour, fort long temps après, un certain d'entre eux, nouveau venu, s'enquit fort particulierement de ses anciens quelles estoient les reliques qu'ils disoient avoir de St Michel et s'ils les avoyent veu? Iceux luy respondirent qu'ils avoyent apris de leurs predecesseurs qu'il y avoit des reliques de St Michel dans cette chasse, a sçavoir du marbre sur lequel St Michel s'estoit apparu au Mont-Gargan et une partie du voille qu'il avoit laissé sur l'autel s'y apparoissant, qu'ils croyoient cela, bien qu'ils n'eussent veu ces reliques. Mais iceluy ne se contentant de telles responces, excité par la legereté de son jeune esprit, commença à les supplier très instamment de luy vouloir permettre de les regarder. Et quoyqu'iceux tachassent par tous les moyens possibles de le dissuader, si ne purent ils jamais luy faire changer son intention, de sorte que, persistant en sa résolution, il se rendit envers eux si importun qu'enfin, bon gré mal gré, il les fit condescendre à sa volonté et extorqua d'eux permission de les voir. Adonc bien content d'avoir obtenu cette licence, il jeusna trois jours consecutifs et, au quatriesme, ayant lavé son corps, il celebra la messe sur l'autel St Michel où estoient les sainctes reliques, puis ayant achevé ce sacré sainct mystere, prenant entre ses mains la chasse, il se mit en devoir de retirer le couvercle avec un couteau, mais levant la main et la voulant approcher il sentit qu'il estoit repoussé par quelque vertu occulte, et se voyant incontinant privé de la veue, de l'ouye et de la parole, il pleura sa folle curiosité, mais trop tard, car ceux qui estoient là presens, l'ayant pris entre leurs bras, le porterent sur un lict où, le mal s'engregeant, il rendit l'esprit. Voilà le chastiment que receut celuy qui vouloit voir auparavant que de croyre. A la mienne volonté, que ceux qui sont si curieux de voir à descouvert les reliques des saincts, mesme sans s'estre preparez par jeusnes, oraisons ou autres œuvres pies, considerent attentivement cet exemple et conjecturent de là combien ils sont coupables.

CHAPITRE DOUZIESME

Un homme pany de mort pour avoir voulu temererement demeurer
la nuict en cette eglise Sainct Michel [1].

Anciennement personne n'osoit entrer dans l'eglise de ce Mont-St-Michel, ny mesme le portier, après avoir fermé le soir les portes d'icelle n'osoit les ouvrir la nuict et jusques à ce qu'il fut temps de sonner pour aller à matines. Et certe l'antiquité n'avoit point introduit ceste coustume en vain, ains meue du respect qu'elle portoit aux anges, n'osant comparoir en la présence de ceux qui durant ce temps obscur de la nuict remplissoyent toute l'eglise d'une lumière plus claire que le soleil et chantoient trés-melodieusement des motets angeliques, ainsy qu'on a remarqué par plusieurs centaines d'années [2]. Or en toute saison se trouvant des hommes qui ne croyent s'ils ne voyent, un jour quelques uns douterent de cette merveille jusques à ce qu'un d'entre eux (nos manuscripts ne disent de quelle

---

[1] Ms. II 9 f 15 et RR. f 138 —
Dans la première rédaction du travail de Dom Huynes (Mss. Francais, 18.948 Bibliothèque nationale) ce chapitre porte le numero 2 et fait partie du traité second.

[2] Dès long temps cette constance ne se garde plus selon que l'on voit dans *Le Mansel*. Elle se pratiquoit aussy au Mont Gargan comme on voit par l'hystoire.

qualité ou condition estoit cet homme) les mit tous hors de doute, mais à ses despens ; car iceluy, devisant avec les sacristains, vint à leur demander pourquoy on ne permettait à aucun de demeurer la nuict en l'eglise, et à dire qu'il s'en esmerveilloit fort, attendu que cela ne se pratiquoit en aucune autre eglise jusques là mesme qu'en quelques unes les sacristains y prenoyent leur repos. A ces demandes ils respondirent que cette coustume s'estoit introduite, à cause du respect qu'on portoit en ce lieu aux anges lesquels, bien qu'en tout temps ils fussent presents en cette eglise, la remplissoient particulierement la nuict d'une telle clarté que les yeux des mortels estoient trop foibles pour la regarder. Mais luy, ne faisant cas de cette response, dit hardiment, non sans temerité, qu'il y demeureroit volontiers une nuict entiere, si on luy permettoit. Ce qui appresta à rire à toute l'assistance qui estimoit qu'il tenoit tels discours pour rire et non à autre fin. Mais voyant qu'il persistoit et asseuroit qu'il ne manqueroit d'executer ce qu'il disoit, alors ils en allerent parler à leurs anciens, lesquels en firent quelque difficulté, et n'y voulurent condescendre jusques à ce qu'importunez par ce jeune homme, enfin ils luy permirent. Luy, bien joyeux et ignorant le malheur qui alloit tomber sur sa teste, se prepara par un jeusne de trois jours et, ayant lavé son corps, entra sur le soir dans l'eglise, et se cacha en un coin d'icelle. Ainsy caché, voicy sur le minuict que ce presomptueux se sentit frapé d'un fort-grand frison, puis aprez, espouvanté par certaines visions lesquelles il ne peut raconter, tomba par terre, tout pasmé d'effroy. Abbatu de cette sorte, il vit toute l'eglise resplendir d'une lumiere incomparable, et St Michel comme se pourmenant autour du sacré temple avec la Sainte Vierge, pieuse mere de misericorde, et l'apostre St Pierre, porte-clefs du royaume celeste. Estant par la frayeur de cette vision estendu par terre presque à demy-mort, il entendit St Michel se plaindre à la Vierge et à St Pierre de ce qu'il sentoit en son temple une très-puante odeur comme d'un corps mort. Ce pauvre homme n'estimant que cela se dit de luy, tachoit de regarder de quel costé c'estoit, lors que voicy soudainement qu'il vit le St Arcange s'approcher de luy avec un visage fort severe et que desjà il le prenoit de près. De fuir il ne pouvoit, voire mesme il luy estoit impossible de se mouvoir de la place. Tout ce qu'il peut faire fut de prier avec plus de devotion qu'il put qu'on luy pardonnast. Lors la Ste Vierge, consolatrice des affligez, et l'apostre St Pierre, voyant ce pitoyable cryminel tant humilié, eurent compassion de sa misere et prierent l'Arcange de luy pardonner ce peché de presomption. Ce que refusant, disant qu'une telle injure faicte à luy et aux esprits celestes ne se passeroit point sans estre puni, ils le supplierent qu'au moins il luy donnast du temps pour faire penitence d'un tel delict. Mais l'Arcange se montrant difficile à condescendre à cette priere, la saincte mere de Dieu respondi pour ce jeusne homme et le cautionna, puis s'inclinant vers luy, luy dit : « Colibert, pourquoy avez vous esté si outrecuidé que d'entrer en la connoissance de ces secrets des citadins du ciel ? Levez vous et sortez de l'eglise au plus tost, et estudiez vous de satisfaire, selon que le pourrez, aux esprits celestes de l'injure que vous leur avez faict. » Cette vision estant disparue et iceluy ayant repris tellement quellement ses forces, ouvrant une des portes de l'eglise, sortit et se jetta sur le pavé du porche et demeura là jusques au temps des matines, auquel le resveilleur, entendant sonner l'heure, entra en l'eglise pour sonner et commença aussy à chercher d'un costé et d'austre ce faiseur de guet, et ne l'ayant pu trouver, après avoir cherché partout, il commanda sur le champ aux serviteurs de courir après, pensant qu'il s'en fut fuy et eut derobé quelques sainctes reliques ou ornements. Mais sortans de la porte ils le trouverent devant eux, si debile et abbattu qu'à grand peine pouvoit-il quelque peu respirer. Ils en advertirent incontinant leur maitre, lequel grandement esmeu de compassion vint et s'enquit de luy comme il se portoit. Il luy respondit qu'il se portoit fort mal et raporta d'ordre tout ce qui s'estoit passé, sçavoir est ce qu'il avoit enduré, veu et ouy et comment la Saincte Vierge s'estoit obligée pour luy. Le soleil estant levé, il dit la mesme chose à tous ceux qui accoururent là pour le voir, confessant son peché devant tous, et les deux jours suivants, l'ayant continuellement pleuré, le troisiesme, il trespassa.

CHAPITRE TREIZIESME.

Raoul ou Roul, ou Rollo ou Roulou dit Robert en son baptesme, premier duc des Normants, donne une terre à cette eglise ; et premierement de son arrivée en France et de ses principales actions.

Le changement du nom de ce Mont fut suivy environ cent soixante et dix ans après d'un autre qui luy fut commun avec toute la province à cause des Normants lesquels, après avoir taché par plusieurs fois de s'establir en France, enfin l'an huict cens septante six, le vingt septiesme de novembre, veinrent par l'embouchure de la Seine, sous la conduite de Raoul lequel avec toute sa suite fut receu paisiblement dans Rouen. De là sortant plusieurs fois en campagne ruina tout le pays jusques à ce que, l'an de grace neuf cent douze, vaincu par les prieres et remonstrances de Franco, archevesque de Rouen, qui ne respiroit que la paix et le salut de ce prince, il fit la paix avec Dieu et les hommes. Et premierement, selon le precepte de l'evangile, il s'alla reconcilier avec Charles le Simple Roy de France lequel luy donna sa fille Gisle en mariage et la Neustrie, pour soy et ses successeurs, à foy et hommage, à laquelle le duc donna le nom de Normandie. Cela faict, il s'en alla offrir à Dieu non seulement de ses thresors et richesses mais soy mesme, se faisant baptizer par le susdit archevesque de Rouen et renonçant aux diables qu'il avoit si long temps adoré. Ces accords estants faicts, la devotion commença à refleurir en cette eglise du Mont, laquelle durant les troubles s'estoit reserrée dans les cœurs des François qui ne pouvoient sans grands perils et hazards de leur vie entreprendre un tel pelerinage. L'archevesque Franco entre autres qui toujours avoit esté devot à cest arcange commença d'annoncer aux Normants les merveilles que Dieu avoit operé en ce lieu par les merites d'iceluy et les embrasa tellement de son amour qu'après Dieu et la Vierge ils n'eurent oncques plus cher patron. Raoul leur duc en donna le premier des marques très evidentes, car les troys premiers jours après celuy de son baptesme, ayant enrichy les trois eglises cathedralles de Rouen, de Bayeux et d'Evreux, dediées à Notre Dame, d'amples dons et revenus, il ne manqua le jour suivant de donner une terre de grand revenu à cette eglise (nous ne sçavons ny trouvons le nom de cette terre) pour l'ornement d'icelle et substentation des chanoynes qui s'y rassemblerent pour continuer à celebrer l'office divin. Aussy ce prince donna une grande confiance aux estrangers qui desiroient visiter cette saincte montagne de s'y acheminer et d'y rendre leurs vœux avec toute asseurance. Car il establit une telle police par toute sa province et eut un tel soin de bannir de ses terres tous les voleurs et meurtriers que de jour et de nuict on pouvoit cheminer par toute la Normandie sans crainte d'aucun peril ou danger.

CHAPITRE QUATORZIESME.

Raoul premier duc des Normants estant mort, son fils et successeur Guillaume donna plusieurs villages à cette eglise.

Les Normants jouissants d'vne profonde paix sous Raoul leur premier duc, desiroient fort la prolongation de sa vie, mais il plut à Dieu l'appeller à soy l'an neuf cens dix sept, et que son fils Guillaume surnommé Longue-Espée luy succedast, lequel pour ses vertus merita après sa mort d'estre inséré au catalogue des Saincts. Iceluy durant sa vie tesmoigna son affection envers l'eglise de ce Mont, donnant aux chanoynes d'icelle au territoir Avranchinois les villages de Maldrey, Curey, Macey, Peleton, la moytié de Cromeret, Verguncey, St-Jean sur le bort de la mer avec l'eglise, le moulin, les vignes et les prés etc.[1] Ce duc eut faict plusieurs autres biens tant à cette eglise qu'ès autres de son duché, s'il n'eust esté prevenu par le traistre Arnoult, comte de Flandres, lequel à un pourparler, sous le masque d'un bon accueil, le fit mettre cruellement à mort, l'an neuf cens quarante deux ou quarante trois ou, selon le livre des fondations ecrit du temps de

---

[1] Mss. AA et B — F. 4 et 17.
Tout cela ayant esté perdu, Richard second le rendit, ce que fit aussy Robert premier.

l'abbé Bernard et Gabriel du Moulin en son *Histoire* page 52, l'an neuf cens quarante quatre [1]. Ses subjects voyants de loin ces malheurs et leur estant impossible de secourir sur le champ leur bon maistre, ne peurent faire autre chose sinon prendre son corps et l'apporter à Rouen pour luy rendre les derniers devoirs. Au martyrologe des Saincts de l'ordre de St Benoist et au Gallican il est faict mention de luy le dix septiesme decembre.

[1] Mss. AA F 9 — ✣ F. 2. II₉ F. 4.

FIN DU PREMIER TRAICTÉ DE L'HISTOIRE DU MONT ST-MICHEL.

SECOND TRAICTÉ

DE

L'HISTOIRE DU MONT-Sᵀ-MICHEL

CONTENANT

L'INTRODUCTION DES RELIGIEUX EN CESTE EGLISE, LES MIRACLES QUI S'Y SONT FAICTS ET LE RAPPORT DE L'ARCHEVESQUE BALDRIC, TOUCHANT L'ESCUSSON ET POIGNARD DITS DE ST MICHEL.

CHAPITRE PREMIER

Richard premier du nom, troisiesme duc des Normands, met des Religieux en ce Mont, après avoir obtenu permission du Pape, ce qu'il fait confirmer par Lothaire Roy de France.

Bien heureuse est la nation qui a pour conducteur un prince non moins pieux que courageux ! Car par son courage il anime ses subjects et les rend redoutables à tous ses ennemys et faict par sa piété que tous, à son exemple, desirent plaire à Dieu et que les impies et opiniastres s'exilent de sa terrre. Telle fut la Normandie du temps de son grand duc Richard dit aux *Longues jambes* ou autrement surnommé *Sans peur*, lequel aagé seulement de dix ans, ayant succedé à son pere Sainct Guillaume fut contrainct de commencer à monstrer son courage à tous ses ennemys ainsy qu'on peut voir bien au long dans les annales de Normandie et que nous trouvons dans les manu-scripts de cette abbaye lesquels tascherent par plusieurs fois de le perdre et toute sa nation. Mais à leur grand regret ressentans toujours la force de son bras, tout leur refuge estoit de demander la paix, laquelle, comme prince pieux, il leur octroyoit facilement, faisant cependant esclater sa devotion de toutes parts et soulageant tous ceux qui avoyent recours à luy. Il se plaisoit surtout à orner et embelir les eglises et à y faire celebrer devotement le service divin. Pour preuve de cela, nous nous contenterons de rapporter icy les choses remarquables qu'il fit en ce Mont à ce sujet, passant sous silence ce qu'il fit en plusieurs autres et à l'abbaye de Fescan, lorsque, d'une fenestre de son chasteau regardant l'eglise et considerant que sa structure estoit plus vile et basse que celle de son chasteau, il en eut honte et fit dès aussy tost abatre cette eglise et en elever une autre au mesme lieu, la plus admirable et magnifique que les maistres architectes peurent inventer [1]. Ce prince repassant souvent par sa memoire les lieux saincts qui estoient en son domaine recevoit un grandissime contentement d'avoir en son duché ce Mont Sainct-Michel où tant de miracles s'ope-

---

[1] Gabriel du Moulin en son histoire de Normandie p. 87 qui cite les manu-scripts de Fescan.

roient tous les jours par les merites de ce sainct Arcange. Mais ils se contristoit fort, d'autre part, de voir qu'en ce lieu si sainct il y eut des personnes si négligentes et paresseuses à celebrer l'office divin. Souvent il en avoit entendu parler et l'avoit veu luy mesme et sçavoit que les plus riches et puissants des environs obtenoient les prebendes non pour y demeurer et y servir Dieu, mais pour avoir plus de revenu et s'adonner plus librement à leurs plaisirs (chose damnable et contre l'intention de tous les fondateurs), se contentans de donner quelque petit salaire à personnes viles et de basse condition pour celebrer l'office. Cela le fit resoudre d'employer sa puissance pour refrener ceux qui desiroient estre successeurs des biens de leurs predecesseurs et ne vouloient ensuivre leurs vertus. Il leur fit donc commandement de demeurer en ce Mont, pour y faire leur devoir, ce qu'ils firent craygnant un plus rude chastiment. Mais comme il est bien difficile que l'Ethiopien quitte sa noirceur, aussy ce n'est point chose plus facile de faire qu'un homme quitte ses pechez, s'il ne le veut. Ces chanoynes de nom veinrent resider en ce Mont, mais estans tous remplys d'affections non divines ils estimoient qu'il valloit mieux avoir une table bien garnie qu'une eglise bien ornée ; qu'il estoit plus expedient de dormir la grasse matinée et de jouer le reste du jour que d'aller la nuict à matines ou de s'employer le reste du temps ès lectures et meditations des escritures sainctes ou à quelques autres honnestes exercices convenables à l'estat de chanoynes. C'est pourquoy, bien qu'ils eussent de bons revenus, neantmoins n'en ayans assez pour mener une telle vie, ils vendoient les vases d'or et d'argent de l'eglise, les calices, croix, et autres choses de grand prix tellement qu'un chacun en estoit mal édifié. Le duc en estant adverty les fit venir plusieurs fois devant luy pour leur remontrer leur devoir. Mais eux promettans et ne mettans rien en execution, ains demeurans toujours en leur endurcissement de cœur, enfin il resolut à part soy de les chasser et d'introduire en leur place des religieux benedictins.

Or, considerant qu'il ne devoit faire cela de sa propre authorité, il fit assembler secrettement Hugues, archevesque de Rouen, et le comte de Bayeux Rodulphe, frere uterin dudit duc, homme singulier en prudence et valeur, et quelques autres de son conseil ausquels il proposa ce qu'il avoit deliberé et leur demanda ce qu'il leur en sembloit. Tous approuverent et louerent son dessein et luy conseillerent d'envoyer à Rome pour sçauoir si le Sainct Pere l'auroit pour aggreable. Le duc bien joyeux de ce conseil depeschа des courriers vers le Pape, deffendant cependant que personne ne divulguast cet affaire. Mais les chanoynes qui avoient esté repris de luy et qui n'ignoroient point sa grande indignation à l'encontre d'eux, craygnans ce qui leur arriva depuis, s'estudierent de retirer ce qui restoit de plus precieux en l'eglise et le transporterent, comme aussy leurs meubles, avec le moindre bruit qu'ils purent, ès maisons de leurs plus fidelles amys avec resolution de plutot quitter la place que de vivre selon leur premier institut. Le plus malicieux d'entre eux fut si impie que de deterrer le corps de St Aubert et de le cacher au dessus de sa chambre entre le toict et le lambris qu'il fit faire exprès, voulant par ce moyen en priver toute la posterité.

Tous s'occupant de tels sacrileges, les messagers du duc arriverent à Rome où s'estant rafraichis ils allerent saluer le souverain pontif Jean treiziesme du nom et luy presenterent les lettres de leur seigneur, luy tesmoygnant aussy de bouche le desir qu'il avoit d'accomplir ce dont il le requeroit par icelles. Le Pape loua publiquement un tel desir et rescrivit au Duc qu'il approuvoit sa pieuse entreprise, le louant grandement du soin qu'il prenoit d'augmenter la gloire de Dieu. Les messagers ayant receu cette lettre prirent congé de sa Saincteté et s'en reveinrent hastivement. Arrivez au palais du prince il la luy presenterent avec le bref et luy raconterent le bon accueil qu'on leur avoit faict et les louanges que le St Pere auoit dit de luy en leur presence.

Le duc fort satisfaict donna commission aussy tost à ses gens de rechercher, par les monasteres, des religieux zelez en l'amour de Dieu et en l'obeissance de la regle du patriarche St Benoist et de supplyer les abbez de les ayder en cette recherche. Ce commandement ne tarda gueres à estre executé. Ils trouverent ce qu'il leur en falloit ès abbayes de Fontenelles dite de St Wandrille, de St Pierre de Jumieges, de St Taurin près les murs de la ville d'Evreux, de St Benin, de Sainct Evroult, de St Melaine près le mur de la ville de Rennes au duché de Bretagne, et leur assignerent jour pour s'assembler tous en la ville d'Avranches où le duc se devoit trouver pour les amener en ce Mont et les y establir, faisant cependant courir un bruit qu'il faisoit venir ces Religieux en laditte ville pour consulter avec eux de quelque affaire de grande importance.

Le jour assigné venu, tous se trouverent à Avranches et auparavant que d'en sortir, le duc voulant qu'il n'arrivast aucun trouble pendant qu'il seroit en ce Mont, envoya premierement un des plus apparens de sa cour bien accompagné pour faire commandement de sa part aux chanoynes ou de prendre l'habit monacal ou de quitter la place. Iceluy estant arrivé se saisit des clefs des sainctes reliques et de la sacristie, puis signifia aux chanoynes le commandement de son seigneur. Mais ceux qui ne s'estoient pas voulu reduire à vivre en bons chanoynes, n'avoient garde de s'obliger à suivre la vie austère des moynes, et ainsy aymans mieux sortir, ils s'en allerent, chacun de son costé, excepté deux, l'un desquels se nommoit Durand, lequel à cause de la devotion qu'il portoit à St Michel (car dans les compagnies plus desreglées Dieu permet tousjours qu'il y en ait quelqu'un qui tache à faire son devoir) ayma mieux s'accorder à faire ce qu'on luy commanderoit que de sortir. L'autre nommé Bernier demeuroit non pour changer sa vie en une meillieure, mais avec intention d'emporter secrettement le corps de St Aubert qu'il avoit caché, ainsy que nous avons dit cy-dessus. C'est pourquoy, soit qu'il feignit d'estre malade, soit qu'il le fut vrayment, il commença à remonstrer son infirmité à celuy que le duc avoit envoyé et à le prier instamment de le laisser demeurer là le reste de ses jours. Ce qu'il luy refusa tout à plat, disant que cela seroit trop incommode aux religieux; et qu'au reste cette chambre qui estoit si proche de l'eglise n'avoit esté construite pour servir d'infirmerie mais pour loger les sacristains et custodes d'icelle et partant qu'il falloit resolument qu'il delogeast. Le malade se voyant tellement pressé le supplia qu'au moins il le laissast là encore quelques jours durant lesquels (tel estoit son pretexte) il chercheroit au bas du rocher un logis commode à son infirmité. Mais luy ayant esté respondu qu'indubitablement il n'y demeureroit point davantage, il demanda qu'on luy permit au moins d'y demeurer ce jour là et la nuict suivante, jurant et protestant qu'il n'en sortiroit point auparauant, si ce n'estoit par force. Cela fit penser aussy tost qu'il y avoit là quelque chose de caché, laquelle il vouloit emporter de nuict. C'est pourquoy, joinct son obstination et importunité ennuyeuse, ce susdit personnage le fit porter dehors et le mettre dans une maison à costé du rocher où on luy bailla tout ce dont il avoit besoin. On regarda incontinant après par tous les coins et recoins de sa chambre et on renversa tout le mesnage pour voir quelle chose se pourroit estre que ce chanoyne avoit cachée; mais on n'y trouva rien, nul ne pensant au corps de St Auber ny à la finesse du chanoyne.

Les choses ainsy disposées en ce Mont, ce seigneur y laissa de ses soldats pour garder la place durant qu'il s'en retourneroit raconter au duc son seigneur tout ce qu'il avoit faict. Le duc bien content et joyeux de ce succès s'en veint tout à l'heure, accompagné des evesques, abbez et seigneurs de sa cour, amenant quant et soy les susdits religieux. Arrivez en ce Mont ils monterent au haut, louans Dieu et chantans des hymnes et cantiques en l'honneur de St Michel, et ayans continué leurs prieres quelque temps dans l'eglise, les evesques et le duc mirent les religieux, qui estoient trente, en possession de ce lieu et establirent l'un d'iceux nommé Mainard pour abbé, homme fort grave et de saincte vie, lequel depuis l'an neuf cens soixante jusques en cette année neuf cens soixante six s'estoit occupé à reedifier le monastere de St Wandrille qui avoit esté ruiné par les guerres. Le Pape Jean treiziesme et le Roy de France Lothaire confirmerent par leurs bulles et patentes cette prise de possession, selon que nous voyons encore par leurs lettres. Ainsy commença en ce Mont l'observance de la regle de St Benoist; ainsy ces belles fleurs cueillies ès cloistres benedictins commencerent à fleurir en ce palais des anges et à respandre de tous costez une odeur si suave que plusieurs, detestans les delices mondaines, se veinrent renfermer dans ce parterre celeste. Robert Gaguin parlant du susdit prince Richard et Lothaire Roy de France, il dit : *Ab hoc Richardo Fescanni cœnobium Divinæ Trinitati dicatum est; itemque in suburbano Rothomagensi Audoëni templum et in Monte Tumbâ Sancti Michaelis monasterium multis cœnobitis cumulatum.*

CHAPITRE SECOND.

Les Sainctes reliques apportées du Mont-Gargan sont trouvées miraculeusement après l'embrasement de ce monastere.

Du temps de Maiñard, second abbé de ce monastere, le feu ayant pris de nuict ès maisons d'aucuns habitans de ce Mont, les flammes passerent jusques dans cette abbaye (chose qui difficilement pourroit arriver maintenant à cause du grand changement arrivé aux bastimens) et la reduisirent en cendres, reservé le logis où avoit demeuré le chanoyne Bernier, la conservation duquel on attribua depuis au merite de St Aubert, à cause que ses sainctes reliques y estoient cachées. Tout ce que purent faire l'abbé et les religieux, voyans ce grand embrasement, fut de sauver tout ce qu'ils purent des ornements et sainctes reliques, et entre autres choses ils retirerent une grande chasse toute dorée dedans laquelle estoit une autre petite qui contenoit un vase dans lequel estoient les reliques que St Auber avait envoyé querir au Mont-Gargan. Cet incendie estant passé, l'abbé et les religieux supportans d'un grand courage cet infortune s'employerent à nettoyer la place et à faire construire des logements et une eglise selon leur petit pouvoir, Richard second duc de Normandie les aydant de ses richesses. Ils firent cependant au plus tost reparer le grand autel et firent faire au dessus un petit plancher sur lequel ils remirent la chasse qu'ils avoyent osté auparavant. Or c'est une chose manifeste et connue de tous temps qu'où se rencontre l'infortune du feu, là ne manquent de se trouver trois sortes de gens pour s'occuper qui à regarder, qui à ayder et qui à derober. Ce que considerant l'abbé et les plus discrets et avisez de ses religieux, ils delibererent de regarder si les sainctes reliques apportées du Mont-Gargan estoient encore dans la chasse. Pour cet effect ils esleurent des religieux d'entre eux les plus saincts et mieux vivants lesquels, après avoir offert le sainct sacrifice de la messe, estans encore revestus de leurs ornements sacerdotaux, ouvrirent, en presence de tous les autres religieux et du peuple, la grande chasse, ne trouvant aucun vice en la serrure. Cela faict, ils retirerent la petite chasse qui estoit dedans, laquelle ils trouverent pareillement bien fermée et en bon estat. L'ayant ouvert ils decouvrirent le vase dans lequel St Aubert avoit mis les sainctes reliques, où ne les voyant, on ne peut dire de quelle tristesse ils furent surpris. Tous ploroyent à grosses larmes, et on n'entendoit par toute l'eglise que gemissements. Enfin après avoir bien souspirez, ils s'aviserent d'un moyen plus salutaire, sçavoir est de publier un jeusne de trois jours tant aux religieux qu'aux autres habitans de ce Mont et que tous s'adonnassent, durant ce temps là, à l'oraison avec grande componction de cœur, comme aussy à subvenir aux necessités des pauvres, à ce que par ces sainctes œuvres il plust à la souveraine bonté et misericorde de Dieu, par l'intercession de son sainct Arcange, de leur rendre les sainctes reliques qui avoyent si long temps illustré ce lieu, du tout destiné au service des anges. L'efficace de ces prieres ordonnées fut bien tost reconnue par l'enterinement que fit la clemence divine de leurs demandes. Et ce qu'ils avoient demandé d'une vive foy ils meriterent de l'obtenir sans delay. Car le troisiesme jour du jeusne qui avoit esté promulgué, un certain pescheur, environ la sixiesme heure du jour, revenant de la pescherie vit une lumiere estinceller, à guise d'un rayon du soleil, au pied de ce Mont, d'où s'approchant il vit sur une pierre le vase contenant les sainctes reliques descouvert, dans lequel la lumiere susditte se dardoit; mais n'ayant osé nullement le toucher, jettant par terre ce qu'il portoit, il accourut promptement dire à l'abbé et aux religieux ce qu'il venoit de voir, lesquels, comme resuscitez de mort à vie de cette nouvelle tant delectable, se revestirent des sacrez vestements selon la coustume de l'eglise et allerent audit lieu, accompagnez de tout le peuple, où estans parvenus et avec admiration s'esjouissants d'un tel miracle, le couvercle du vase se resmit en son lieu, sans que personne le touchat, ce qui les estonna encore davantage. S'approchans du vase ils le prirent avec allegresse et reverence et l'apporterent en haut, chantans hymnes et cantiques jusques dans l'eglise où ils le placerent sur le grand autel, selon qu'il avoit esté auparavant.

CHAPITRE TROISIESME.

Comment l'Evesque d'Avranches Norgot vit ce Mont comme tout en feu.

Le venerable Norgot evesque d'Avranches eut un jour besoin de conferer avec l'abbé de ce Mont, Mainard second, pour je ne sçay quelles affaires. A ce sujet ils determinerent un lieu nommé *la Roche* qui est entre Avranches et ce Mont pour s'y entrevoir la veille de St Michel en septembre et en deliberer. Le jour venu, ils se trouverent tous deux au lieu ordonné accompagnez selon leur qualité, où après avoir passé toute la journée à traicter de ces affaires, sans pouvoir y mettre fin, ils remirent le reste au lendemain, se promettans tous deux de s'y retrouver. S'estans donc entre-dicts adieu, l'abbé Mainard revint vistement en ce monastère, et l'evesque Norgot s'en retourna de pareil pas à Avranches où la nuict il celebra en son eglise devotement matines avec la solemnité que requiert une telle feste. Icelles finies, s'estant retiré en sa chambre pour reposer quelque peu, attendant l'aube du jour, auparavant que de se coucher sur son lict, il ouvrit une fenestre de sa chambre, et voicy qu'incontinant il apperceut ce Mont St Michel comme tout en feu. Il voyoit comme des tisons de feu esteincellans qui de ce Mont se dardoient jusques au millieu des greves, et puis retournoient fondre sur ce rocher avec semblable vitesse et impetuosité [1]. Troublé d'une telle vision, ne pensant plus à se reposer, il appella soudain quelques uns de ses domestiques et leur dit ce qu'il voyoit. Tous regardans par tous les endroicts d'où on pouvoit mieux appercevoir ce Mont, aucuns virent ce qu'il disoit, les autres dirent qu'ils ne voyoient rien. Or ce bon evesque, tout baigné des larmes qui descouloient de ses yeux, fit venir tous ses chanoynes (ce qui estoit facile en ce temps là) et dit avec eux l'office des morts pour le repos des ames de ceux qu'il croyoit avoir esté bruslez de ce feu, et tost après montant à cheval vint à grand galop vers ce Mont pour consoler les religieux qui pouvoient avoir evadé de tel incendie et enterrer, selon qu'il appartenoit, ceux que les flammes auroient suffoqué. Cependant l'abbé Mainard qui ne pensoit nullement à tout cela, matines estant achevées, dès aussy tost se mit en chemin avec quelques uns de ses religieux, anticipant quelque peu l'heure prescrite pour s'entrevoir, à ce qu'estant plus tost de retour il put estre au service divin, et sortant de ce Mont, apperceut de loin l'evesque qui venoit d'un bon pas. C'est pourquoy de son costé il s'avance le plus qu'il peut, se doutant qu'il y avoit quelque chose d'extraordinaire. Par ainsy presque en un instant ils s'entre-rencontrèrent. L'evesque à qui la tristesse avoit saisi le cœur et à qui la hativeté qu'il apportoit à venir vers ce Mont ne permettoit de reprendre librement

[1] Ms PP Fol. 179.

son haleine, ne pouvant parler dès aussy tost, donna sujet à l'abbé de l'interroger le premier et de luy demander pourquoy, contre la promesse qu'il s'estoient faicte, il avoit passé le lieu déterminé pour s'entreparler. Alors l'evesque ayant repris quelque peu son haleine luy en rendit raison, luy disant ce qu'il avoit veu et faict et le suppliant de luy dire comment le tout s'estoit passé la nuict en son monastere. Ce qu'admirant l'abbé, il luy dit qu'il n'avoit rien veu ou entendu de tout ce qu'il disoit. Alors tous reconnurent apertement que ce feu qu'avoit veu l'evesque et plusieurs autres ne signifioit autre chose que la présence des bienheureux Esprits qui visitoient ceste montagne avec l'arcange St Michel, ce qui les excita de plus en plus à honorer les anges et à respecter ce sainct lieu. L'evesque Norgot entre autres, en fut le plus touché et quitta peu de jours après sa charge episcospale pour se rendre religieux en ce Mont et s'adonner plus librement au service des anges. Il mourut le quatorziesme d'octobre l'an mil trente six [1].

[1] Mss. R 7, R 8, Θ*ι* et λ Fol. 29.

CHAPITRE QUATRIESME.

De la translation du corps Sainct Aubert evesque d'Avranches [1].

Nous avons dit cy-dessus pourquoy et comment le chanoyne Bernier mussa le corps de St Aubert. Nous avons dit aussy que, du temps de l'abbé Mainard second, toute la ville, l'église et le monastere estant en feu, le logis seul où estoient cachées les sainctes reliques demeura exempt de flammes. Maintenant déclarons comment ce sacré corps fut divinement manifesté. Hildebert premier du nom, troisiesme abbé de ce monastere [2], enseignant ses religieux par sa vie et doctrine à vivre selon les préceptes contenus en la regle du patriarche St Benoist, il plut au souverain facteur de l'univers, qui dispose toutes choses avec poids et mesure de decouvrir aux hommes, pour l'ornement de cette eglise, le lieu où estoit caché le corps de ce sainct evesque en ceste sorte. Le susdit abbé Hildebert, ayant succédé aux deux premiers abbez de ce monastere en la charge pastoralle, leur succeda quant et quant à la charge de sonner l'office divin. Pour cet effect, afin de s'acquitter plus aysément en cet exercice, il se logeoit la nuict

---

[1] Ms. RR. Fol. 144.

[2] RR Fol. 178, II, Fol. 13, ⸸ F 4. Toutefois au folio 136 il dit que ce fut durant Mainard second, mais en cela il faut qu'il ait manqué.

dans une chambre proche de l'eglise (ainsy que plusieurs autres abbez faisoient dans leurs abbayes), dans laquelle il prenoit son repos avec quelques-uns de ses religieux, ne se servant du logis du chanoyne Bernier qui estoit joignant le logis où il demeuroit, comme avoyent faict ses deux predecesseurs, mais l'ayant destiné pour estre la thresorerie, si bien que nous pouvons dire que Dieu permit cela à cause du thresor qui y estoit caché, jaçoit que cet abbé n'y pensast. Souventes fois à la vérité on y avoit entendu une très douce et mélodieuse harmonie qui delectoit grandement les oreilles des auditeurs, mais, comme on ne sçavoit qu'il il y eut là un si grand thresor, on n'y faisoit point tant de reflexions, et s'il faut ainsy dire, on la negligeoit jusques à ce qu'une nuict, tous estant bien endormys, il se fit un si grand tintamarre dans cette nouvelle thresorerie, comme si quelq'un eut voulu sortir par le toict, dont tous furent esveillez et se leverent hastivement, pensans que ce fussent quelques larrons qui y eussent entré et en voulussent sortir les mains garnies. S'armans donc au plus tost de ce qu'ils purent rencontrer, ils y entrerent pour se saisir de ces voleurs, mais n'y trouvant personne, après avoir cherché par tous les coins et recoins, après avoir veu qu'il n'y avoit aucune fracture au toict ny aux murailles, ils ne sçavoient tous que penser, de sorte que, bien estonnez d'un tel accident, ils s'en retournerent coucher, chacun sur son lict, pour pouvoir reposer jusques à l'heure des matines. Mais ce fut en vain, car ils avoyent esté trop bien esveillez, et de plus un chacun d'eux ressentoit en soy une certaine inquiétude d'esprit qui les travailla grandement toute la nuict. Le matin venu, l'abbé fit assembler tous les religieux auxquels il dit ce qui estoit advenu la nuict precedente, et leur demanda advis de ce qu'il seroit à propos de faire, et ayans tous meurement considéré l'affaire, ils delibererent avec l'abbé qu'on jeusneroit trois jours et que durant ce temps là on imploreroit la misericorde de Dieu afin que, si c'estoit quelque revelation provenant de luy, il luy plût la manifester par quelque signe plus evident, ou, si ce n'estoit qu'une illusion de l'ennemy du genre humain, il luy plust faire cesser tout ce bruict.

Or, d'autant que depuis l'introduction des religieux en ce Mont il s'estoit coulé un certain bruit parmy le peuple que le chanoyne Bernier avoit caché le corps de St Aubert, quelques uns d'entre eux dirent qu'ils doutoient sçavoirmon si ce tintamarre ne provenoit point de là, ce qui donna à douter à tous les autres. Pour donc s'esclaircir sur ce doute, ils envoyerent querir Fulcold, nepveu dudit chanoyne, duquel ils avoient gaigné les bonnes grâces dès longtemps, les affectionnant plus que son oncle ne les avoit hay, auquel estant venu ils demanderent s'il ne se souvenoit point que son oncle luy eut parlé autrefois du corps de St Aubert; ou, si, comme le bruict en estoit, il sçavoit qu'il l'eut porté en quelque lieu pour le cacher. Iceluy respondit qu'il sçavoit certainement, comme ayant esté tesmoin oculaire, que son oncle avoit deterré et transporté les ossements de St Aubert autre part et qu'il les avoit caché en quelque lieu de ce Mont, mais qu'il ne sçavoit l'endroict. Et pour me servir de ses propres termes : *Eadem ossa*, dit-il, *ab eo inclusa cado recolo me puerum propriis humeris noctanter in hoc isto detulisse cubiculo, sed ubi ea reposuerit omnimodis incognitum habeo, postea autem sub trabibus domûs novum laquear scio eum fecisse construi robustissimi ligni tabulis*, et le reste[1]. Les religieux ayant entendu ces propos, quoyque douteux, en furent fort resjouis et s'encouragerent à jeusner les trois jours consecutifs afin qu'il plust à Dieu leur donner une claire connoissance de toutes ces choses. Ce qu'ils obtindrent; car la nuict suivante, on entendit au mesme endroict le mesme bruit beaucoup plus vehement que la premiere fois et finalement la troisiesme nuict, non comme les deux premieres, mais comme si le bastiment s'en fut allé par terre; ce qui fit croire à un chacun qu'indubitablement il y avoit quelque chose là dedans qui vouloit se manifester. Partant, le troisiesme jour du jeusne, le susdit abbé et ses religieux trouverent bon de fouiller et chercher parmy cette maison, mesme de la renverser du tout, si besoin estoit, pour voir ce que c'estoit. Y estans donc entrez, chantans hymnes et louanges à nostre Seigneur, on deffit deux ou trois des planches qui estoient clouées au dessous des poutres, et l'abbé fit monter quelques uns de ses religieux pour regarder diligemment s'il y auroit quelque chose, lesquels estans montez et voyans que ces poultres estoient

---

[1] Extraict des histoires latines de cette abbaye.

toutes couvertes de plusieurs petits coffrets tous fermez à clef, ils commencerent de tacher à les ouvrir ; mais comme ils passoient le temps à cela, voicy qu'en un instant, comme ceux qui y estoient asseurerent depuis, la serrure où estoient les reliques de St Aubert se detacha et s'envola, s'il faut ainsy dire, d'un autre costé, aussy viste que si elle eut esté poussée par la fouldre : ce que voyans ils quitterent aussy tost les petits coffres qu'ils avoyent en main et se tournerent vers celuy-là duquel ayant levé le couvercle, ils apperceurent aussy tost le corps du Sainct et s'escrierent soudain de joye, appellans Foulcaud lequel, estant monté, dit que ce vaisseau estoit celui dont il leur avoit parlé et qu'il le reconnoissoit à certaines marques. Ceux qui estoient en bas et qui entendoient ce qui se disoit en haut eussent desjà voulu voir ce precieux thresor, et demanderent instamment à ceux d'en haut qu'ils le descendissent, lesquels obeirent, et iceux le receurent entre leurs bras et l'envelopperent dans un beau et riche drap, puis le mirent sur un brancar pour le porter processionnellement dans l'eglise, ce qu'ils firent, chantans à qui mieux mieux avec une joie et allegresse non pareille.

Or, comme ils estoient à la porte de l'eglise, il plut à nostre Seigneur de manifester plus evidamment à tous ce sien serviteur et favory, permettant qu'un de ceux qui portoient ces saincts ossements nommé Hildeman entrast en quelque doute si celuy qu'ils portoient estoit vrayment le corps de Sainct Aubert ou bien de quelque autre trepassé, car, cependant qu'il ruminoit cela en soy-mesme, voicy que ce sainct fardeau qu'il portoit auparavant facilement vint à s'appesantir sur luy et à l'aggravanter si fort en un instant qu'il fut contrainct de tomber en terre sur ses genoux sans qu'il luy fut possible de se lever ny mesme de se mouvoir aucunement. Ce que voyant, il jugea que c'estoit une punition de Dieu à cause de ses doutes. Il confessa donc publiquement sa faute, et en fit penitence et, par ce moyen, à la mesme heure, recouvra ses forces par les merites du glorieux St Aubert, et se levant acheva de porter ce sainct corps aussy facilement qu'il avoit faict auparavant, jusques sur le grand autel sur lequel ils le poserent.

L'ayant mis là, ils estendirent un rideau à travers de l'eglise, puis tirerent hors du vaisseau un petit coffre et mirent les saincts ossements sur une belle nappe, et les considerans diligemment et d'une pieuse curiosité, ils apperceurent en son chef le trou qu'on y voit encor aujourd'huy, et un chacun connut apertement par ce signe le coup que l'arcange St Michel luy donna, s'apparoissant à luy la troisiesme fois. Ils trouverent aussy un autel portatif du bienheureux Sainct Aubert avec un petit parchemin où à grande peine pût on lire ces mots : *Hic requiescit corpus Sancti Auberti Abrincatensis episcopi*, à cause que ce parchemin estoit presque tout pourry. Après avoir ainsy regardé à leur ayse ces saincts ossements et tout ce qu'on y avoit trouvé avec, ils les mirent le plus decemment et honorablement dans une chasse qu'ils colloquerent au dessus d'un autel dedié à la saincte Trinité. Maintenant on les voit dans la thresorerie avec plusieurs autres.

Cette translation se fit le dix-huictiesme jour de juin, et d'autant qu'elle fut fort celebre, on commença de celebrer la feste de ce sainct le dix-huictiesme dudit moys. Martin cinquiesme, qui fut créé Pape l'an mil quatre cens dix-sept, donna, l'an cinquiesme de son pontificat, sept ans et sept quarantaines d'indulgences à ceux qui visiteroient cette eglise ce jour là et se repentiroient de leurs pechez. Ces indulgences sont finies[1]. En cette abbaye cette feste s'est celebrée tousjours fort solemnellement et avec octave. Et anciennement, lorsque les abbez estoient reguliers, les religieux des prieurez forins dependants de cette abbaye venoient en ce Mont le jour de cette feste pour commencer le lendemain leur chapitre general. Depuis que les abbez ont estez commendataires, on a poursuivy cette coustume, mais la plus part ne s'y trouvoient[2].

CHAPITRE CINQUIESME.

Deux religieux ayant la fiebvre, l'un beuvant du vin qu'on avoit distillé par le chef de St Aubert est guery, et l'autre mesprisant cette potion meurt.

Deux religieux de ce monastere dont l'un estoit desjà assez aagé et l'autre encore jeusne, ayans esté durant

[1] La bulle est dans les archives de ce monastere.
[2] Le Mansel. Les Archives de ce monastere.

quelques jours d'une fiebvre fort aigue, desirerent grandement leur santé. Mais ne voyans aucun remede humain, le vieillard dit qu'il falloit mettre toute sa confiance en Dieu et prendre Sainct Aubert pour advocat envers sa majesté, le corps duquel depuis nagueres avoit esté trouvé miraculeusement. C'est pourquoy il supplia ses confreres de laver la teste du sainct et de luy donner à boire la liqueur dont on l'auroit lavé, se confiant que St Aubert auroit cette action pour aggreable et luy obtiendroit de Dieu la santé. Iceux ayans executé son desir, la luy presenterent, et en beut d'un grand courage, exhortant le jeusne à l'imiter. Mais estant trop douillet et mal mortifié des sens comme aussy indiscret en ses resolutions, il dit qu'il aimoit mieux mourir que de boire une liqueur qui avoit esté distillée par la teste d'un homme mort. Le vieillard se mocquant de tels discours beut tout, et à son grand proffit, car dès l'heure mesme il fut guery, de sorte que le lendemain, comme si jamais il n'eut esté malade, il revint à la communauté et suivit allegrement tous les exercices reguliers. Quant au jeusne, pour avoir ainsy mesprisé le conseil de son ancien et n'avoir mis aucune distinction entre la teste d'un sainct et celle d'un autre mort, sa maladie s'augmentant grandement et croissant petit à petit le priva au bout de huict jours de la vie corporelle.

CHAPITRE SIXIESME.

Une pauvre paralytique est guerye par les merites de Sainct Aubert[1].

La coustume estoit anciennement que les religieux de ce Mont St-Michel et les chanoynes de l'eglise cathedrale de Sainct-André d'Avranches allassent en procession une fois l'an, vers les festes de la Pentecostes, d'une eglise à l'autre et que les religieux portassent le corps de Sainct Aubert et les chanoynes celuy de Saincte Pience noble vierge[2]. Selon cette coustume les religieux de ce Mont allerent un jour processionnellement à Avranches, portans le corps de Sainct Aubert, où, après avoir celebré la saincte messe dans l'eglise cathedrale, ayans mis cependant le corps de Sainct Aubert sur un autel, ils le reprirent en sortans de l'eglise et le porterent, auparavant que de destourner vers le Mont, par la ville, ainsy qu'on souloit faire en semblable procession. Tandis qu'on le portoit ainsy, plusieurs habitans de la ville couroient par diverses rues pour voir cette procession et accompagner le corps de leur sainct evesque. Ce que voyant une pauvre paralytique qui vivoit des aumosnes qu'on luy faisoit, elle en de-

[1] Ms. R 8 Fol. 252.
[2] Quant aux rangs et honneurs ils sont reciproques entre l'evesque et l'abbé, le doyen et prieur, les chanoynes et religieux, Act. cap. p. 12.

manda la cause et on luy respondit que cette multitude alloit après la chasse St Aubert qu'on portoit par la grande rue de la ville. Ce qu'ayant entendu, elle commença à invoquer le sainct et à le prier de luy ayder et de la guerir de sa paralisie, reclamant souventefois son nom. Et voyant que ceux qui portoient le corps sainct s'en alloient hors la ville, s'esvertua et encouragea d'y aller aussy, se trainant de toutes ses forces au mieux qu'elle pouvoit et suppliant tousjours le glorieux sainct de plus en plus de luy estre favorable. Cette fervente priere ne manqua point d'obtenir son effect. Car nostre Seigneur prenant compassion de cette sienne pauvre creature l'exauça, par les merites de son bien-aymé serviteur, et luy rendit la santé, à la veue de tout le peuple, dès aussy tost qu'elle eut atteint l'ombre de la chasse. Ce qui donna sujet à tous les assistans de louer et exalter nostre Seigneur qui faict tant de merveilles par ses saincts et de recourir à Sainct Aubert en leurs necessitez, devotion qui a toujours duré en ce pays et qui se continue de pere en fils. Les febricitants particulierement l'invoquent et plusieurs reçoivent guerison.

CHAPITRE SEPTIESME.

Une femme venant en pelerinage à cette eglise en est repoussée invisiblement pour ses fautes [1].

Uñ noble puissant et riche Bourguignon, estant venu en pelerinage en ce Mont, supplia le sacristain de luy montrer l'histoire de l'apparition de l'arcange St Michel à St Aubert, et l'ayant leüe conçut une grande opinion de la saincteté de ce Mont, tellement que s'en retournant il en print par desvotion une petite pierre avec permission. Arrivé dans son pays, il la mit, comme une saincte relique, dans une belle eglise qu'il fit bastir exprès dans le plus beau chasteau de ses seigneuries et dedier au prince des anges St Michel, en laquelle dès lors il commença d'entretenir douze chanoynes ou clers pour y celebrer le service divin, leur donnant liberalement de ses biens tout ce qui leur estoit necessaire. Ce qui ne diminuoit point ses thresors; au contraire, depuis son retour de ce Mont jusques à sa mort, ses biens alloient toujours croissants; ce que croyant fermement luy provenir à cause de l'honneur qu'il portoit à St Michel, estant au lict de la mort, il recommanda à sa femme l'eglise qu'il avoit faicte bastir et les prestres qu'il y avoit installé, luy promettant qu'il luy

[1] Mss. II 9 Fol. 24, Δ Fol. 22, RR. Fol. 141.

arriveroit toutes sortes de biens, si elle faisoit ce dont il la supplioit, comme au contraire des grandes adversitez, si elle negligeoit son conseil. Cette femme, son mary estant mort, suivit quelques jours ses remonstrances, et par après les mit en oubly jusques là que l'eglise servoit de demeure aux chiens du chasteau et de passage pour porter les mets sur la table de madame, lorsqu'elle prenoit sa refection. Pour cela les malheurs dont son mari l'avoit menacée la talonnerent bien tost. Car elle vit ses trois fils qu'elle avoit heritiers de leur pere se debattre à qui auroit la premiere seigneurie, dissipans miserablement la succession paternelle, et les vit s'emparer du bien de l'eglise dont elle n'avoit tenu conte. De plus, quelques années après, venant en pelerinage en ce Mont, voicy que voulant monter les degrez pour venir en cette eglise, elle s'escria d'une voix fort triste et lamentable qu'elle sentoit des douleurs extremes, comme si on luy eut disloqué tous les membres, et dit qu'il luy sembloit qu'on la tiroit par les bras et par les jambes en arriere. S'estant retiré trois ou quatre pas, elle ne sentit plus aucune douleur, de sorte qu'elle se resolut de monter derechef; mais venant au mesme endroict que la premiere fois, elle dit soudain en pleurant qu'elle enduroit deux fois autant. Cet accident si estrange fit assembler lors une multitude de personnes curieuses de voir ce qui estoit arrivé : ce qui remplit cette dame de honte et confusion, tellement que, marrye de ce qu'un chacun regardoit son infortune, elle tenta pour la troisiesme fois de monter; mais en vain, et la douleur qu'elle sentoit luy faisoit confesser publiquement que plus elle tachoit de monter plus elle enduroit. Et se lamentant, estendue sur les degrez, elle parcouroit toute sa vie, disant qu'elle prenoit Dieu et l'Arcange St Michel à tesmoins si jamais elle avoit commis une faute qui meritast cette punition, et à l'entendre parler et discourir de ses bonnes œuvres, on eut dit qu'il ne restoit plus qu'à la canonizer. Ceux de sa suite, cependant, tristes de ce spectacle, la remenerent dans leur hostellerie, et puis montans au monastere declarerent à l'abbé et aux religieux l'infortune de leur maistresse, les priant de les assister en ce qu'ils pouroyent. L'abbé Hildebert, premier du nom, esmeu de compassion, envoya quant et eux Frodmond et Hildeman, deux de ses religieux, hommes très-vertueux, lesquels arrivez à l'hostellerie admonesterent cette femme d'examiner diligemment sa conscience et que, si elle y trouvoit quelque peché mortel, elle en demanda pardon à Dieu, l'asseurant que par après elle monteroit sans difficulté dans l'eglise. Mais ces remonstrances la firent derechef asseurer par des serments terribles qu'elle ne sentoit sa conscience chargée d'aucun peché. Eux donc ne la voulant interroger davantage, de peur de luy donner occasion de se parjurer d'autant plus, demanderent à ses serviteurs si elle ou eux n'avoient point faict quelque tort ou injure aux pellerins ou à ce monastere. A ce mot de monastere cette femme se resveillant comme d'un profond sommeil, dressa les oreilles et versant des fontaynes de larmes, raconta tout ce que son mary avoit faict pour le respect d'une pierre qu'il avoit apportée de ce Mont et comment toutes choses luy avoyent heureusement prosperé durant ce temps, et s'accusa de la negligence qu'elle avoit apportée à mettre en execution les promesses qu'elle luy avoit faict d'entretenir l'eglise qu'il avoit faict construire et d'y nourrir les ecclésiastiques qu'il avoit mis pour chanter l'office divin. On jugea par ces paroles que Dieu avoit permis cette punition à raison de ce qu'elle disoit, et comme elle se lamentoit grandement, s'arrachant les cheveux, se desesperant presque de pouvoir satisfaire à un tel delict, on luy persuada de promettre à St Michel que, s'il luy faisoit la faveur que de la laisser monter à son eglise, elle satisferoit autant qu'elle pourroit à sa faute passée. Ce qu'elle fit volontiers; et aussy tost les religieux montans à l'eglise, elle les suivit à pied, sans aucun ayde ou difficulté, et se prosternant devant l'autel St Michel, continua ses lamentations et demanda humblement que l'abbé ou un de ses moynes luy donnast l'absolution de sa nonchalance, ce qui fut faict. De quoy estant fort satisfaicte, elle demeura quelques jours en ce Mont par devotion, et finalement s'en retourna très contente dans son pays où elle fit ce qu'elle avoit promis.

CHAPITRE HUICTIESME.

Un pelerin emportant une petite pierre de ce Mont par devotion, d'autant qu'il n'en avoit demandé permission aux religieux, est puny de maladie. (¹)

Un pelerin des quartiers d'Italie vint du temps du mesme Hildebert abbé en pelerinage en cette eglise, où touché de devotion il prit une petite pierre du rocher qu'il emporta avec soy s'en retournant, et la mit dans un autel de l'eglise du monastere voisin de son logis. Mais, d'autant qu'il avoit esté si hardy que d'emporter cette petite pierre sans permission, Dieu permit qu'il tombast malade la veille de son arrivée en son logis, et jaçoit que tous les medecins employassent toute leur industrie pour le guerir (car c'estoit un homme fort riche et qui n'espargnoit rien pour revenir à la santé) si est-ce toutefois qu'ils ne luy purent donner aucun soulagement. Or advint que, quelques années après, deux religieux de ce monastere, l'un desquels avoit nom Bernard et l'autre Vidal, allerent avec permission de leur abbé en pelerinage au Mont-Gargan et passerent par le village de cet homme où, à cause que la nuict approchoit, ils chercherent quelque hos-

¹ Mss. II, Fol. 27 Δ Fol 26. RR Fol. 143.

tellerie pour se loger. De quoy cet infirme adverty, sçachant qu'ils estoient religieux de ce Mont St-Michel, les supplia et contreignit de prendre son logis, où il les traicta fort honnestement. Pendant qu'ils prenoient leur refection, le malade leur dit que autrefois il estoit venu en pelerinage en ce Mont Sainct-ichel et que depuis son retour il avoit tousjours enduré quelque infirmité corporelle. A quoy ils respondirent qu'ils s'esmerveilloient fort de ce qu'il disoit, veu que non seulement ceux qui y venoient en pelerinage sains s'en retournoyent très contens, joyeux et satisfaicts, mais aussy ceux qui y venoyent vexez de maladies en sortoient entierement gueris. Mais, luy dirent-ils, n'auriez vous point esté vous mesme cause de cette maladie? N'avez vous point rien commis sur les chemins, allant ou retournant ou estant au Mont, qui ait desplu à cet Arcange. Iceluy respondant que non, ils luy demanderent s'il n'avoit rien apporté de ce Mont comme pour benediction? Il respondit qu'il s'estoit chargé en partant d'une petite pierre. A ce esté, dirent ils, avec le consentement de quelque religieux? — Non dit-il. — Cela sans doute, respondirent ils, est cause de vostre mal. De façon qu'ils luy conseillerent de faire vœu à Dieu que, s'il luy plaisoit luy rendre sa pristine santé, il visiteroit ce sacré temple et rapporteroit luy-mesme cette pierre. Ce qu'il accorda de faire, hormis qu'il dit qu'il ne reporteroit la pierre, mais qu'au lieu il offriroit à Sainct Michel plusieurs grands dons. Et les motifs qui le poussoient à dire cela estoient que depuis qu'il avoit apporté cette pierre, bien qu'il eut esté tousjours malsain, neantmoins luy et toute sa famille avoyent prosperé en toute sorte de biens. Les religieux luy dirent qu'il ne fit aucune difficulté sur ce poinct, que, pourveu qu'il voulust s'accorder de la rapporter, qu'on la luy donneroit volontiers et toute autre chose qu'il demanderoit. A quoy, après s'estre rendu fort contraire, enfin il acquiesça, et fit vœu devant eux d'accomplir ce qu'ils luy conseilloient. Cela faict, le lendemain, les religieux poursuivirent leur chemin pour aller au Mont-Gargan, luy promettans qu'ils reviendroient par son logis et luy tiendroient compagnie. Ce qu'ils firent, et à leur retour le trouverent guery, qui les attendoit dès long temps, et estoit prest à partir. Le jour suivant, il se mit en chemin avec eux, et arrivé en ce Mont il mit la pierre sur l'autel St Michel, offrant quant et quant de ses biens, et l'ayant reprise avec consentement des religieux, il la remporta en son pays où il fit bastir une eglise et la mit dedans. Par ainsy il se porta bien le reste de ses jours, et toute sa maison abonda en prosperité, et reconnut par cette action, comme aussy tous ceux qui la virent, le soin que St Michel prend de conserver tout ce qui appartient à cette sienne eglise du Mont, puisqu'il chastie ainsy ceux qui sont si osez que d'y prendre quelque chose sans permission et faict croistre à veue d'œil les biens de ceux qui humblement et avec congé en prennent quelque chose par devotion quoyque de petite valeur.

CHAPITRE NEUFIESME.

D'une femme qui enfanta sur les greves estant environnée des ondes de la mer et d'une croix bastie audit lieu. (¹)

Les hommes voyans que plusieurs miracles se faisoient tous les jours en cette eglise par l'intercession de l'arcange St Michel y accouroient de tous costez pour estre guery ou pour voir ces merveilles. Ce qui esmeut, l'an mil onze, une femme de cette province qui estoit presque au terme d'accoucher, d'importuner son mary pour y venir ², dont il la voulut dissuader luy conseillant d'attendre jusques à ce qu'elle seroit delivrée de son fruict. Mais ne voulant différer, elle luy dit de si belles raisons qu'elle le contregnit de s'y accorder. Ils partirent donc avec quelques uns de leurs voisins, et arrivez en ce Mont fort contents y firent leurs prieres et presenterent leur offrande, puis se mirent en chemin pour retourner au pays. Estans desjà au milieu des greves, entre ce Mont et le bourg de Genest, voicy qu'une espoisse vapeur s'esleva soudain (ainsy que nous voyons souvent arriver) et ne voyans ny ciel ny terre ils ne sçavoyent de quel costé tourner.

---

¹ Mss. II₉ fol. 28 Δ f. 30 et 66 RR f. 146.
² Mss. λ Fol. 22.

La mer de plus dont ils entendoient bien les avant-coureurs les contrignoit de se retirer au plus viste ; mais comme ils tachoient de se sauver, la femme avança l'heure de son accouchement par l'effort qu'elle faisoit de suivre les autres, tellement que ne pouvant plus marcher ny les autres demeurer, s'ils ne vouloient perir avec elle, ils la laisserent là, grandement tristes, ayant desjà la mer à leurs pieds, et la recommanderent à Dieu et à St Michel. Cette femme, se voyant privée de tout secours humain, invoquoit St Michel de tout son cœur et le supplioit de la secourir en cette extrême necessité. Ce que fit le St Arcange et la sauva par un miracle du tout admirable. Car il fit que la mer l'environnast, faisant autour d'elle un cercle de ses ondes et lui laissant autant d'espace à sec comme elle en pouvoit occuper de tous costez, de sorte que la mer croissant tousjours elle fit comme un puys très profond autour de cette femme, et pas une goutte d'eau ne tomba dans le cercle bien que les flotz de la mer se brisassent là comme s'ils eussent rencontré un dur rocher. Ainsy cette femme demeurant à l'abry de ces murs aquatiques enfanta un fils qu'elle baptiza des eaux de la mer. Cependant la mer commença à se retirer la laissant sans luy nuire aucunement. Alors la greve devenant seche comme auparavant, son mary et toute la compagnie ayans attendus à la rive que le flux et reflux de la mer se fussent faicts commencerent à chercher de tous costez son corps (car ils l'estimoient noyée) pour luy donner sepulture et jettans les yeux vers le lieu où ils l'avoyent laissée là virent pleine de vie tenant entre ses bras son petit fils, ce qui les resjouist grandement, et après avoir beny long temps nostre Seigneur d'une telle merveille et remercié l'Arcange St Michel, ils demanderent à cette femme comment le tout c'estoit passé, et leur dit ce que nous venons de dire, de quoy ayans rendu graces à Dieu et à St Michel ils s'en retournerent en leur pays où ils nommerent l'enfant *Peril*, à cause qu'il avoit esté enfanté au peril de la mer. Et quelques années après le mirent sous la conduite d'un docte personnage, lequel luy apprit les sciences divines et humaines qu'il estudia très soigneusement, et ayant l'aage requis pour recevoir l'ordre de prestrise, il s'y fit promouvoir et veint depuis tous les ans en ce Mont offrir le Sainct Sacrifice de la messe en action de graces. Or afin qu'on put monstrer à la posterité le propre endroict où se fit un tel miracle l'abbé Hildebert premier du nom (*Collectarium historiarum Normannicarum*, f. 5; dans le manuscrit *Variæ quæstiones de Angelis, volumen minus*, il est dit que ce fut du temps d'Hildebert second) y fit dresser une croix haute de cent pieds, et la fit appuyer de tous costez de plusieurs grosses poultres et barres de fer à ce que, la mer faisant son flux et reflux, elle ne la renversast. Maintenant cette hauteur ne se voit plus, et la mer a tellement couvert de son sable toutes les poultres qu'on ne voit que rarement cette croix. En un obituaire ou collectaire (R. 8. p. 73) il est dit que l'an 1389 frere Nicolas Germain fit reparer cette croix. La derniere fois qu'on la vit fut l'an mil six cens trente deux. Tous ceux de ce pays sont temoins de cela, lesquels y alloient par bandes et en procession pour la voir. Elle fut environ huict jours descouverte. (Elle a paru depuis à sçavoir l'an 1645) [5].

CHAPITRE DIXIESME.

Le Sacristain de cette eglise reçoit un soufflet d'une main invisible [2].

L'an mil quarante cinq un religieux de ceans nommé Drogon estoit sacristain, lequel quoyqu'habile et vigilant en plusieurs choses, si est-ce toutefois qu'il ne l'estoit point tant à examiner ses pensées et actions et à marcher avec respect et reverence dans l'eglise : mesme passant devant l'autel St Michel, il ne faisoit point d'oraison. C'est pourquoy un jour il fut puny de toutes ces fautes et d'une autre beaucoup plus griefve qu'il venoit de commettre en cette manière. Nous

---

[1] L'an 1645, elle parut encore et plusieurs de nos religieux et autres la furent voir pendant un mois. Ce qui apparut est une charpente en quarré de 10 pieds de diamètre ; tout autour divers gros poutres et un au milieu surpassant les autres d'environ un pied. Quelques architectes la considererent sans en pouvoir comprendre la charpente. Il est à remarquer qu'en cet endroit, sçavoir entre ce Mont et Tombelaine, il y avoit une fort profonde vallée qui est maintenant remplie et comblée de grève. — 4ᵉ partie, ch. 9, § 7.

[2] Mss. II₉ Fol. 38, Δ Fol. 13, RR. Fol. 149.

avons dit cy dessus que personne n'osoit entrer la nuict dans cette eglise, de quelque qualité ou condition qu'il fust; sujet pourquoy, comme aussi crainte des larrons, le sacristain avoit des serviteurs qui tous les soirs devoient regarder par tous les coins et recoins de l'eglise pour voir s'ils trouveroient quelqu'un et le faire sortir et fermer par aprés les portes. Selon cette coustume, la veille de la dedicace de cette eglise, les serviteurs ou clercs regarderent partout, ne laisserent personne dans l'eglise et la fermerent soigneusement. Cela faict, ils se retirerent dans le logis destiné pour les custodes de l'eglise, où quelque temps après le sacristain s'en allant pour reposer jusques à l'heure des matines il passa devant l'autel St Michel à son ordinaire et regardant derriere il apperceut trois anges en forme de pelerins d'une riche taille et bien couverts qui, tenans en leurs mains chacun un cierge, estoient debout au milieu de l'eglise, leurs faces tournées vers l'autel. Croyant donc que ce fussent quelques uns des gentilshommes qui estoient venus ce jour là en pelerinage qui eussent entrez avec permission de ses serviteurs et clercs, il passa plus outre et appella un clerc qui, après luy, avoit la principale intendance de l'église et luy donna un grand soufflet, lui demandant pourquoy il avoit esté si ozé que de laisser entrer quelqu'un dans l'eglise à telle heure. Le clerc luy respondit qu'il n'y avoit laissé entrer personne et regardant de toutes parts en l'eglise il luy asseura qu'il n'y en voyoit aucun et, bien que le sacristain luy montrast comme au doigt ces trois pellerins, neantmoins le clerc perseveroit toujours à dire qu'il ne les voyoit, tellement qu'à la parfin, l'un lassé de montrer ces pelerins et l'autre de respondre qu'il ne les voyoit, ils se separerent tous deux. Le clerc s'en alla dans sa chambre pour dormir et le sacristain à l'autel St Michel pour y accomoder quelque chose, où estant parvenu il receut un soufflet d'une main invisible, beaucoup plus rude que celuy qu'il avoit donné au clerc, duquel estendu il demeura quelque temps comme mort; puis reprenant quelque peu ses forces, s'en alla coucher sur son lict où se sentant grandement malade et affoybli, il donna les clefs de l'église à un frere qui estoit couché dans la mesme chambre, et le lendemain dit à l'abbé et aux frères ce qui luy estoit arrivé, leur monstrant son corps qui estoit tout couvert de jaunisse *(regio morbo perfusus)*. Iceux, pour ce sujet fort tristes de son dommage, l'envoyerent demeurer en l'Isle de Chaussey où ils luy firent porter avec grand soin et diligence tant qu'il vescut tout ce qui luy estoit nécessaire, admirans cependant les terribles jugements de Dieu, lesquels, quoyqu'ils soient quelquefois occultes, ne sont toutefois jamais injustes. Quant à ce religieux, il passa en l'isle susditte le reste de ses jours, faisant penitence de ses fautes, et y finit heureusement sa vie ayant esté guery de sa susditte maladie quelque temps auparavant. Ceux qui liront cet exemple ou l'entendront lire apprendront, s'il leur plaist, à se comporter sagement dans l'eglise et à ne s'y pourmener comme ils fairoient dans des halles ou places publiques, de peur qu'il ne leur arrive un semblable chastiment, ou que Dieu, endurant leur insolence durant cette vie, ne les punisse rudement après leurs morts, s'ils ne s'amendent et n'en font penitence.

CHAPITRE ONZIESME.

Deux religieux disans leur breviaire dans cette eglise avec peu d'attention et legerement sont reprimez par une flamme miraculeuse[1].

L'an mil cinquante, deux religieux, jeunes d'aage et de mœurs ayant estez seignez et n'assistant au chœur ce jour là, selon la coustume, s'assirent dans l'eglise apres midy devant l'autel de la Ste Trinité pour là reciter leur office; mais comme ils estoient plus joyeux qu'il ne falloit pour lors, de sorte qu'ils n'apportoient la devotion, attention ou reverence requise au service divin, voicy en un instant qu'ils apperceurent comme une grande flamme de feu sortir de l'autel et se lancer droict sur leurs testes, les eschauffant de telle façon qu'il leur sembloit, ainsy qu'ils confesserent depuis, qu'elle leur brulast et emportast leurs cheveux; et furent en cette façon si bien reprimées leurs legeretez que depuis ils furent plus devots à reciter leur office et apprirent par ce signe visible que les Anges, lesquels le

---

[1] Mss. II₉ Fol 31, Δ Fol. 14, RR Fol. 146 λ Fol. 31.

Psalmiste appelle flammes de feu, nous sont presents lorsque nous faisons oraison.

CHAPITRE DOUZIESME.

Un homme perclus de ses membres est guery en cette eglise[1].

L'an mil cent quarante-six, le mercredy après l'octave de la Resurrection de nostre Seigneur, sur le midy, un pelerin nommé André natif de la ville de Foulgeres, veint visiter cette eglise par devotion, ayant les bras, les pieds et tous les doigts retors et les nerfs tellement retirez que difficilement pouvoit il manier quelque chose. Et voicy que soudain entrant en icelle, son baston avec lequel il s'appuyoit tellement quellement s'eschappa de ses mains et se sentit, d'autre part, tellement tourmenté et gehenné en toutes les parties de son corps qu'il ne sçavoit de quel costé se tourner, que dire ou devenir. Seulement s'escrioit-il de toutes ses forces, et jettoit des profonds soupirs si horribles, vehemens et espouvantables qu'il esmouvoit à compassion et tiroit les larmes non seulement de ceux qui estoient autour de luy mais aussy de ceux qui l'enten-

[1] Mss II$_9$, Fol. 32 Δ Fol. 16 RR. Fol. 148.

doient de loin. Prosterné ainsy devant l'autel St Michel, il imploroit l'ayde de ce St Arcange et le supplioit d'interceder pour luy envers nostre Seigneur. Enfin ces clameurs estant quelque peu appaisez, un des religieux qui estoit venu à ce bruit l'interrogea comment cette infirmité luy estoit arrivée. Et iceluy luy respondit en ces termes : Le jour devant la cene de nostre Seigneur, chauffant le four, pour cuire du pain pour ceux de ma famille, je devins soudainement tout gourd et roide, ainsy que voyez, et lors comme si mille lances m'eussent transpercez, je tombay par terre comme mort. Quelque temps après revenu à moy, je me resolus de venir en pelerinage en ce Mont et de supplier les religieux de prier Dieu pour moy. Mais, ô malheureux que je suis! voilà maintenant que je sens deux fois autant de douleurs. Le sacristain nommé Richard, qui entendoit ce propos, luy conseilla de se confesser, luy disant qu'en la confession tous pechez sont nettoyez et que, s'il faisoit ce qu'il luy conseilloit, il recouvreroit au plus tost la santé tant de l'ame que du corps. Ayant donc faict venir un prestre nommé Martin, il luy declara et confessa tous ses pechez avec grands soupirs et abondance de larmes, et en receut l'absolution; puis aspergé par trois fois d'eau benite, à la troisiesme fois, soudain les doigts de ses mains craquetans se remirent en leurs lieux ordinaires et naturels avec une telle vehemence, que cet homme de douleurs et d'angoisses tomba en pasmoison et comme mort devant l'autel. Ce qui fut cause qu'on appella vistement tous les religieux lesquels, estans venus, la douleur de cet homme estant quelque peu appaisée, rendirent graces à Dieu et à St Michel de ce que ses membres estoient si bien rejoincts et le consolerent : Et finalement, ayant petit à petit recouvré ses forces, s'en retourna sain et joyeux en son pays.

CHAPITRE TREIZIESME.

Plusieurs merveilles veües en cette eglise en divers temps [1].

Souventefois on a entendu les anges dans cette eglise du Mont chanter les louanges divines, Bernier religieux de céans, homme de grande religion et saincteté, confirma cela l'an mil cinquante, les ayant luy mesme entendu chanter plus d'une heure le *Kyrie eleison* avec une telle harmonie qu'il luy sembloit estre desjà au ciel. Une semblable merveille fut ouye et remarquée l'an mil deux cens soixante et trois [2].

L'an mil cent deux, le seiziesme d'octobre, durant la nuict, plusieurs de près et de loin virent en forme de colonne brillante l'Arcange St Michel, selon qu'ils estimerent, passer à travers de cette eglise.

Le mardy, devant le jour des Cendres, le dix-septiesme

---

[1] Mss. II', Fol. 32 — F. RR Fol. 148.
[2] Mss λ. Fol. 31. Δ fol. 15.

de febvrier de l'an mil deux cens septante, il arriva bien d'autres merveilles, car pour lors les religieux de ce Mont estans retirez dans le dortoir après matines selon l'ordinaire, l'air qui estoit fort serain fut incontinant remply d'une grosse pluye, et on entendit trois coups de tonnerres si forts et vehements que jamais personne n'en avoit entendu de tels, lesquels neantmoins, chose admirable! ne furent entenduz que de ceux de ce Mont [1]. Les religieux tout espouvantez de ce bruit entrerent à [la] haste dans l'église cryans de frayeur et de crainte et entrans en icelle plusieurs virent tournoier autour du grand autel certaines figures de feu. Passans outre tous sonnerent les cloches et se prosternerent devant Dieu, le supplians de les prendre sous sa protection. Cela faict, quelques uns furent au porche de l'eglise et virent dessus icelle les anges en forme de feu; de quoy ils advertirent les absens, et tous rentrerent dans l'eglise pour louer et benir Dieu de ces merveilles, puis rentrerent dans le dortoir où ils ne purent reposer à cause de certains bruits qu'ils entendoient sur iceluy dont ils ne purent connoitre la cause. La nuict se passant durant ces choses, le jour commença à poindre et on entra au chœur pour chanter prime; puis on fut au cloistre pour estudier, d'où un d'entre les freres regardant dessus l'église apperceut sortir de la croix qui estoit au dessus du clocher une flamme de feu, ce que monstrant aux autres, tous plorans prierent St Michel et les Saincts,

[1] Mss II 9 Fol. 34 A Fol. 17. RR Fol. 149.

desquels il y avoit des reliques dans cette croix, de preserver l'eglise du danger du feu : car cette flamme ardoit au milieu de la croix et bruslant les deux bras d'icelle lorsqu'elle fut parvenue aux endroicts où il y avoit des reliques des Saincts, elle s'estingnit et ne put faire aucun tort aux reliques, lesquelles on trouva par après sur l'eglise sans aucun changement. Ainsy se passerent toutes ces merveilles. Vers le mesme temps, au raport de Robert Gaguin, en la vie de Sainct Louys roy de France, il tomba du ciel une petite pierre sur le Mont-St-Michel, sur laquelle estoit gravé le très-adorable nom de Jesus. Icelle fut posée sur les yeux de quelques aveugles qui incontinant recouvrerent la veue. Un honneste homme d'Avranches a mis cela en ses remarques du Mont-St-Michel : mais j'ay cherché dans Gaguin, et ne l'ayant trouvé, je croy que c'est une fable.

CHAPITRE QUATORZIESME.

Une femme qui ne pouvait marcher sans potences est guerye [1].

L'an mil trois cens trente trois, vers les festes de Pentecoste, une femme qui dès long temps avoit perdu les forces du corps et ne pouvoit marcher sans anilles,

[1] Mss. II, Fol. 35. Δ Fol. 28. RR Fol. 488.

ayant sceu que sa voisine deliberoit de venir en pelerinage à cette eglise, luy dit qu'elle desiroit y venir aussy et qu'elle luy tiendroit compagnie. Ce qu'entendant, elle se sousrit et luy dit : Et comment pourriez vous venir vous qui estes si foible et debile et qui desirez une chose que ne pouvez nullement accomplir? — A quoy respondant l'infirme : je croy fermement, dit-elle, que Dieu, par l'intercession de son glorieux Arcange, me peut donner des forces pour accomplir mon desir; et disant cela, elle jetta loin de soy les potences dont elle s'appuyoit et sentit soudain tous les membres de son corps tellement consolidez qu'elle se delibera courageusement d'y venir à pied sans aucun autre ayde humain, ce qu'elle fit, et estant arrivée devant le grand autel St-Michel, elle remercia avec grande devotion nostre Seigneur et son Arcange St Michel, de la santé qu'elle avoit recouverte.

CHAPITRE QUINZIESME.

Un enfant aagé de vingt et un jours dit qu'on l'apporte en ce Mont [1].

La mesme année une mere qui allaictoit son enfant aagé de vingt et un jours ou environ, l'ayant accomodé

[1] Mss. II. Fol. 36 et △ Fol. 28.

et agencé nettement dans ses langes, selon qu'on a coustume d'eslever les petits enfans, iceluy, comme s'il eut esté aagé de vingt ans, luy dit d'une voix fort intelligible et bien articulée ces paroles : *Ma mère, portez moy au Mont-St-Michel.* Cette mere grandement estonnée, et ce n'est de merveille, publia dès l'heure ces paroles par tout le voisinage et vint en cette eglise, apportant son petit poupon, où elle raconta cette merveille.

CHAPITRE SEIZIESME.

Une femme est possédée du diable pour s'estre moquée des pelerins qui venoient en ce Mont et puis est delivrée par l'invocation de St Michel [1].

La mesme année, en la ville de Chartres, une femme superbe et malapprise se moquoit et rioit d'une bande de petits enfans qui venoient en pelerinage en cette eglise et, cryant après eux, leur disoit qu'ils estoient fols et que ce qu'ils faisoient ne provenoit que d'une legereté et phantasie d'esprit, adjoustant avec malediction qu'ils s'en retournassent chez eux. Mais à peine avoit elle achevé les blasphemes et imprecations qu'elle leur chantoit que le diable se saisit de son corps et

---

[1] Mss. II, Fol. 36. Δ Fol. 29. RR Fol. 186.

la tourmenta tellement qu'un chacun pensoit qu'elle fut morte. Ce que voyans les amys de cette femme, ils supplierent devotement Dieu, la Ste Vierge et l'Arcange St Michel de prendre compassion de ceste pauvre miserable et de luy restituer sa pristine santé; et qu'icelle, lors qu'elle se porteroit bien, viendroit en cette eglise pour demander pardon du peché qu'elle avoit commis. Alors Dieu qui ne veut la mort du pecheur, mais qu'il se convertisse et qu'il vive, regardant cette femme des yeux de sa miséricorde, chassa d'icelle le maling esprit. Adonc, reconnoissant sa faute, elle ne voulut encourir le vice d'ingratitude, de peur de retomber, ains se mit aussy tost en chemin et arriva, saine et joyeuse, en cette eglise où elle remercia Dieu qui chastie ceux qu'il ayme afin qu'ils ne se perdent.

CHAPITRE DIX SEPTIESME.

Plusieurs personnes ayans disné et n'ayans de quoy payer leur escot, l'hostellier est payé miraculeusement[1].

La mesme année, une multitude de petits garçons venans en pelerinage en cette eglise arriverent un jour en un certain village où entrans dans l'hostellerie ils

---

[1] Mss. II. Fol. 36. △ Fol. 29 RR Fol. 187.

s'assirent à table et beurent et mangerent suffisamment, depensans six sols en tout (somme grande en ce temps là). A la fin du disner, n'ayant de quoy payer, ils ne demanderent à compter mais à sortir. Mais l'hostellier les retint et leur dit qu'il vouloit estre tot payé. Eux n'ayans de quoy le satisfaire, imploroient sa misericorde, et le supplioient d'avoir compassion de leur pauvreté. Mais l'hostellier qui aymoit mieux qu'on le satisfit d'argent que de belles paroles ne prit point plaisir à ces discours. Voyant donc qu'il ne pouvoit recevoir d'eux aucun payement, il leur dit qu'en vérité il les puniroit selon qu'ils le meritoient. Et cela dit, commençant par le premier, il donna à chacun d'eux un bon soufflet, puis les mit hors de sa maison. Cela fait, il s'en alla retirer la nappe sur laquelle ils avoyent disné, et, chose admirable! il vit une plus grande quantité de morceaux de pain qu'il ne leur devoit rester naturellement et trouva dans un verre six sols, ce que considerant, il fut marry d'avoir souffleté ces petits pellerins, et prenant l'argent il courut après eux et le leur offrit, leur demandant pardon. Mais eux le refuserent et louans Dieu, joyeux, sains et gaillards, arriverent, quelques jours après, en ce Mont où ayant faicts leurs devotions ils s'en retournerent en leur pays, rendans graces à celuy qui donne à manger aux fameliques et delivre les captifs.

CHAPITRE DIX HUICTIESME.

Plusieurs de divers pays esloignez sont excitez divinement de venir en pelerinage en cette eglise [1].

La mesme année, une chose advint grandement admirable et est telle. Une innombrable multitude de petits enfans qui se nommaient *pastoureaux* veinrent en cette eglise de divers pays lointins les uns par bandes, les autres en particulier. Plusieurs desquels asseuroient qu'ils avoyent entendu des voix celestes qui disoient à chacun d'eux : *Va au Mont-St-Michel*, et qu'incontinant ils avoyent obeys, poussez d'un ardent desir, et s'estoient dès aussy tost mis en chemin, laissans leurs troupeaux emmy les champs, et marchants vers ce Mont sans dire adieu à personne. Le religieux qui nous a laissé par escript tous les miracles qui arriverent ceste année mil trois cens trente trois dit : Nous avons veu un prestre ceste année, lequel nous dit que, voyant tous ses parroissiens epris de ce desir si subit, il tacha de les faire attendre quelque peu et à les exhorter qu'ils pensassent meurement au voiage qu'ils alloient faire, mais que perdant sa peine, il s'achemina vers son logis guere

---

[1] Mss. II₉ Fol. 37. Δ Fol. 30. RR Fol. 189.

distant de l'assemblée où il n'estoit encore arrivé, que soudain il delibera d'y vénir aussy, mais avec un tel desir, que, sans entrer en sa maison, il rebroussa chemin, vint visiter cette eglise avec eux où il dit la saincte Messe, à laquelle assisterent ses parroissiens. Une semblable merveille arriva l'an mil quatre cens cinquante sept, comme nous disons plus bas.

CHAPITRE DIX NEUFIESME.

Du Pain multiplié [1].

La mesme année, treize pastoreaux qui venoient de fort loin en pelerinage en cette eglise passerent par un village nommé Dyssié où ils se reposerent et acheterent un pain de deux deniers tournois pour prendre leur refection et s'assoians les uns près les autres le couperent et distribuerent par entre eux egalement. Or, bien que les portions d'un si petit pain ne parussent presque point dans les mains d'un chacun d'eux et qu'un chacun eut pu manger sa part en une bouchée, ne rassasiant nullement sa faim mais l'excitant plus tost, neantmoins celuy qui de cinq petits pains rassa-

[1] Mss. ll₅ Fol. 38. Δ Fol. 31 RR Fol. 189.

sia cinq milles hommes, renouvellant ses merveilles, multiplia tellement la portion d'un chacun que ces treize petits enfants en mangerent tout leur saoul, et eh ayant beaucoup de reste, le garderent soigneusement dans leurs petits bisacs. Ce miracle fut veu par des hommes dignes de foy habitans dudit village, lesquels, ayant veu ces pelerins achepter ce petit pain, les avoyent exhortez à la departir fidelement entre eux. Et ces hommes, venants aussy en pelerinage, asseurerent aux religieux de cette abbaye qu'ils avoyent estez tesmoins oculaires de ce miracle.

CHAPITRE VINGTIESME.

Deux enfans empeschez par leurs parents de venir visiter cette eglise meurent de regret [1].

La mesme année au diocese de Sées proche le village nommé Eschouchié, il y avoit deux enfants lesquels desiroient fort venir en pelerinage en ceste eglise et vouloient au plus tost se mettre en chemin quoyqu'ils n'en eussent la permission de leurs parens. Ce que considerans leur pere et mere, ils voulurent refrener ce desir tant vehement, lequel, ainsy qu'il leur

---

[1] Mss. II° Fol. 38, RR. Fol. 185.

sembloit, excedoit les bornes de la moderation. A ceste fin il les enfermerent sous la clef dans une petite chambre, esperans que cette subite emotion s'adouciroit. Et certe elle s'adoucit voyerement, ou plustost s'esteingnit du tout, mais helas! d'une estrange maniere. Car quelque peu de temps après, leur pere allant voir s'ils n'auroient point changez de resolution, en ouvrant les portes de la chambre, les trouva roides morts gisans par terre, ayant les mains estendües vers le ciel comme s'ils eussent imploré l'ayde de St Michel, lequel (ainsy qu'il est croyable) receut leurs ames et les conduisit au ciel : une tant ardente devotion leur ayant esté reputée pour meritoire.

CHAPITRE VINGT ET UNIESME.

Un enfant torticolis guery par l'intervention de l'Arcange St Michel [1].

La mesme année, un homme digne de foy entra en cette eglise, quelques jours après la feste St Aubert, menant son petit fils par la main et ayant faict ses devotions devant l'autel St Michel il dit et asseura aux religieux de ceans ce qui s'ensuit : Messieurs, mon

---

[1] Mss. IIe Fol. 38 RR. Fol. 189.

petit fils que voilà a eu long temps le col tourné tout de travers, si bien qu'au lieu de voir devant soy il voyoit derriere. De quoy estant fort marry, j'ay donné beaucoup d'argent aux medecins à ce qu'ils tachassent de le guerir. Mais ne luy ayans peu donner soulagement j'ay imploré de tout mon possible l'ayde du glorieux Arcange St Michel, à ce que, par son intercession, il plût à Dieu redresser le col de ce mien fils, luy promettant que je viendrois visiter cette eglise avec mon fils, et dès aussy tost que j'eu faict ce vœu, son col se remit en son lieu naturel. sans aucune apparence du mal precedent, ainsy que voyez.

CHAPITRE VINGT DEUXIESME.

Un homme est puny divinement pour avoir empesché des petits enfants de venir en pelerinage en cette eglise, et puis est guery par l'invocation de St Michel [1].

La mesme année, à Mortain en Perche, un homme vouloit finement empescher des petits enfants qu'il tenoit en pension chez soy de venir en pelerinage en cette eglise, ainsy qu'ils desiroient avec grande devotion. Mais dès aussy tost qu'il leur eut deffendu de

---

[1] Mss. II, Fol. 39. RR Fol. 190.

sortir, il devint muet et demeura immobile sans qu'il luy restat aucun sentiment. Ce que voyans ses amys, ils le porterent à l'eglise où, revenant à soy, il fut marry de ce qu'il avoit faict, et du profond de son cœur promit tacitement que, si Dieu luy redonnoit les forces corporelles, il viendroit pieds et teste nue visiter cette eglise du Mont. Ce qu'ayant promis, il recouvra ses forces comme auparavant, puis se mit en chemin et vint en cette eglise demander pardon à l'Archange St Michel de ce qu'il avoit empesché des petits innocents de venir visiter son eglise et le remercier des forces corporelles qu'il avoit recouvertes par son intercession.

CHAPITRE VINGT TROISIESME.

Trois tailleurs de pierres se moquans des petits pelerins de St Michel, sont punys et puis guerys par l'invocation du mesme Arcange[1].

La mesme année, au village de Sordeval, il y avoit trois tailleurs de pierres lesquels devisans ensemble se moquoient des pastoreaux et pelerins qui venoient visiter cette eglise et disoient que telles gens estoient enchantez et deceus par arts magiques ou autres sorti-

[1] Mss. II. Fol. 40 et RR. Fol. 190.

leges qui faysoient ainsy voyager les hommes. Mais nostre Seigneur Jesus-Christ qui se moque des moqueurs permit la nuict suivante qu'ils sentissent des douleurs telles en leurs corps que, croyans en mourir, ils se vouerent à Dieu et à St Michel et promirent que, s'ils en reschappoient, ils ne manqueroient de venir en pelerinage en cette eglise. Ce vœu faict, ils recouvrerent leur santé, puis l'accomplissans dirent aux religieux tout ce que dessus.

CHAPITRE VINGT QUATRIESME.

Un homme sourd et muet dès sa naissance recouvre l'ouye et la parole dans cette eglise [1].

La mesme année, le lundy du vingt huictiesme jour de juin, veille de St Pierre et St Paul, entre le temps de nonne et vespres, une bande de pelerins composée de vingt sept personnes tant hommes que femmes arriva en cette eglise, et estoit partie d'un village nommé Sap au diocèse de Lizieux. En icelle il y avoit un homme aagé de vingt cinq ans ou environ, natif de la ville de Caen, sourd et muet dès sa naissance, selon

[1] Mss. II° Fol. 41, Δ Fol. 31. RR Fol. 184.

son tesmoignage et de tous ceux qui l'avoient connu et demeuré avec luy, envers lequel Dieu fit paroistre sa puissance. Car dès aussitost qu'il se fut mis à genoux devant l'autel St-Michel, incontinant sa langue fut deliée et ses oreilles debouchées, et s'en allant auprès la chapelle St-Jean l'Evangeliste il ouvrit sa bouche avec un fort grand bruit et rugissement et dit : *Sainct Michel, aydés moy*. Ce qui remplit d'admiration tous ceux qui l'avoyent connu, et le bruit de ce miracle se divulgant de tous costez, les religieux furent appellez pour voir cette merveille. Iceux s'enquirent diligemment tant de cet homme que de ceux de sa compagnie comment le tout s'estoit passé et apprirent par leur serment qu'iceluy avoit esté muet et sourd depuis sa naissance jusques alors. Pour voir si cela estoit vray, ils luy demanderent comment on le nommoit. Il respondit qu'il ne sçavoit, et entendant la populace qui disoit qu'il le falloit nommer *Pierre* à cause que ce jour là estoit la veille de St Pierre, il dit qu'on l'appelleroit *Pierre* et non autrement. Cela faict, on le retint plusieurs jours en ce Mont pour mieux connoistre si la vérité estoit qu'il n'avoit ouy ou parlé jamais et, estant très evidente, on redigea par escrist ce miracle que nous avons icy descript succinctement.

CHAPITRE VINGT CINQUIESME.

Un homme perd la parole venant en pelerinage en cette eglise et la recouvre devant l'autel St-Michel [1].

La mesme année, le mercredy l'endemain de la susditte feste St Pierre et St Paul, à l'heure de complies, se presenterent devant l'autel St-Michel avec grande devotion trente pelerins, tant hommes que femmes, de Mortain en Perche, l'un desquels parloit très articulément et facilement, partit de son pays, mais aussy tost qu'il fut arrivé sur la montagne nommée Mont-Joye distante de six lieues de ce Mont-St-Michel, d'où ceux qui viennent desdits quartiers apperçoivent premièrement cette eglise, où il avoit prevenu les autres pour la voir le beau premier, il s'esmeut tellement et conceut un si ardent desir d'y estre desjà qu'il en perdit la parole et ne dit oncques un seul mot jusques à ce qu'il fut arrivé en cette eglise devant l'autel Sainct-Michel où il recouvra la parole en presence de plusieurs pelerins et des religieux qui achevoient lors l'heure de complies.

[1] Mss. II9 Fol. 43. Δ Fol. 35 RR Fol. 187.

CHAPITRE VINGT SIXIESME.

Une femme differant le voyage qu'elle voulait faire en ce sainct lieu devient muette, et le poursuivant recouvre la parole [1].

La mesme année, en la ville de Coustances une femme desira venir en pelerinage en ceste eglise et tant ardemment que jaçoit que son mary, nommé Robert Le Serrurier, fut extremement malade, neantmoins quittant toutes choses, elle sortit de la ville bien déliberée d'accomplir son voyage. Mais un chacun trouvant cela fort estrange, et de plus voyant que son mary tiroit à la fin, on envoya après elle, qui estoit desjà à demye lieue de la ville, un serviteur pour la rappeller et luy dire qu'elle vint voir mourir son mary. Ces paroles l'ayant touchée au cœur, elle resolut de retourner, et voicy qu'au mesme temps elle perdit la parole. Neantmoins ne faisant aucune reflection sur cette punition, elle retourna en sa maison, sans dire un seul mot, de quoy ses parents s'esmervellerent grandement. Et voulant y apporter quelque remede, ils la menerent à l'eglise cathedrale devant l'autel de Nostre Dame du Puy ou, par l'invocation de la Vierge, il se faisoit plusieurs miracles, et là ayant passé un bon

[1] Mss. II, Fol. 44. △ Fol. 35.

espace de temps sans aucun amendement (car Dieu reservoit ce miracle pour son Arcange) un chapelin de ladite eglise la conseilla de poursuivre le voyage qu'elle avait promis de faire. A quoy condescendant aysément, elle se mit en chemin, l'an susdit le quatriesme de juillet, et estant parvenue au lieu où elle s'en estoit retournée en son logis elle recouvra la parole, ce qui l'excita davantage à poursuivre son chemin vers ce Mont où elle arriva le lundy au soir, cinquiesme jour de juillet; et fit ses prières devant l'autel St-Michel, publiant partout ce qui luy estoit arrivé.

CHAPITRE VINGT SEPTIESME

Une femme aveugle depuis six ans recouvre la veüe [1].

La mesme année, le cinquiesme de juillet, Gilles, veufve de Maurice Aubert, native de la ville de Bayeux en la paroisse Saincte Marie Madelene, estant aveugle, depuis six ans, entendit parler des grands miracles que Dieu faisoit en ceste eglise par l'invocation de St Michel, ce qui la fit resoudre de faire vœu d'y venir, et incontinant qu'elle l'eut faict, elle recouvra la veüe, de

---

[1] Mss. II. Fol. 45. ⋏ Fol. 36. RR Fol. 187.

quoy benissant Dieu, elle se mit aussy tost en chemin en compagnie de plusieurs, racontant à un chacun et aux religieux de ce Mont ce qui luy estoit arrivé.

CHAPITRE VINGT HUICTIESME.

Une mere empesche sa fille de venir en pelerinage et pour cela perd la parole, puis invoquant St Michel la recouvre [1].

La mesme année, la femme d'un nommé Richard Hugier, de la parroisse de la Poterie au susdit diocese de Bayeux. empescha sa fille de venir en pelerinage en cette eglise. De quoy cette fille grandement affligée, perdit la parole, tomba en pasmoison et son visage devint comme noirrastre. Peu après, par la misericorde de Dieu, et à cause de l'ardente devotion qu'elle portoit à St Michel, elle recouvra la parole et revint à soy, mais, tout incontinant, sa mere cessa de parler et depuis ne put oncques dire un seul mot jusques à ce que, venant avec sa fille visiter ceste eglise, elle fit son oraison devant l'autel St-Michel où elle recouvra la parole. Ces quinze derniers miracles furent faicts entre la Pentecoste et le sixieme jour de juillet suivant. Et

[1] Mss. II₉ Fol. 46 Δ Fol 37. RR Fol. 188.

certes on pourroit dire que St Michel en avoit donné un signe lors que la derniere feste de la pentecoste de l'an susdit, il fit paroistre une grande clarté sur le clocher de ceste eglise, le ciel estant remply de tonneres et d'esclairs et les cataractes des cieux semblants se vuider pour abismer ce rocher [1]. Ces tempestes neantmoins ne firent aucun tort, non pas mesme au plus petit logis, ce qui fut tenu pour trèsmiraculeux. Que si depuis la fondation de ceste eglise et l'apparition de St Michel à St Aubert il se fut rencontré des personnes qui eussent couché par escript chaque année tous les miracles faicts en ceste église, comme nous voyons avoir esté faict ceste année, nous en voyrions maintenant un nombre infini.

CHAPITRE VINGT NEUFIESME.

Un pelerin est delivré de faire naufrage [2].

Du temps de Pierre Leroy, abbé de ce monastere, un pelerin venant visiter cette eglise, fut surpris du flux de la mer, et ne trouvant par où se sauver fut enlevé des flots luy et son cheval tellement qu'il pen-

[1] Mss. II₉ Fol. 35. Δ Fol. 37. RR Fol. 188.
[2] Mss. II₉ Fol. 46 Δ F. 38 RR F. 191.

soit n'en eschapper jamais. Pendant ce desastre il supplioit St Michel de luy ayder sans que les flots de la mer desistassent cependant de le virer et tournoyer de part et d'autre avec son cheval de sorte qu'ils le jetterent jusques au Pont aux Baulx et de là jusques auprès du roc de Tombelaine puis du costé de ce Mont, par où estant emporté, le peuple qui le regardoit avec compassion, l'entendoit crier et supplier Sainct Michel en cette sorte : *Sainct Michel, aydes moy et je iray à ta mercy !* De ce Mont la mer le rejeta finalement vers Tombelaine où, par les merites et intercession de St Michel, il fut trouvé sain et joyeux auprès de son cheval qui estoit mort.

CHAPITRE TRENTIESME.

Un autre pelerin delivré semblablement des ondes de la mer [1].

Vers le temps susdit, un autre homme se trouva en semblable danger et de devers ce Mont fut porté à nage sur son cheval jusques auprès Sainct Jean Le Thomas, sans que luy ou son cheval eussent receus aucun dommage, et ce, par l'intercession du glorieux Arcange

[1] Mss. II, Fol. 46. Δ Fol. 38 RR. Fol. 191.

St Michel, selon qu'il confessa venant rendre grâces à Dieu et au glorieux Arcange du bienfaict qu'il avoit receu et asseura que depuis qu'il se fut recommandé à St Michel il n'eut aucune peur de la mer ny de ses flots; bien qu'il vit clairement qu'il estoit en un lieu d'où nul homme, jaçoit que monté à l'advantage, n'eut pu jamais evader la mort sans l'assistance divine.

Beaucoup d'autres personnes navigeans sur la mer eussent plusieurs fois estez engloutis de ses ondes si Saint Michel, auquel ils se recommandoient, ne les eut secourus. Et ce vieux navire qu'on voit en la nef de cette eglise vis à vis de la grand'porte suffit entre mille pour nous en rendre tesmoignage.

CHAPITRE TRENTE UNIESME.

D'une femme qui demeura trente six heures en la mer sans estre noyée [1].

Le cardinal Guillaume d'Estouteville ayant obtenu du Pape cette abbaye en commande, jaçoit qu'il n'en fut si tost paisible possesseur, désira neantmoins faire paroistre sa devotion envers cette eglise et le desir qu'il avoit qu'un chacun recourut au glorieux Arcange St

---

[1] Mss II₉ Fol. 48. Δ Fol. 39.

Michel. A cet effet, l'an mil quatre cens quarante cinq le vingt et uniesme jour d'aoust, il impetra du Pape Eugene quatriesme une bulle par laquelle Sa Sainctété octroyoit indulgences plenieres à tous ceux qui, contrits et confez de leurs pechés, visiteroient l'eglise de ce monastere la veille ou le jour de l'apparition de St Michel au Mont-Gargan ou de la dedicace de ce sacré temple basty sur le haut de ce rocher et l'envoya incontinant en ce monastere où elle fut reçeue et publiée tant en ce Mont qu'aillieurs, afin que plusieurs pussent estre participants de ces sacrez thresors. Occasion pourquoy une innombrable multitude de personnes de divers estats et conditions y aborderent de tous costez la mesme année le quinziesme et le seiziesme d'octobre. Et entre autres une femme de la parroisse de Sessons, diocese de Rennes, y vint le quinziesme jour d'octobre, veille de la dedicace de ce sacré temple, où elle fit ses prieres avec son mary et un de ses enfants. Mais par après descendant de ce Mont, elle perdit sa compagnie dans la foulé du peuple qui montoit et descendoit et ne la put retrouver. Fort triste de cet accident, elle sortit de la ville pour s'en retourner, mais ne sçachant les chemins et ne se connoissant au changement des greves, au lieu d'aller droict à Pont-Orson, ainsi qu'elle desiroit et vouloit, elle s'en alla vers Courteil et demeurant toute estourdie, saisie de tristesse et d'ennuy de la perte de son mary et de ce qu'elle ignoroit par où elle devoit aller, n'ayant l'esprit de demander le chemin, elle s'arresta et coucha sur les greves en un lieu où, ces jours là, la mer faisoit son flux et reflux.

Gisant ainsy par terre toute hors de soy, il plut au glorieux Arcange St Michel la prendre sous sa protection et bien que la mer l'environnast de ses ondes de tous costez par trois divers flux et reflux qui arriverent durant les trente six heures qu'elle fut couchée, neantmoins elle n'en fut aucunement incommodée, et la place où elle estoit estendue, demeura cependant à sec jusques à ce que, le lendemain de la dedicace, à sçavoir le dix septiesme d'octobre, la mer s'estant retirée de dessus les grevès, un laboureur nommé Michel Cornille, d'un village prochain de ce Mont, passant par là, apperceut cette femme et doutant si elle estoit morte ou non, il la porta en sa maison, fit allumer un bon feu et la mit reschauffer auprès, où reprenant ses esprits et revenant à soy, le premier mouvement qu'elle fit fut de retirer son pied en arriere à cause de la chaleur. Et peu à peu, par la charité de ce bon homme, recouvra ses forces, commença à parler et à raconter ses desastres. Durant que toutes ces choses se passoient, son mary qui estoit aussy en peine à la chercher qu'elle à le trouver, s'en alla avec son fils en sa maison, esperant qu'elle y arriveroit devant ou tost après. Mais n'en entendant aucune nouvelle, il s'atrista de plus en plus et revint jusques en ce Mont pour s'enquerir d'elle. Et faisant ses enquestes ès villages circunvoisins, il la trouva en bonne santé. De quoy tous deux fort joyeux veinrent rendre graces à Dieu et à St Michel auquel ceste femme s'estoit recommandée, et raconterent tout ce que dessus aux religieux de ceans en presence de Thomas Verel, inquisiteur de la sainte foy, Jean Naudet, Jean Fouchier et Estienne de la Porte, tous quatre docteurs en théologie, lesquels examinerent diligemment cet acte et toutes les circonstances et seignerent que vrayment c'estoit un grand miracle digne d'estre presché et registré pour la plus grande gloire de Dieu et exaltation de son St Arcange, qui par telles merveilles nous declare assez combien luy sont agreables ceux qui visitent par devotion cette sienne eglise.

CHAPITRE TRENTE DEUXIESME.

De la clarté de Sainct Michel [1].

Il y a plus de cinq cens ans qu'on parle en ces quartiers de la *clarté de St Michel,* et ce commun dicton est provenu de ce que plusieurs fois on a veu sur ce Mont et sur le haut de cette eglise des lumieres celestes en plain minuict qui rendoient cette place aussy claire qu'elle est au plus beau jour d'esté, en plein midy, lorsque le soleil n'est empesché par les nuées de darder ses rayons à plein sur icelle. Plusieurs qui sont encore vivans disent qu'ils ont veu quelquefois arriver

[1] Mss. II, Fol. 49 △ Fol. 40 ⚹ Fol 10.

cette clarté, ce que nous croyons. Mais en ce qu'ils disent qu'elle n'arrive que quand quelques ennemis veulent surprendre la place, c'est chose que nous ne croyons. A la verité nous leur concedons facilement qu'elle paroit quelquefois pour donner l'espouvante à ceux qui veulent escalader ce Mont, car comme il n'y a rien plus contraire à ceux qui veulent faire quelque mal que la lumière, selon le commun proverbe et le tesmoignage de St Jean, qui dit : *Qui male agit odit lucem*; aussy St Michel les met facilement en deroute par cette clarté miraculeuse. Nous disons donc que la clarté que nous appelons de St Michel paroit toutes et quantes fois qu'il plaist à Dieu et que c'est pour exciter les mortels à honorer ce St Arcange et à avoir recours à luy en cette eglise en leurs necessitez. Cela presupposé, rapportons icy une de ces clartez selon que nous l'a laissé par escript un des religieux de ceans qui la vit commencer et finir. L'an mil quatre cens cinquante deux, le vendredy, troisiesme jour de novembre, sur les neuf heures du soir, après que les religieux de ceans se furent retirez dans le dortoir, un chacun dans sa celle, selon la coustume desjà dès lors introduite en cette abbaye, complies finies, estans couchez, quelques uns d'entre eux estant desjà endormys et les autres non encore, le temps estant pour lors fort serin, on entendit soudainement tomber une grande abondance de pluyes et de gresles et un esclat de tonnerre donner contre la tour du clocher avec une telle vehemence que tous de frayeur se levants de leurs licts pensoient estre proches de l'heure de la mort. De ce pas ils coururent à l'eglise comme aussy tous les serviteurs et hommes du monastere. Estans là, les uns monterent au clocher pour voir si le tonnerre n'y auroit faict aucun tort, ainsy qu'il a souvent coustume de faire, et les autres s'en allerent au porche de l'eglise où est maintenant le *Sault-Gaultier*, d'où regardans sur le clocher, ils virent sur la croix d'icelle une clarté spatieuse et longue à guise d'une flamme de feu ardent et, sur chaque croix des pyramides, des petites clartez de maniere que bien qu'il fut nuict et que le temps, à cause des gresles, pluies et tempestes qu'il faisoit, fut obscur, ce neantmoins dans ce monastere on y voyoit aussy clair comme si c'eut esté en plein midy lors que le temps est serin. Ce qui faisoit croire à ceux de dehors qui voyoient cette grande clarté que tout le monastere estoit reduit en feu : elle dura une demye heure et fut veue de tous ceux de ce Mont et de ceux des environs. Et durant ce temps les petites clartez qui estoient sur les croix des pyramides s'en allans joindre avec la grande clarté qui estoit sur la grande croix du clocher, on entendit un grand coup de tonnerre plus horrible et beaucoup plus espouvantable que le premier contre le susdit clocher de sorte que tous les religieux saisis d'effroy, les uns tomberent par terre, les autres contre les murailles et ceux d'en bas croyoient que ceux qui estoient monté au clocher fussent morts. Tous neantmoins, par la grace de Dieu et intercession de St Michel, n'eurent aucun mal, et la tour du clocher ne fut nullement endommagée. Incontinant après, cette clarté disparut montant peu à peu vers le ciel, et tout s'estant passé, ainsy que nous avons dit cy dessus, un chacun rendit graces à Dieu et à l'Arcange St Michel et aux saints dont il y avoit des reliques en la croix du clocher, et cela faict tous se retirerent dans leurs chambres. Celuy qui nous a laissé par escript cette merveille dit qu'une semblable clarté est souvent apparue sur la susditte tour durant que l'air estoit agité de pluyes, gresles et tempestes et qu'elle paroit si souvent durant que tels orages arrivent qu'en ces quartiers on l'appelle communement la *clarté St Michel* : ce que nous voyons estre vray.

(Nous aprenons de plus par un manuscrit qui fut fait par un moyne de ce Mont, il y a plus de deux cents ans, que souvent l'on a veu l'Archánge St-Michel en l'air dessus cette montaigne combattre avec le diable durant que le temps estoit agité de fouldres et tempestes, et veritablement nous avons des marques si augustes de cette protection angelique que personne n'en peut douter. Depuis cinq ou six ans l'on a veu tomber le tonnerre quinze fois sur cette eglise sans y faire aucun tort. Nous trouvons semblablement par escrit que pendant les guerres des Anglois et des Huguenots plusieurs ayant esté envoiez pour surprendre cette place, estans proche de ce rocher, ont changé soudainement de volonté ou se sont veu destituez de force corporelle. De plus nous avons bon tesmoingnage qu'en ces quartiers le feu ayant consommé plusieurs fois et reduit en çendre des maisons entieres, des petits enfants qui estoient encore dans le berceau ont esté trouvez sans aucunes lesions, jouants parmi les flammes, et ce par l'intercession de St Michel qui estoit reclamé par les parens de ces enfants.

Bref. j'adjouteray encore une chose qui a esté remarquée de tout temps et pouroit seule servir de preuve que le glorieux Archange a choisi et chérit cette saincte montaigne, c'est que toustes et quantes fois que quelque moyne de ce Mont est proche de la mort, soit icy ou ailleurs, l'on entend comme une personne qui frappe, comme avec un marteau par trois fois en quelque endroit et l'on n'a point encore veu mourir de moyne en ce monastere qu'il n'ait eu une belle fin.) (Ch. 6, 4ᵉ partie. Ms. d'Avranches, n. 209. Addition de De Camps.)

CHAPITRE TRENTE TROISIESME.

Une multitude de personnes de haute et basse Alemaignes vient en pelerinage en ce Mont [1].

Bien que de tout temps, depuis la construction de cette eglise jusques à present, il y soit toujours venu de divers quartiers plusieurs pelerins, neantmoins jusques en l'an mil quatre cens cinquante sept il n'en estoit

---

[1] Mss. λ Fol. 181. Δ Fol. 42. Π₉ Fol. 50.

presque venu des quartiers d'Allemaignes. Cette année donc il commença à en venir desdits quartiers si grande quantité d'hommes de femmes et d'enfans si jeunes que plusieurs n'avoient point encor attint l'age de neuf ans. De quoy plusieurs prelats, seigneurs et autres personnes de qualité s'esmerveillans en demanderent la cause à plusieurs prestres et autres gens de qualité qui estoient parmy ces bandes, lesquels ne respondoient autre chose sinon que c'estoit la volonté de Dieu, que le desir de visiter cette église estoit venu à plusieurs d'entre eux quelquefois si soudainement qu'ils quittoient toutes choses pour s'y acheminer. Et pour tesmoigner que cela estoit aggreable à Dieu, c'est qu'il se faisoit ès dits quartiers plusieurs miracles pour preuve de ceste devotion dont en voicy un.

CHAPITRE TRENTE QUATRIESME.

Un père voulant empescher son enfant de venir en pelerinage en cette eglise tombe roide mort sur la place [1].

La susditte année mil quatre cens cinquante sept, le jeudy, second jour de mars, un enfant aagé de neuf ans nommé Nicolas fils de Pierre Le Pellier de la ville de

---

[1] Mss. ↧ Fol 41. ⋏ Fol. 31.

Btemmarie Daez au diocese du Liege ès basses Allemaignes, demeurant en la ville de Daez, eut un très grand desir de venir en pelerinage en ceste eglise. Il demanda donc permission à son père avec beaucoup d'instance d'y venir avec plusieurs personnes, les unes de son aage et les autres plus aagées qui partaient de la susditte ville pour y venir. Le pere luy fit cette responce: « Mon fils, attend encor un an ou deux; pour lors tu seras plus grand et plus fort et je t'y meneray. » Par ces paroles il satisfit à ce petit enfant, mais ce fut pour peu de temps, car, incontinant après, iceluy voyant passer par devant le logis de son pere trois autres pelerins environ de son aage qui venoient en ce Mont, il fut épris d'un si vehement desir de venir avec eux qu'abandonnant le logis de son pere, sans dire adieu à personne, il se mit en leur compagnie et estoit desjà arrivé à la porte de la ville de Daez lors que son pere adverty de sa sortie, tout transporté de colere, à cause qu'il aymoit tendrement cet enfant et ne le vouloit voir esloigné de soy, courut vistement après, et l'ayant atteint le prit par les cheveux luy disant : *Retourne au nom du diable*. Mais, o bon Dieu! quel advocat cet homme prenoit-il? que pouvoit-il esperer invoquant l'ennemy de l'Arcange St Michel aux inspirations duquel son fils correspondoit. A peine avait-il proferé les dernieres syllabes de ce blaspheme tant execrable que soudain il tomba roide mort par terre et ne dit oncques depuis un seul mot. Ce triste spectacle fit assembler toute la ville et les prestres leverent le cadavre qu'ils porterent premierement devant l'autel de Ste

Marie de Daez et par après en l'église St Michel de Burchüe où un chacun, tant les seculiers que les prestres, pria très instamment nostre Seigneur de vouloir ressussiter ce pauvre homme, mais Dieu ne les exauça, c'est pourquoy ils enterrerent son corps dans Ste Marie de Daez et luy firent toutes ses funerailles. Cela faict, son fils qui, pour ce lamentable accident, n'avoit perdu la devotion de venir visiter cette eglise se mit aussy tost en chemin avec plus de trente personnes entre lesquelles estoient Leonard de Vualnuis, Leonard Le Febvre, Pierre Le Masson, et Michel d'Enhuictdeniers et tous arriverent en bonne santé en ce Mont, le vingt cinquiesme du mesme moys de May où ils dirent aux Religieux de ceans tout ce que dessus, lesquels ne voulans croire si legerement une telle chose frere Thomas Munier, vicaire general en cette abbaye, pour le cardinal d'Estouteville, commendataire, et frere Adam archediacre, en la presence des autres religieux et de Michel d'Estouteville sieur de Moyon et de plusieurs autres tant ecclesiastiques que seculiers, voulurent pour tesmoigner qu'ils disoient la verité qu'ils jurassent sur les evangiles, ce qu'ils firent et Leonard de Valnuis comme aussy Leonard Le Febvre asseurerent et affirmerent de plus qu'ils avoyent aydés à porter le corps en terre. Apres ce tesmoignage ils demanderent quel aage avoit cet homme et si durant sa vie il n'avoit eu aucune infirmité. Ils respondirent qu'il avoit environ quarante ans, qu'il estoit sain durant sa vie, de forte complexion et bien composé en ses membres. Le lendemain une autre bande de pelerins composée de vingt cinq personnes de la mesme ville de Daez arriva en ce Mont : les plus apparens d'icelle estoient Jean Ballehan, Henry de Coulongnes, Jacques de Foul et Jean Mil. Iceux furent interrogez par le susdit vicaire general sur les mesmes poincts et asseurerent de tout ce que dessus, adjoustans qu'ils l'avoyent veu enterrer. De cette punition on peut colliger deux choses : la premiere que St Michel se plaist grandement, à l'exemple de nostre Seigneur, que les petits enfans qui ignorent encor les malices du monde s'approchent de luy, venants visiter cette sienne eglise. Et certe on peut dire veritablement que c'est une benediction. Car qui pourroit nombrer, je ne dis pas tous ceux qui viennent en pelerinage, mais seulement tous ceux qui y viennent tous les ans n'ayans encor attint que l'aage de douze, quinze ou vingt ans. La seconde, c'est qu'on peut voir par cette punition combien l'invocation du diable deplaist à St Michel. Et de là on peut inferer que si cet Arcangé ne punit point tousjours sur le champ tels blasphemes, qu'au plus tard il les pesera exactement à l'article de la mort et laissera facilement choir de ses balances tels blasphemateurs dans la gueule beante de Lucifer prince des tenebres, si auparavant ils n'en font de leur bon gré une très rude et très exacte penitence.

CHAPITRE TRENTE CINQUIESME.

Une fille tourmentée d'un esprit invisible en est delivrée venant en pelerinage en ceste eglise [1].

Le samedy quatriesme jour de may mil cinq cens soixante, fut amenée en ceste eglise une jeune fille nommée Thomasse George de la parroisse de sainct Salvin, pays de Caux, par Nicolas Barbe et Pierre Mahieuse, ses parens, laquelle avoit esté plusieurs fois vexée tant de nuict que de jour par un esprit invisible, lequel le vingt quatriesme d'apvril s'apparut à elle, luy disant : *Je suis l'esprit de ton peré qui te commande d'accomplir un voyage au Mont-St-Michel que j'avois promis et non accomply, et afin que tu ne doute de ce que je te dis, je te ferme la main et ces doigts que tu ne pourras ouvrir que tu n'aye auparavant accomply le voyage.* Cela dit, il disparut et cette fille bien avisée s'en alla promptement declarer le tout à Mre Nicolas Le Gros, vicaire de sa parroisse, et luy demander conseil en cette affaire. Iceluy trouva bon qu'elle accomplit devotement son voyage et luy donna

---

[1] Ms. Δ Fol. 59. Ce miracle et les trois suivants sont rapportés par Feuardent, qui a pris dans le manuscrit tout ce qu'il dit dans son livret.

des lettres signées de sa main pour tesmoigner à tous ceux qu'il appartiendroit le sujet de son voyage.

Arrivée en ce Mont, elle dit au sacristain tout ce que dessus et fit dire une messe pour l'ame de son pere. Et voicy que le prestre faisant la derniere elevation du corps de nostre Seigneur, la main de cette fille fut aussy tost ouverte, aussy facilement que si jamais elle n'eut esté privée de l'usage d'icelle.|

CHAPITRE TRENTE SIXIESME.

Une femme possedée du diable est delivrée [1].

L'an mil cinq cens soixante et quatre, le vingt et uniesme de janvier, on amena en cette eglise du Mont une femme nommée Guillemine espouse de Jean de Redde de la parroisse de Cancale au duché de Bretagne, laquelle estoit possedée du diable, il y avoit jà un an entier. Icelle ayant esté exorcizée par un prestre nommé Jacques Payen fut entierement guerye et delivrée de l'esprit malin qui la tourmentoit, demeurant aussy saine comme si jamais elle n'en eut esté tourmentée.

[1] Ms. Δ Fol. 60.

CHAPITRE TRENTE SEPTIESME.

Un jeune homme est delivré en ceste eglise d'un esprit maling [1].

L'an susdit le quatorziesme de juillet, Jean Tollevast, de la parroisse de St Malo Corneville, au diocese de Coustances, fut amené par sa mere et son frere et un sien cousin lié et estroictement emmenoté, à cause que depuis six semaines le malin esprit s'estoit saisy de son corps et faisoit par luy beaucoup de maux : lequel fut exorcisé par le susdit Jean Payen et guery, en presence de plusieurs, par l'intercession de l'Arcange St Michel, en signe de quoy il laissa ses menottes devant l'image St Michel.

CHAPITRE TRENTE HUICTIESME.

Un jeune homme qui depuis trois septmaines ne pouvoit marcher ny parler est guery par l'invocation de St Michel.

Le vingt sixiesme de septembre mil cinq cens quatre vingt neuf, Jean Corio, de la ville de Quintin en

[1] Ms. Δ Fol. 61.

Bretagne, ayant un fils nommé Jacques frappé de telle maladie que, dans l'espace de trois semaines, il ne pouvoit aucunement parler ny marcher, fit vœu de l'amener sur un cheval en cette eglise. Ce qu'ayant faict, par la puissance de Dieu et les merites de St Michel, il fut guery et s'en retourna de ce Mont à pied, parlant et cheminant ainsy qu'au precedent. Ces quatre derniers miracles sont rapportez par le Reverend Pere François Feuardent Cordelier en un petit livret qu'il a composé de l'histoire de ce Mont l'an mil six cens quatre.

CHAPITRE TRENTE NEUFIESME.

Une femme morte apparoit à sa fille et luy commande de dire à son pere qu'il vienne en ce Mont et y face dire une messe pour la delivrance des peines qu'elle enduroit.

L'an mil six cens trente et un, le trentiesme jour de mars, veinrent en voyage en cette eglise Louys Ganard [1], aagé d'environ soixante ans, et Marin Ganard son fils, aagé de vingt huict ou trente ans, tous deux de la parroisse St Ouen de la Rouërie en l'evesché

[1] On lit aussi Gavaud.

de Rennes, lesquels firent dire une messe à l'autel St Michel pour le repos de l'ame d'Estiennette L'abbé, en son vivant espouse du susdit Louys Ganard, laquelle estoit passée de ce monde en l'autre depuis cinq ans. Et furent induis à ce faire, à cause que le jeudy de la sexagesime vingt septiesme du moys de febvrier, ledit Louys Ganard, encor qu'extremement sourd, estant au lict entendit auprès de soy comme quelque personne frapant deux ou trois fois sur son lict. Ce qui fut cause que se levant sur son séant et regardant par la place il luy fut advis voir sa femme laquelle disparut tost après. Ce vieillard n'ayant parlé de cette vision à personne, le jeudy de la my-caresme vingt septiesme de mars, en plein jour et tirant sur le midy, cette vision apparut derechef à une sienne petite fille aagée de sept à huict ans, laquelle gardoit les vaches en un champ proche le susdit village. De quoy toute espouvantée elle s'encourut au logis et raconta cette vision, disant qu'elle ressembloit à sa mère. Le lendemain estant encor au mesme champ pour garder son bestial et son pere et frere estants là auprès à la charrue, elle eut derechef la mesme vision et la voyoit marcher sur le buisson prochain. De quoy espouvantée elle s'escria et s'enfuit auprès de son pere et son frere, lesquels sçachants la cause de cette frayeur la rasseurerent et ramenerent tout proche du buisson. Et là luy commanderent de demander à sa mere qu'elle disoit voir ce qu'elle vouloit. A quoy obeissant, cette vision luy respondit qu'elle estoit sa mere et qu'elle dit à son pere qu'il allast en voiage au Mont-St-Michel et y fit dire une messe à l'autel du St Arcange pour elle, et par ce moyen elle seroit delivrée de peine et ne reviendroit par après les espouvanter. Cette fille dit à son frere cela, et luy fit entendre à son pere le tout le mieux qu'il put, et tous trois veinrent en cette eglise accomplir ce voyage où ils dirent aux religieux tout ce que dessus.

CHAPITRE QUARANTIESME.

A Pont-Orson, les habitants de la rue St-Michel sont preservez de peste par l'invocation du même Arcange.

La mesme année, le bourg de Pont-Orson estant fort affligé de peste, tous ceux de la rue St-Michel, se confians plus particulierement, et avec plus de foy, en la tutelle d'un si grand protecteur, se tournoyent fort souvent du costé de cette saincte montagne, addressans leurs vœux et ferventes prieres à Dieu par l'entremise du glorieux Arcange, à ce qu'il les preservast de l'espouvantable fleau qui les environnoit de tous costez. Chose admirable! Pas un de laditte rue ne mourut et ne fut pas mesme frapé de laditte maladie, quoy qu'il n'y eut aucun autre lieu en tout le bourg où il n'en mourut plusieurs, tant a de pouvoir envers Dieu l'intercession du Prince de toute l'eglise! Tous les habitans de Pont-Orson sont tesmoins de cette merveille, laquelle a été redigée par escript au mesme temps, comme aussy le contenu du chapitre precedent, par des religieux de nostre congregation, dignes de foy, demeurans lors en ce Mont.

CHAPITRE QUARANTE ET UNIESME.

Une femme estant en travail d'enfant avec peril eminent de sa vie est delivrée par l'invocation de l'Arcange St Michel.

Cette année mil six cens trente huict, treiziesme jour de novembre, Augustin Gacoing, de la parroisse de la Marignie, diocese de Coustances, et sa femme Denyse du Tau, qui tenoit un petit enfant en ses bras, sont venus en pelerinage en cette eglise où ils ont remerciez Dieu de la faveur qu'ils avoyent receus par l'intercession de l'Arcange St Michel depuis trois moys en ça, touchant la susditte Denyse du Tau, qui estant lors, au temps d'accoucher, se vit oppressée d'extremes douleurs sans que la sage-femme ny autres y pussent apporter aucun remède jusques à ce qu'ayant demeuré cinq jours en ces angoisses sans esperance d'aucun secours humain, elle fit vœu, par le conseil de la sage-femme, de venir en pelerinage en cette eglise par ausmosne, jaçoit qu'elle eut assez de quoy, avec son mary et d'y apporter son enfant s'il survivoit, et dès aussytost enfanta heureusement. Ils ont dit tout ce que dessus en cette eglise du Mont, presence de plusieurs dignes de foy.

CHAPITRE QUARANTE DEUXIESME.

Refutation d'une histoire forgée à plasir.

Nous avons trouvé les susdits miracles bien approuvez dans les archives de ce monastere et les avons icy mis succinctement. Iceux ont estez mis en escript par les religieux de ce Mont qui de temps en temps les voyoient arriver et partant nous n'en devons nullement douter, mais seulement devons refuter un mensonge arrivé de nostre temps qui est tel. L'an mil six cens trente sept on publioit par les rues et carrefours de la ville de Paris une histoire pitoiable et espouvantable de la vie et mort malheureuse du fils d'un notable habitant de la ville de ce Mont-St-Michel lequel (ce sont les propres mots que nous lisons dans ce mensonge) a esté emporté du diable pour son grand libertinage et desobeissance envers son pere et sa mere.

En cette histoire la naissance de ce garçon que l'inventeur nomme Robert Le Fizelier fils de Rodolphe est descripte assez au long, puis son éducation, puis après ses sales comportements, et finalement on voit que le diable l'emporte en corps et en âme. Mais tout cela ce sont fictions inventées à plaisir par quelque esprit mal timbré qui n'a mis son nom, celuy de sa boutique, l'année ny le lieu où il a faict imprimer ce mensonge. Nous qui demeurons en ce Mont-St-Michel sçavons clairement que toute cette fiction est sans fondement, n'y ayant d'aucune memoire d'homme, famille en cette ville ny ès environs qui porte le nom de Fizilier, ny qui ait jamais ouy parler de cette fable.

De l'espée et de l'escu dits de St Michel.

Baldric vingt neufiesme archevesque de Dol en Bretagne (maintenant ce n'est qu'un evesché) dont d'Argentré, historien breton, et plusieurs autres font une honorable mention vint en pelerinage en ce Mont l'an mil cent douze, quelque peu après l'embrasement de ce monastere, où voyant les sainctes reliques il apperceut entre autres choses un petit escusson et un poignard et desira sçavoir ce que denotoient ces armes. Incontinant un certain se presenta à luy et luy dit grossierement ce qu'il en sçavoit. Ce venerable Prelat mal content de cette narration mausade fit appeller le prieur du monastere lequel estant venu et ayant entendu le sujet pour lequel il estoit mandé commença de contenter tellement cet archevesque sur ce poinct qu'iceluy ne se contenta point seulement d'adjouster foy à ce qu'il entendoit, mais aussy confirma le tout et en insera son sentiment dans ses escripts selon que s'ensuit.

Relatio reverendissimi in Christo patris domni Baldrici, Dolensis archiepiscopi, antea monachi et abbatis monasterii sancti Petri de Burgolio, Andegavensis diocæsis, de scuto et gladio quæ videntur in monasterio sancti Michaelis in periculo maris [1].

In Monte sancti Michaelis qui Tumba dicitur, quœdam videntur insignia quasi bellica, non tamen bello, imo magis ludo infantuli accomodata, quœ christiana devotio supliciter veneratur, utpote de quibus beatum Michaelem aliquid significasse refertur. Ibi siquidem ancile appositum est quoddam, corpore parvissimum, materia œreum, forma pene rotundum, tenue, non spissum, quatuor in locis signo sanctœ crucis insignitum, pariterque gladiolus in modum gladii figuratus, quœ tamen ambo, ad nullum, prœ modicitate sua, belli sufficerent usum, sed duntaxat armorum

---

[1] Mss. RR Fol. 150. II₉ Fol. 16 et Δ Fol. 6 et 49.

instar sunt. Unde autem res ista processerit, dum ego Baldricus, gratia Dei, Dolensium sacerdos, gradu metropolitanus, licet tantœ dignitatis dispar et indignus, inquirerem et diligenter audire vellem, adfuit quispiam qui hanc interrupte et incompte prœsumpsit recensere causam.

Quod, cum mihi, quoniam inordinate loquebatur, displicuisset, accito monasterii priore, ipsum eumdem virum admodum liberalibus litteris eruditum et de secularibus industrium percunctabar, quid apparatus ille portendebat quem tanta ecclesia super altare quoddam conservabat. Tum ille luculentus hœc, prout loci pleniter antiquitates noverat, taliter ore diserto non inconsiderate exorsus est. (Replicabat autem ab integro summatim antiquas ecclesiœ sui monasterii historias quas ab ipsis archivis cœnobii hauserat seu à prioribus suis olim puer audierat.) Domine, inquit, archiepiscope, ut nosti, Mons iste ab originali montium constitutione constitutus est, sed quod superpositum est opus hominis est, imo multo magis quœdam divinœ voluntatis et ordinationis approbata efficatia est. Enimvero revelatione divina et admonitione angelica (quod totum in annalibus nostris continetur) hic, beato Auberto venerabili sedis Abrincensis episcopo adminiculante, ecclesia ædificata est et divino servitio, ipso Deo operante, dedicata et mancipata : ditata est etiam pallioli portiuncula quod in Gargano manus angelica prœparaverat et aliis sacris reliquiarum dotibus honorata. Ad hanc de qua loquimur Dei aulam convenire cœperunt copiosœ populorum frequentiœ et ab orientali et aliis mundi partibus ad hanc occidentalem plagam catervatim declinare. Nec immerito sentiebant etenim tam efficax per Dei virtutem angelicum solatium ut pene omnis qui adventasset nec desolatus nec irremuneratus recederet.

Prœterea pro certo de salute animarum confidebant, utpote qui specialiter paradisi proposito et custodi Michaeli videlicet Archangelo supplicabant. Neque siquidem Paradisum nostram, ut melius nosti, ignoramus coloniam, quœ Michaelis custodiœ delegata est, etiamsi per reatum nostrum nunc interim, proh dolor! exulamus extra nobis debitam provinciam. Necdum hic erant monachi, sed non multi serviebant canonici. Illis temporibus ultra Angliam in remotissima quadam regione cui prœerat rex Elga nomine, quidam serpens intumuerat, immanissimus flatu et fœtore nimis nocivus, squammarum testitudine hyrsutus, jubis horribiliter cristatus, veneno abundans, arbusta et herbas comburens. Hic et animalia et homines devastabat et ipsum aerem anhelitu suo putido inficiebat. Incolebat terram, quam hominum usibus diripuerat, tanquam suam, et juxta fontem lympidissimum qui illimis fluvium emanabat perspicuum prœcipue conversabatur, superbeque regnabat. Nullus siquidem regionem illam frequentare audebat, quoniam omnes monstrum illud inevitabile deterruerat. Erat autem circumsitis nationibus passio ista non modica, utpote quas augustabat aquœ penuria. Nam terra illa quœ à flumine quantulumcumque distabat ariditate sua populos injuriabat et afficiebat œstuque solis tota vaporabat. Fluvium autem illum qui territorium illud irrigare habebat, ut dictum est, reptile illud eis interdicebat. Angore igitur tanto gens illa anxiata, quœ neque sibi neque jumentis suis ulla terra illa prœstabat pabula, ad Dei consilium confugerunt quoniam humano videbantur destituti auxilio. Allocuti sunt igitur suum pontificem, et per ipsum suam legationem direxerunt ad omnium opificem.

Pontifex illico gentis illius triduanum eis indixit jejunium, quatenus dum pro populi illius miseria deprecaretur Deus illis placabilis et propitius efficeretur. Everberabant omnes simul Dei misericórdiam jejuniis et precibus, eleemosynis et sacrificiorum delibationibus. Indictumque est illis ut die tertia unanimiter accederent ad serpentem effugandum vel si qua possent arte perimendum. Videres summo diliculo legiones conglobatas pallido marcore prœ timore confectas, jaculis tamen omnimodis armatas. Clerici cruces sanctorumque reliquias manibus prœferebant ; laïci enses et lanceas inspicabant, et omnes in commune, perterriti tamen, ibant. Ibant, inquam, tanquam mortem imminentem subituri; ibant genibus tremuli, de Dei tamen adjutorio, per sui sanctissimi prœsulis collegium, quoquo modo securi. Ibant igitur, gradatim pergebant et tamen velut emarcebant. Non enim poterant omnino esse securi quos pavor ipse compellebat diffidere. Ventum est ad locum in quo belua terribilis versari consueverat. Conspicantur à longe tanquam montis cacumen monstri illius explicitam vastitatem et verentur utrum impetant an refugiant. Quadam tamen audatia confisi impetunt et exclamant; vibrari spicula lacertis inflexis attentant; insistunt undique, invadunt vociferantes assidue. Serpens, tanquam obdormisset, immobilis permanebat, tanquam qui jam expiraverat. Irruunt super virosum nefandumque morticinum, et quem metuebant superstitem et vivum vident exanimem et frustratim detruncatum. Frusta videres innumera, et minutatim vas illud iniquitatis à seipso dispersum jacebat. Utque majori obstupescere possent admiratione cernunt hoc scutulum et gladiolum prope assistere. Hœc insignia quidam eorum putaverunt phantasticum quoniam hujuscemodi armaturam nullo modo bello putare potuerunt aptam. Portentum flammivomum admirantur nec ambigebant peremptum, sed ignorabant quo peremptore totum fuerit patratum. Super his quœ gesta sunt et agnoscunt gratias agunt; super his quœ ignorant adhuc sciscitari disponunt. A Deo supplicandum insistunt, ut supplicibus suis suum revelet secretum obsecrare prœsumunt. Pernoctat episcopus super omnes sollicitus et in oratione assiduus; quatit solum poplitibus; penetrat polum precibus, Deumque condignis placat holocaustomatibus. Non potuit Deus diu non esse exauditor devotœ suœ familiœ, quem gens illa contingebat gratissima et proba improbitate. Adest divus Michael, secretorum Dei non ignarus et boni nuntii bajulus, adest, inquam, Pontifici conspicuus et signorum quœ intelligi potuerunt interpres manifestus.

« Ego, inquit, sum Michael qui ante Dei presentiam semper assisto, qui parti contrariœ incessanter resisto, qui vester prepugnator indubitanter excito. Ego istam peremi bestiam, quod facere non potuissetis vestram propter impotentiam. Ne dubitetis, ait, ista nostra fuit armatura, non quod armis materialibus vel quibuslibet supplementis indiguerimus, sed ut taliter hebetudini humanœ satisfaceremus, quæ cum de nobis etiam excogitare non valet, saltem aliquid habeat per quod fides vestra proficiat et per hujusmodi argumenta pedetentim convalescat. En à laudibus illius nullatenus absistatis, qui vos inimico vestro visibili per ministerium nostrum invisibiliter liberavit. Insignia vero ista, tu sacerdos altissimi, ad Montem nomini nostro dicatum per apparitores tuos dirige, quatenus illa colonia ultra marina de tali nostra gratuletur consolatione. » Responsum angelicum plebi curiose Pontifex intimavit, et de talibus munusculis ultra mare dirigendis maturavit. Neque siquidem fas erat ut pigri ejus auditores existerent, quem impigrum adjutorem habuerant. Electis igitur quatuor de territorii illius primoribus, eos transfretare mandavit et quid acturi essent edocuit. Transfretaverunt; ut autem applicuerunt, ad Montem Garganum se ituros speraverunt. (Nundum enim de Monte Tumba audierant, quum adhuc iter illud recens incipiebat.) Arripuerunt viam, sed in vanum laborabant; vexabantur etenim eundo, sed potissimum sudabant retrogradando. In via siquidem invii errabant, nec quo tendebant pervenire poterant. Incidebant errabundi retrorsum, nec ad quod deliberaverant iter dirigebatur illorum. Locuti sunt igitur ad invicem : « Quid est hoc ? Quid contigit ? Quid facimus? nonne in vanum laboramus? Jam multos dies in eundo exegimus nec proficimus. Ad Montem sancti Michaelis missi sumus, nosque ad Garganum profiscici volumus. Magister noster, episcopus noster, revera nos ad sancti Michaelis Montem absoluté direxit, neque plus aliquid adjecit. Indeterminate dictum est quod nos per nos indiscrete determinari non erubescimus. Prope nos, ut audivimus, Mons est quem sancti Michaelis nuncupant; forsitan ille est. Sensui tamen nostro nundum acquiescamus, sed ad quem vadimus ab eo consilium expectemus; nobis nimirum illius non deerit solatium, cujus contribulibus nostris non defuit evidens auxilium. Committamus nos iterum illius patrocinio de cujus patria nostra gloriatur triumpho. » His dictis, noctis intempestœ silentio quidam splendidissimus adfuit qui eis voce sonora dixit : « Ad Montem sancti Michaelis qui Tumba dicitur vobis eundum est, quoniam locus ille noviter œdificatus diversorium nostrum est. In cœlis habemus contubernium, in terris diversorium et quibusdam in locis nostrum specialius impendimus patrocinium. In locis Deo diccatis nostra frequentatio magna desolatorum est consolatio, quippe illis nequaquam possumus deesse qui se nobis commendant prœcipue. Mons iste novella plantatio est, quam ut usque ad maturam fructuum parturitionem et ultra confoveamus opportet. Frequentandus est nobis locus ille qualibet nostra visitatione, Deo siquidem acceptatus est, quoniam inibi nomen illius invocatum est et adhuc à sibi gratiori famulatu invocandum est. » Intellecta est vox dicentis, confestimque disparuit persona loquentis. Legati experrecti ad hunc Montem iter acceleraverunt, confabulantes eundo super his quœ acciderant ac de divino oraculo confortati; gaudentes tandem ad hoc oratorium pervenerunt, ubi scutulum et gladiolum obtulerunt, remque totam seriatim narraverunt et juramento firmaverunt. Suscepta sunt hœc insignia, qua debebatur reverentia, nationibusque successivis hic in testimonium et monimentum apposita. Videbant etenim indigenœ personas honorabiles et attendebant narrantium ratiocinationes, nec eis poterant discredere quorum dumtaxat credi debebatur reverentiœ. Lœtati sunt omnes de beati archangeli promissa visitatione et gratias egerunt legioni angelicœ. Legerant in Apocalypsi Michaelem draconis invisibilis triumphatorem, propter ecce credunt sanctœ suœ ecclesiœ visitatorem et protectorem ac serpentis visibilis peremptorem. Requisita sunt hominum incognitorum nomina, nostrique monasterii cartis inserta, quœ multoties vidimus ac legimus. Scripta siquidem hœc ad nos usque manserant, sed flammis crepitantibus quœ nuper in nostra ecclesia furuerunt in favillam reducta sunt. Hœc ita fuisse nostri testati sunt priores, hœc se audisse, sic alii per alios retulerunt nostri antecessores. Rei autem quam requisivisti se talis habet series. Majores nostri insignia ista ampliori quam nos habuerunt reverentia, utpote qui religiosiores, qui maturiores, qui temporibus illis fuere proximiores. Non est de scuto isto ficta fabula, sed, ut audivimus et retulimus, res gesta. Nos ignoramus quis istud fabricaverit sed non nescimus quis attulerit? *Magna et multa sunt opera*

Dei, sed exquisita in omnes voluntates ejus. **Omnia quæcumque voluit** fecit et hœc ipsum potuisse audenter audeo confiteri. Hœc ego Baldricus, indignus episcopus, ab ore reverendi prioris audivi, nec discredere potui quum haud dissimilia quœdam duntaxat audivi, quœdam vero vidi et audivi. Si enim ad tempus mosaycum demigravero, illic manna, corporalem cibum et corporaliter satientem et corporaliter operantem et pereuntem et manentem, inveni. Nec tamen à quo sit ortum semine agnosco, imo audeo dicere, quia nescio. Porro si ad Garganum rediero, ibi pallium ab Angelo collatum lego, sed qua materia, quo stamine, quibus manibus textum sit ignoro. Si denique beati Remigii Rhemensis memorabor, lapideam ampullam tenui, et reverenter deosculatus sum, quam oleo plenam, multis astantibus, angelus ei attulit, de quo liquore Clodovœum, regem Francorum, mox baptizandum in christianum, ʃperunxit, quam dum consuetudo ecclesiœ Rhemensis servatur in regum conservationibus conservatoribus offerunt, eisque sacrum liquorem qui intus est episcopi superfundunt. Manna autem et pallium et ampullam et alia hujusmodi quœ dinumerare non possem realia scio. Sed quœ personœ ista confecerunt nescio. Hœc autem Deum potuisse et posse quoniam omnipotens est confiteor, in cujus conspectu nil vetus, nil novum, nil prœteritum, nil futurum considero. Scutum autem de quo agitur et gladiolum his annumero. Quod vero de his insignibus à fideli relatore fidelis auditor audivi, qualibuscunque litteris inserui, nequando nobilis vilescat historia et ne forte œmula vetustate deleta depereat. Legenti nec irridenti pax et exultatio et gaudium non transitorium!

AMEN.

Voilà le tesmoignage de ce très-docte personnage Baldric auquel il n'est besoin d'adjouster quelque chose, si ce n'est peut-estre ce que nous lisons gravé sur des lames de cuivre attachées à l'escusson qui y furent posées auparavant le susdit tesmoignage ou pour le moins vers ce temps là, selon qu'il appert assez par l'antiquité des caractères :

Hic involutum Michaelis cernite scutum
Quod per serpentem turbantem per mala flentem
Plebem, qua massa fuit hùc Irlandia passa...
   (Ce vers ne paroit plus.)
Turpiter occiso monstrat miracula viso.

C'est à dire : « Regardez icy (le serpent estant tué) l'escusson de Saint Michel enveloppé, lequel par un miracle qui a esté veu monstre les miracles et de quelle masse l'Irlande a esté jusques à present vilainement affligée par un serpent qui troubloit par les maux qu'il faisoit une populace toute baignée en larmes. »

Certes qui voudra lire attentivement le tesmoignage susdit de l'archevesque Baldric et ceste approbation qui se voit sur l'escusson souscrira librement à ceste histoire comme fit le Reverend Pere François Feuardent, religieux cordelier et docteur en theologie l'an mil six cens quatre; lors qu'il l'insera dans son petit livret qu'il composa de l'histoire de ce Mont.

Il y en a lesquels s'imaginent, incontinant qu'ils entendent parler de cet escusson et poignard de Saint Michel, qu'on veille dire que cet Arcange a chassé le diable du paradis avec ces armes. Mais ceux là se forgent des chimeres en leurs esprits. Car qui ne sçait que le combat qui se fit au ciel entre les bons et les mauvaises anges se vuida non par le cliquetis des armes mais par la desunion et dissention de leurs volontez ?

D'autres disent que ees esprits n'ont besoin d'armes materieles pour surmonter qui que ce soit et partant que ce qu'on dit de ces armes est fabuleux. Mais nous disons qu'il ne s'ensuit point de là qu'ils n'en puissent user, quand il plaist à Dieu et que pour lors ce n'est en vain qu'ils en usent.

D'autres demandent où St Michel auroit pris ces armes. Certes nous n'en sçavons rien, et pour cela ceste histoire n'est point moins veritable. Car où la Vierge a-t-elle pris les chasubles qu'elle donna à St Ildefonce evesque de Tolède et à St Bonet evesque de Clermont en Auvergne? où les Anges et les autres Bien-heureux ont-ils pris plusieurs choses qu'ils ont donné aux hommes, lesquelles se trouvent confirmées par le tesmoignage de plus grands, graves, anciens et modernes docteurs, ausquels ceux qui voudroient aller au contraire seroient justement taxez de temerité? Mais que cela suffise d'estre dit pour confirmation de cette histoire. Venons maintenant à la description des gestes des abbez de ceste abbaye.

FIN DU SECOND TRAICTÉ DE L'HISTOIRE DE CE MONT SAINCT MICHEL.

TROISIEME TRAICTÉ

DE

L'HISTOIRE DU MONT-Sᵀ-MICHEL

CONTENANT

LE CATHALOGUE DES ABBEZ ET CE QUE CHACUN D'EUX
A FAICT DIGNE DE REMARQUE.

CHAPITRE PREMIER.

De Maynard, premier du nom et premier abbé
de cette abbaye [1]

Nous avons dit au traicté precedent comment se fit l'introduction des religieux en ce Mont l'an neuf cent soixante cinq ou six et comment Maynard auparavant abbé de St Vuandrille y fut estably abbé. Ce personnage se voyant esleu en cette charge tant par la volonté des religieux que du duc Richard qui les introduisoit en cette place, commença d'enseigner les inferieurs tant par les exemples que discours spirituels à vivre

[1] Ms. RR. Fol. 178.

selon la regle du patriarche St Benoist, monstrant à tous une affection de pere benin et de maistre severe. Nous lisons de luy qu'acceptant cette charge il prit le soin de sonner l'office divin, selon qu'il est porté en la susditte regle, bien qu'il put donner cette charge à quelque autre frère diligent ainsy qu'il est dit en icelle. Pour s'acquiter dignement de cela, il prenoit son repos dans la chambre d'où on avait faict desloger le chanoyne Bernier qui estoit joignante l'eglise. Cet exemple d'humilité en ce personnage qui, outre qu'il estoit abbé, estoit aussy issu selon le monde d'une noble famille et l'amour qu'il portoit à ses religieux firent qu'iceux le respecterent grandement tout le temps qu'il vescut, selon qu'ils y estoient obligez. Et de là provenoit une charité ardente entre luy et eux laquelle se conserva non-seulement en ce monastere mais aussy se communiqua à ceux du dehors. Le chanoyne Durand duquel nous avons parlé au traicté second en fut fort susceptible et l'abbé le trouvant homme de bien l'institua chapelin de l'église de ce monastere. Il eut desiré volontiers que le chanoyne Bernier se fut venu aussy eschauffer à ce feu de charité, mais jamais il n'y eut moyen de l'y induire. Après sa mort les religieux firent son neveu Foulcaud heritier de ses biens et celuy-cy detestant la chaine de son oncle se lia avec eux d'un estroict lien d'amitié, tellement que pour lors le monastère jouist d'une profonde paix. Mais cependant la veillesse et les

---

[1] Mss. R 7, R 8 — T. 1. RR Fol. 178.

maladies accablant l'abbé Maynard le mirent au tombeau l'an neuf cens nonante et un le seiziesme jour d'apvril.

CHAPITRE SECOND.

De Maynard, second du nom et second abbé.

Après la mort de Maynard, les religieux esleurent son neveu profez de St Wandrille pour luy succeder, lequel avoit aussy nom Maynard et estoit prieur claustral en cette abbaye du vivant de son oncle. Instalé qu'il fut en cette dignité il suivit les traces du deffunct et gouverna paisiblement ce monastere soit en ce qui touche le spirituel ou qui regarde le temporel, jaçoit qu'en ce dernier poinct il luy survint un ample sujet de tristesse voyant le monastere reduit en cendres tost après son election, ainsy que nous avons dit au traicté precedent. Estant desjà abbé il designa un de ses religieux nommé Hildebert pour luy succeder et ce du consentement des religieux et mourut l'an mil neuf le quatorziesme de juillet. Nous lisons qu'il gouverna

---

[1] Ms. ⋏ Fol. 19 ✝ Fol. 4. Le duc Richard 1ᵉʳ du nom fut present à cette election avec les premiers de sa cour.

aussy l'abbaye de Rhedon durant le temps qu'il fut abbé de ceans mais qu'il s'en demit avant sa mort [1].

CHAPITRE TROISIEME.

De l'abbé Hildebert, premier du nom.

L'election faicte par Maynard second et les religieux d'Hildebert fut confirmée tost après à Rouen par Richard second duc des Normants tellement que l'abbé Maynard estant mort il fut mis en sa place sans nulle difficulté et ne degenera en rien des vertus de ses deux predecesseurs, selon que nous pouvons probablement conjecturer par la lecture de la confirmation de Richard second ou il est dit [2] : « Venerabilis vir Hildebertus, juvenili anno floridus sed acumine vivacis ingenii proeclarus, morumque maturitate gravi-

---

[1] Hujus tempore combustum fuit istud monasterium cum omnibus officinis ; sacra pignora à Gargano monte delata divinitus reperta sunt, et Norgotus Abrincentis episcopus hunc Montem quasi ardere vidit in nocte festivitatis Beati Michaelis archangeli. Ipse Mainardus paucis diebus ante obitum elegit sibi successorem domnum Hildebertum monachum ejusdem loci.... Ms. 18.947 Bib. nationale, Fol. 141 R° Mss R 7 R 8 et ϴ 1.

[2] Nous voyons encore l'original en ce mont et est transcrit au Cartulaire AA Fol. 67.

dus, vir privilegio micans divino. » Et par l'histoire de ce Mont où il est dit en la narration du miracle arrivé à cette femme qui fut empeschée divinement de monter en cette eglise : « Domnus Hildebertus abbas eumdem locum strenue regebat illis diebus, qui quantus qualisve extiterit, quomodo sua industria eamdem abbatiam ampliaverit, in alio opere, Deo nos juvante, liquebit [1]. » Il mourut l'an mil dix sept le septiesme de janvier selon que nous trouvons dans nos meilleurs manu-scripts [2].

CHAPITRE QUATRIESME.

De Hildebert second, quatriesme abbé [3].

Hildebert religieux de ce monastère nepveu du precedent abbé Hildebert fut esleu pour abbé après la mort de son oncle et se comporta honnestement en

[1] Ms. Δ Fol. 24.
[2] Hujus tempore repertum fuit corpus sancti Auberti quod absconditum fuerat à Bernerio canonico cujus meritis Hildemanus monachus vires recepit. Duo monachi febricitantes, unus opem illius implorans, hausto liquore in quo caput dicti sancti Auberti ablutum fuerat sanitatem recuperavit; alter potum spernens expiravit. Mulier paralitica ad feretri umbram incolumis in pedes constitit. Ms. 18.947 Bibl. nat. Fol. 141 v°. Mss. R.7, R .8, Θ 1.
[3] Mss. Z Fol. 6, RR Fol. 178.

cette dignité. Il contribua beaucoup avec Richard second duc des Normants à commencer de faire bastir l'eglise de ce monastere de la grandeur qu'on la voit jusques à ce qu'il mourut en ce Mont l'an mil vingt trois le trentiesme de septembre où il fut enterré auprès de ses trois predecesseurs abbés [1]. Les manuscripts de cette abbaye varient rapportans le decès des deux derniers et ne s'accordent touchant les années de leur mort. Quant à nous nous avons suivi ceux qui nous ont semblé les plus certains [2].

CHAPITRE CINQUIESME.

Des abbez Almod, Theodoric et Suppo [3].

Hildebert second estant mort les religieux esleurent à la suasion de Richard second duc des Normants Suppo abbé de St Benin de Fonctuaviense en Lombardie evesché de Verseille. Iceluy s'estoit insinué ès bonnes graces du duc comme aussy Theodoric abbé

---

[1] Ms. Δ Fol. 48, porte qu'il mourut en mil vingt quatre.
[2] Mss. R. 7, R. 8, Θ 1 λ Fol. 23.
[3] Mss. Z Fol. 6 et 7. λ Fol. 23, R. K. Fol. 178.

de Jumieges par l'entremise de Guillaume abbé de Fescan leur oncle, duquel le martyrologe gallican faict mention comme d'un sainct le premier jour de janvier. Neantmoins il ne voulut approuver son eslection à cause qu'on la luy presentoit avec des conditions desavantageuses pour soy tellement que durant les années qu'il prit pour se resoudre deux autres furent successivement abbez de ceste abbaye.

Le premier, manceau de nation, avoit nom Almod [1] lequel la gouverna jusques en l'an mil trente deux auquel temps il fut contrainct de la quitter pour ceder à la colere de Robert sixiesme duc des Normants. Nous ne sçavons le sujet de sa colere. Tost après ce prince le fit estre abbé de Cerisay près la ville de St Lo qu'il avoit fondé depuis peu et basty par sa liberalité.

Le second fut Theodoric abbé de Jumieges lequel nous mettons au rang des abbez de ce Mont suivant nos manu-scripts bien qu'il n'en eut eu la charge que quelques moys et qu'il se doive plustost nommer *custos abbatiæ Montis* que *Abbas* ainsy que le trouvons

---

[1] Ms. λ Fol 24.

1032. Eodem anno, indictione decima quinta, regnante Henrico Roberti regis filio, anno primo, Alanus comes et dux Britanniæ, hortatu Almodi abbatis hujus monasterii reddidit duas ecclesias sitas in territorio quod vocatur Pooleth scilicet Semmelec et Semmenven, decimas et oblationum primitias datas à patre suo Gaufrido, terram quoque prope littus maris sitam quæ dicitur Cancaure et portum qui nominatur Porpican. Cui redditioni subscripserunt ipse Alanus comes, Adhugisis comitissa mater comitis, Eudon comes, Gingoneus archiepiscopus, Vuarinus episcopus Redonensis et alii multi.

Ms. 18.947. Bibliothèque nat. Fol. 142. R.

aussy nommé de l'Abbaye de Bernay [1]. Ce dernier s'estant demis du soin de ceste abbaye l'an mil trente trois, l'abbé Suppo y estant appellé pour la seconde fois s'y accorda, les difficultez susdittes qu'on luy proposoit estant retirées et y vint demeurer au mesme temps, renonçant à son abbaye de St Benin d'où il apporta des sainctes reliques selon que dirons au traicté quatriesme chapitre quatorziesme. Arrivé en ce Mont il commença à orner l'eglise de plusieurs riches vases d'or et d'argent et à acepter plusieurs livres pour occuper ses religieux aux estudes tellement que par son bon mesnage il s'acquist leur bienveillance laquelle il perdit peu après par sa trop grande liberalité envers les seigneurs du pays et ses parents qu'il faisoit venir de Lombardie. Les discordes s'accrurent davantage lorsque sans demander conseil à ses religieux il vendit de sa propre authorité le Moulin le Comte. Pour ces noyses il fut deposé de sa charge et s'en retourna en Lombardie où il mourut le quatriesme de novembre l'an mil soixante et un et fut enterré en son ancien monastere de St Benin [2]. Aussy Almod et Theodoric moururent le dix septiesme du moys de may. Nous ne sçavons si ce fut en mesme année. Le premier fut enterré à Cerisay et le second à Jumieges.

[1] Mss. Z Fol. 7. R. R. Fol. 178. λ Fol. 26.
[2] R. 7. R. 3. Θ 1.

CHAPITRE SIXIESME.

De Radulphe huictiesme abbé [1].

L'an mil quarante huict Suppo s'estant retiré en Lombardie Radulphe de Beaumont, religieux de Fescan, natif d'une très illustre famille et frerc de Roger de Beaumont fut faict abbé de cette abbaye. De son temps il fit faire les quatre gros piliers du chœur, les arcs et la voute qu'ils soutiennent. Il mourut l'an mil cinquante huict le vingt neufiesme de juillet à son retour de Jerusalem et fut enterré en cette église. Cet abbé eut aussy quelque temps le gouvernement de l'abbaye de Bernay et il est nommé en nos manuscripts « custos monasterii de Bernayo. » Les manuscripts varient touchant l'an de sa mort. Nous avons suivy les plus certains [2].

---

[1] Eodem anno, recedente Suppone, abbate Montis, Radulphus monachus fiscannensis, vir strenuœ nobilitatis, frater Rogerii de Bellomonte suscepit regimen abbatiœ sancti Michaelis et in edificatione eclesiæ viriliter laboravit ædificando supra chorum quatuor columnas turris et arcus superneas, quibus Bernardus abbas postea turrim superposuit. Hic etiam Radulphus fuit custos monasterii Bernay ante Theodoricum Gemmeticensem supradictum. Obiit anno 1058, die 29 julii, in itinere Jerusalem. Requiescit in porticu ejus ecclesiæ. Ms. 18. 947. Fol. 143. R.

[2] Ms. Z F. 10 λ Fol. 30 RR. Fol. 178 Δ Fol. 48 R. 7, R. 8 et Θ¹. En ⊥ F. 7, il est dit qu'il mourut l'an 1062, en λ l'an 1059, en ↓₁₀, l'an 1060, bref RR. se contredit aux folios 170 à 178.

CHAPITRE SEPTIESME.

De Radulphe neufiesme abbé et des navires qu'il envoya en Angleterre [1].

Après la mort de Radulphe nous lisons que cette abbaye fut deux ans sans abbé. Nous ne sçavons la cause de ce retardement. En l'an mil soixante les religieux esleurent Ranulphe un d'entre eux pour l'estre, lequel estoit natif du diocese de Bayeux et dès son jeune âge s'estoit rendu religieux en cette abbaye. Pendant le temps qu'il fut abbé il fit faire la nef de l'église laquelle plusieurs fois a esté réédifiée tantost d'un costé tantost de l'autre et fit plusieurs autres belles choses qui ne se voyent plus. Gouvernant tousjours cette église avec grande prudence et ferveur d'esprit il plut à notre Seigneur l'appeller à luy l'an mil quatre vingt quatre le dix-neufiesme de decembre. Son corps fut enterré à l'entrée de l'eglise auprès de son predecesseur [2].

Il ne faut point icy obmettre ce que fit cet abbé pour tesmoignage de son affection envers son prince. La chose se passa ainsy. Guillaume du nom septiesme

---

[1] Z Fol. 11 et 12 RR Fol. 178 et λ Fol. 34.

[2] Sepultus est in porticu ecclesiæ Ms. 19947. Fol 144. — En λ H met 1083, nous suivons les autres K. 7, R. 8, et O r.

duc des Normants, l'an mil soixante six [1] passa en Angleterre avec une grande et puissante armée pour la subjuguer. Là, ayant pris terre la nuict de la feste St Michel, ange gardien de la Normandie, il fit mettre le feu à tous ses navires pour faire entendre à son armée qu'il falloit vaincre ou mourir [2]. Cette action fit tellement resoudre tous ses gens à bien combattre qu'en bref ils demeurerent victorieux et firent couronner le duc Guillaume, le jour de la Nativité de Notre Seigneur, roy de toute l'Angleterre. De quoy notre abbé Radulphe ayant receu des premiers les nouvelles fit equiper six gros navires aux coups et fraicts de cette abbaye et y fit embarquer plusieurs de ses religieux pour aller en Angleterre et ramener le roy et duc Guillaume en ce duché lorsqu'il auroit pour agreable d'y retourner [3]. Ce qui plut fort à ce monarque et après s'estre entièrement asseuré et rendu maistre de quelques seigneurs Anglois, mal-contents de ses conquestes, desirant repasser en Normandie il se servit de ces navires dans lesquels il fit apporter assez de grands thresorts tant pour soy que pour ses subjets et laissa en Angleterre quatre des religieux de ce Mont qui y estoient passez dans les navires susdits lesquels furent tous quatre abbez selon que dirons au chapitre dernier de ce traicté.

[1] En II. Fol. 156, il est dit que ce fut en 1065.

[2] Gabriel du Moulin en son histoire de Normandie dit que cela n'est croyable et se fonde en sa ratiocination en Guillaume le Conquérant p. 177.

[3] Mss. RR. Fol. 178, ⊥ Fol. 8. et λ Fol. 35.

CHATITRE HUICTIEME..

De Roger premier dixiesme abbé [1].

Roger religieux de St Etienne de Caen, chapelin du roy et duc Guillaume succeda à Radulphe en la dignité abbatiale et assista aux funérailles du susdit roy et duc l'an mil quatre vingt sept. De son temps il fit faire en son abbaye une bonne partie de la nef laquelle tost après, asçavoir l'an mil cent trois, tomba derechef en ruine le samedy veille de Pasques lorsque les religieux sortoient des matines [2], (de là nous pouvons inferer qu'anciennement tenebres qui sont les matines de ces jours saints ne se disoient après midy ou bien qu'entre les tenebres il y avoit encore des matines) et ruyna presque la moytié du dortoir sans blesser aucun de ceux qui avoyent estez exemptez ce jour là d'aller à matines qui estoient couchez dans le mesme dortoir, ce que chacun tint pour chose du tout miraculeuse [3]. Après ce degast, s'estant eslevez certains differens entre l'abbé et les religieux, Henry premier roy d'Angleterre et duc de Normandie envoya Roger en la ditte

---

[1] Ms. Z Fol. 14.
[2] Ms. RR. Fol. 179.
[3] Ms. Z Fol. 18.

Isle pour estre abbé de Cerneliense, où il mourut l'an mil cent douze le dix huictiesme d'octobre et fut enterré à Cerneliense [1].

CHAPITRE NEUVIESME.

De Roger second, onziesme abbé.

L'an mil cent six, Roger premier s'estant deposé de cette abbaye, Roger, prieur claustral de St Pierre de Jumieges, homme fort docte et de grande rèligion fut mis en sa place, lequel ne cedoit à personne pour bien gouverner un monastere soit en ce qui touche le spirituel ou qui regarde le temporel [2]. Tout le temps qu'il vescut, ce monastère fut riche à cause du soin et vigilance qu'il apportoit a mettre tout à proffit et à n'en laisser envahir les biens. Et certe ce soin ne provenoit point d'avarice, mais il se comportoit ainsy pour correspondre à l'intention des fondateurs lesquels lorsqu'ils offrent quelque part de leurs biens à l'eglise n'ont intention que les ecclesiastiques la dissipent et depensent follement ou la laissent à l'abandon à tous ceux

[2] Mss. R.7, R. 8 ⊖ 1.
[3] Ms. RR. Fol. 179.

qui s'en voudroient emparer mais bien qu'ils employent ces richesses à l'advancement de la gloire de Dieu et au salut des ames. Intention qui est fort agréable à sa Majesté, de laquelle elle se rend quelquefois visiblement protectrice, chastiant rudement ceux qui veulent aller au contraire. Ce qui faict craindre souvent les plus hardys comme nous allons montrer. Cet abbé sachant bien que son intention en cela estoit conforme à celle de Dieu, un jour il se tourna vers luy le suppliant de vouloir deffendre ce monastere contre un certain nommé Thomas de St Jean[1] lequel faisoit plusieurs degasts ès biens de ceste eglise. Et à cette fin fit chanter tous les jours en cette eglise durant la messe le psalme : Miserere mei Deus secundum, etc., et à la fin le Kyrie eleison d'une voix triste et lamentable ne pouvant resister autrement à cet homme cruel. Ce que Thomas ayant entendu il vint vistement en ce Mont tout furibond accompagné de ses freres et de plusieurs autres seigneurs et demanda aux religieux pourquoy ils estoient si hardys que de prier Dieu qu'il prit vengeance de luy? Iceux luy respondirent hardiment qu'ils le faisoient à cause des degasts qu'il faisoit ès bois et terres de ce monastere et luy dirent qu'ils ne cesseroient que Dieu n'en eut pris vengeance. Alors cet homme soudainement tout changé se jetta à leurs pieds, leur demandant pardon et les suppliant de vouloir cesser promettant qu'il les satisferoit des dommages qu'il leur avoit faict. Ce qui fut accordé apres plu-

[1] Ms. AA. Fol. 23.

sieurs difficultés de part et d'autre. Et l'accord qu'ils firent fut derechef confirmé au temps de Richard successeur de l'abbé Roger et seigné par Geffroy archevesque de Rouen, Jean evesque de Lisieux : Richard, evesque de Bayeux; Turgis evesque d'Avranches et par plusieurs autres. On reconnust par cette action combien avoyent esté agreables à Dieu les prieres de cet abbé Roger. Et sans doute il estoit bien necessaire qu'il y eut de ce temps là un tel homme pour gouverner ce monastere qui avoit enduré de grandes pertes durant les guerres des trois fils de Guillaume le Conquerant soit en la regularité ou les biens temporels. A quoy cet abbé remedia tellement que ce monastere estoit de son temps en grande estime envers un chacun.

Il eut un très grand soin de faire reparer et entretenir les lieux reguliers en leur entier, hormis la nef laquelle dès le temps de son predecesseur estoit ruinée du costé du septentrion[1]. Ce fut luy qui fit faire tous les bastiments qu'on voit du costé du septentrion où sont maintenant le cloistre et le dortoir, où sont l'hostellerie et les degrez pour descendre des dortoirs au refectoire et ce depuis les fondements jusques au coupeau. Nous dirons par après ce que ses successeurs y ont adjousté ou diminué. Ces logis sont du tout admirables par leur situation, pour l'espoisseur des murailles, pour leur hauteur, pour leur belle composition et pour les belles voutes qu'on y voit. Ils sont necessaires d'autant que difficilement les religieux pour-

[1] Ms ↓ Fol. 13.

roient ils demeurer sur ce rocher tant agité de vents, de pluyes et tempestes si ces lieux reguliers n'estoient tels : difficilement pourroient-ils vivre en commun s'ils n'estoient spacieux. Cet abbé les fit faire propres pour resister aussy à tous les elements sublunaires ausquels ce Mont est grandement subjet, ainsy qu'il apprit l'an mil cent douze le vint cinquiesme d'apvril [1], le vendredy de la sepmaine de Pasques, lorsque les religieux chantoient matines, car pour lors le tonnerre qui tombe ordinairement sur les lieux les plus hauts et plus proches de la moyenne region de l'air, tomba sur ce monastere et reduisit en cendres toute l'eglise et les lieux reguliers laissant les voutes, piliers et murailles à descouvert. En cet accident on remarqua deux choses dignes d'admiration [2], la premiere est que ce feu n'endommagea nullement les maisons de la ville laquelle est preque dessous ce monastere. La seconde est qu'on trouva dans la chapelle des trente cierges qui n'est plus, où le feu avoit tout consommé ce qu'il avoit rencontré de combustible, l'image de la glorieuse Vierge, laquelle est de bois, sans avoir receu aucun dommage des flammes, voire mesme le linge qui estoit dessus son chef et le rameau de plumes qu'elle avoit en sa main furent trouvez aussy entier et aussy beau qu'auparavant. Cette image se voit encore sur l'autel de Notre Dame sous terre. Mais retournons à notre abbé.

S'occupant tousiours à bien gouverner ce monastère

---

[1] Ms RR. Fol. 179.
[2] Ms. J Fol. 11.

un des premiers officiers du roy d'Angleterre et duc de Normandie Henry premier l'accusa injustement devant Sa Majesté de retenir en sa possession une terre qu'il disoit luy appartenir ce que l'abbé desnia et asseura qu'il ne tenoit rien de cet homme, de quoy le roy, embrassant le party de son officier se facha contre l'abbé, et le relegua à Jumieges d'où il estoit venu, commandant qu'on luy donnast tous les ans, sa vie durant, vingt cinq marcs d'argent du revenu de cette abbaye. Pour donc satisfaire à la volonté du prince il mit son baston pastoral sur le grand autel de son eglise l'an mil cent vingt le seiziesme d'octobre jour dedié à St Michel Arcange, se deposant par cette ceremonie de la charge abbatiale et comme en remettant du tout le soin à l'Arcange. Puis après disant adieu à tous les religieux qui estoient grandement marrys de son depart il s'en alla à Jumieges ou il mourut l'année suivante le second jour d'apvril à cinq heures du matin [1].

[1] Iste fecit multa bona in œdificiis et ornamentis, omnes officinas quæ combustæ fuerant reparavit. Insuper aream claustri quæ prius erat lignea lapideam fecit, et subtus ipsam aulam et cameras lapideas et in tertio ordine deorsum stabula equorum, fornicibus super fornices libratis mirabiliter, adaptavit.

Ms 18, 947. B. nat. Fonds français, Fol. 145 v°.
Ms. RH Fol. 179. ⌡ Fol. 13. R 7, R 8, ⊖ 1.

CHAPITRE DIXIESME.

De Richard premier du nom douziesme abbé.

Roger second du nom estant sorty Richard de Mere profez de Cluny, noble d'extraction fut instalé en sa place et y ayant demeuré trois ans et demy durant lesquels il endeta grandement ce monastere il fut renvoyé à St Pancrace Laquis dependant de Cluny où il avoit receu l'habit monacal, par le roy d'Angleterre et le bien-heureux Matthieu evesque d'Albe, cardinal et legat du St Siege, aussy religieux de Cluny. On ne laissa toutefois de le nommer abbé de ce Mont jusques à sa mort, jacoit qu'il soit dit qu'il se demit tout à faict du soin de cette abbaye [1].

[1] Mss. RR. Fol. 179. ⚜ Fol. 13. AA. Fol. 63.

CHAPITRE ONZIESME.

De Bernard treiziesme abbé [1].

Richard de Mere estant deposé de la dignité abbatiale à cause qu'il ne s'acquitoit bien de son devoir et s'en estant retourné en sa demeure ancienne cette abbaye demeura sans pasteur jusques en l'an mil cent trente et un auquel temps ledit Richard mourut le douziesme de janvier et fut enterré à St Pancrace Laquis, le roy ayant mis durant cet intervalle quelques uns de ses officiers pour gouverner le temporel et avoir soin de payer les debtes du susdit abbé.

Incontinant après sa mort le cinquiesme jour de febvrier ensuivant, le roy Henry estant lors à Rouen donna cette abbaye à Bernard religieux profez de l'abbaye du Bec et prieur de Cremont, ainsy qu'il avoit faict aux deux precedents et qu'avoit faict Guillaume le Conquerant son pere à Radulphe de Beaumont et Roger premier du nom, nonobstant le droict qu'avoyent les religieux d'eslire. Cet abbé Bernard qualifié dans les archives de ceans : *Vir sapientissimus, di-*

---

[1] Mss. R. 7. R. 8. ⊖ 1. Z Fol. 21. ⌊ Fol. 14 et 15. RR. Fol. 179. AA , Fol. 96.

sertissimus et nimiæ eloquentiæ, gouverna fort prudemment ce monastere, ayant grand soin que la regularité y fut gardée. Il entretint tousjours les bastiments en bon point : fit reedifier la nef, laquelle du costé du septentrion estoit tombée en ruine dès l'an mil cent trois, fit bastir une belle, haute et forte tour [1] dessus les quatre gros piliers du chœur et fit enchasser le chef de St Aubert ainsy que nous dirons au chapitre quinziesme du traicté quatriesme de cette histoire. Ayant bien accomodé ce monastere il commença à faire la mesme chose ès prieurez qui en dependent entre autres à ceux de Tombelaine, de Brion et St Michel de Cornuaille en Angleterre desquels il sera bon de dire quelque chose en passant. Au premier dit Ste Marie de Tombelaine il y fit bastir une belle eglise et plusieurs bastiments pour la demeure d'un prieur et de deux religieux que les abbez estans reguliers y envoyoient ordinairement demeurer leur fournissant de cette abbaye toutes leurs necessitez. Ce prieuré est surnommé Tombelaine à cause du rocher sur lequel il est situé qu'on voit à descouvert de ce Mont St Michel vers le septentrion, distant de demye lieue, ou environ, au milieu des greves. Robert Cœnalis evesque d'Avranches dit qu'il s'appelle Tumbelaine du latin Tumbulana comme qui diroit parva tumba, diminutiva vox à Tumba monte, mais cette opinion ne me semble bonne, car nous lisons souvent dans les manu-scripts de ce monastere Tumba-Helenœ et nous ne trouvons

---

[1] Elle ne se voit plus. Ms. d'Avr. n. 209.

Tumbalana, en françois Tumbehelene, et par corruption du mot Tumbelaine. De dire au vray d'où ce nom est provenu c'est chose dont nons ne pouvons certainement asseurer. Les anciennes chroniques de Bretagne et d'Anjou disent que c'est à cause de la tombe et sepulture d'une jeune damoiselle nommée Helene, nièce de Hoel, roy de la petite Bretagne, qu'un certain geant venant d'Espagne ravit en passant et l'apporta là où il la tourmenta tellement qu'elle y mourut et y fut enterrée par sa nourrice [1].

Au second nommé Brion, situé près le bourg de Genest, et distant de ce Mont St Michel cinq quarts de lieue il fit faire plusieurs beaux bastiments pour s'y retirer parfois avec quelques uns de ses religieux. Maintenant ce prieuré n'est plus et le lieu s'appelle le manoir de Brion. Au troisiesme dit St-Michel, situé en Angleterre, près la ville de Cornuaille, il fit bastir une eglise et des lieux reguliers necessaires pour loger douze religieux et un prieur, qu'il y establit leur donnant pour leur vivre et entretien tous les biens, rentes, droicts et possessions que ce Mont St-Michel avoit lors en Angleterre, à condition que ce prieuré couventuel seroit tousiours dependant de cette abbaye et que le prieur et ses successeurs viendroient tous les ans en ce Mont le jour St Aubert, dix huictiesme du moys de

---

[1] Dom Huynes n'est point remonté au Roman de Brut. Il se contente de citer l'Histoire d'Anjou de Jean Bourdigué et notamment le chapitre : Du geant occis par Artus roy de la grande Bretagne et de la nomination du mont de Tumbe Heleme Ms. 18.947 Bib. nat. Fonds français Fol. 185.

juin ou le jour de la dedicace St Michel en septembre, si pour l'incommodité de passer la mer ils ne pouvoient venir à la St-Aubert et apporteroient quant et eux seize marcs d'argent pour employer aux utilitez de cette abbaye, et au cas que le prieur n'y put venir qu'iceluy y envoyroit un de ses religieux. Cette abbaye du Mont a jouy long temps de ces droicts, comme aussy de plusieurs autres que les roys d'Angleterre donnerent depuis ce temps là. Maintenant la memoire nous en demeure seulement.

L'affection que portoit à cet abbé le roy d'Angleterre Henry premier, luy estoit grandement favorable à faire tout ce que dessus, car ayant l'amitié de ce prince, il estoit aymé de tous ses subjects. Mais dès aussy tost que le roy fut mort il ne manqua d'estre persecuté dehors et dedans ce monastere. En l'an mil cent trente huict, au mois d'aoust, les habitans d'Avranches, à l'occasion des troubles, venants en ce Mont par un furieux debordement, mirent le feu à la ville et au monastere, reduisant le tout en cendres, excepté l'eglise qui ne fut endommagée. Cet incendie n'affligea pas peu l'abbé Bernard, lequel enfin, soit de maladie, soit de regret mourut l'an mil cent quarante-neuf, le huictiesme jour de may, à onze heures de la nuict et fut enterré en ce Mont [1].

[1] Mss. Z Fol. 27. II 10 Fol. 10. II¹ Fol. 200.

CHAPITRE DOUZIESME.

De Geffroy, quetorziesme abbé [1].

L'abbé Bernard n'estoit encor ensevely que les religieux desireux d'avoir un abbé selon leur choix esleurent Geffroy, religieux de ce Mont, lequel tost après fut beny à Saint Georges de Bauceville, par Hugues, archevesque de Rouen. Et ce afin d'empescher par cette hastiveté le duc de Normandie de leur en donner un autre, mais cela ne leur servit de gueres, car ce duc pour les affliger les contrignit de luy bailler une grande somme de deniers qu'on fut contrainct d'emprunter pour luy satisfaire. Et la mort sembla favoriser l'abbé Geffroy, qui estoit fort marry de ces troubles lors que l'an mil cent cinquante le quatriesme de janvier elle le vint enlever de ce monde. Son corps fut inhumé au bas de la nef de cette eglise auprès de son predecesseur.

[1] Mss. Z, Fol. 22, R 7, R. 8 ⊖, ↓ Fol. 17.

CHAPITRE TREIZIESME.

De Robert de Thorigny, dit communement Robert du Mont, quinziesme abbé.

Les religieux destitués d'abbé esleurent l'an mil cent cinquante deux, à sçavoir après la mort de Geffroy un an et quelques mois, Richard de la Mouche, religieux profez, cousin de Richard, evesque d'Avranches pour l'estre. Ce que n'eut pour agréable Henry second duc de Normandie, lequel deffendit audit abbé esleu de demeurer sur ses terres et envoya en cette abbaye de ses officiers pour gouverner le temporel[1]. De quoy les religieux estant fort marrys se resolurent de casser l'élection susditte et d'eslire tout de nouveau quelque autre pour leur abbé qui fut agreable au prince. Ils esleurent donc Robert Hardy, religieux et cellerier de Fescamp. Mais Richard de la Mouche, ne voulant si facilement renoncer à son election, eut recours au pape Eugene troisiesme, lequel improuva la seconde élection faicte par les religieux et commanda à Richard, evesque d'Avranches, sous peine d'excommunication, de benir Richard de la Mouche pour abbé de ce Mont, ce qui fut faict en l'eglise St André d'Avran-

---

[1] Mss. J Fol 17.

ches. De là les troubles s'accrurent davantage et les religieux de ceans, pour y remedier, s'assemblerent en chapitre et en esleurent quelques uns d'entre eux pour aller vers le pape et luy exposer toutes les difficultez de part et d'autre. Lesquels s'estant mis en chemin vers Rome, furent suivis de Richard, evesque d'Avranches, de Richard de la Mouche, et de Robert Hardy, tous trois desireux d'entendre ces depputez. Et certes ces troubles n'eussent si tost finit si Dieu par l'intercession de son St Arcange n'y eust mis la main appelant de ce monde, sur la fin de l'an mil cent cinquante deux ces susdits abbez et l'evesque d'Avranches. Ces morts mirent en paix le monastere et les religieux ayant par ce moyen toute liberté d'eslire jetterent les yeux sur Robert de Thorigny dit communement Robert du Mont à cause qu'il fut abbé de ce Mont St Michel, lors prieur claustral de l'abbaye du Bec, et l'esleurent tous unanimement l'an mil cent cinquante quatre le vingt septiesme jour de may.[1] Cette election ayant esté confirmée par Henry second duc de Normandie le vingt deuxiesme de juillet, Robert fut beny à St Philbert de Montfort par Herbert evesque d'Avranches et Girauld evesque de Sées en presence de Roger abbé du Bec, Michel abbé de Preaux et d'Hugues abbé de St Sauveur le Vicomte au diocese de Coustances.

Alors ce monastere qui depuis cinq ans avoit souffert de grandes calamités, commença à respirer sous la

[1] Ms. II₁, Fol. 204 205.

conduite d'un tel personnage qu'on insera dès aussy tost dans le catalogue des abbez de ce Mont en rayant et biffant Richard de la Mouche et Robert Hardy [1] à cause disent nos manu-scripts qu'ils ne presiderent jamais au chœur au chapitre ou refectoir.

Cet abbé estoit issu d'illustres parens : son pere avoit nom Teduin et sa mere Agnès. Il receut l'habit de religion l'an mil . cent vingt huict. Dès ses jeunes ans il se plut grandement à l'estude des sciences tant divines qu'humaines et nous lisons qu'il composa cent quarante livres sur diverses matieres. Entre autres il continua la Chronique de Sigibert depuis l'an mil cent jusqu'à sa mort qui arriva l'an mil cent quatre vingt six [2] : et ce livre s'appelle ordinairement le Supplement de Robert du Mont à Sigibert. Nous avons leu plusieurs historiens qui ne conviennent pour le nombre des années de ce supplement.

Quelques uns disent qu'il n'a commencé que l'an mil cent treize auquel temps Sigibert mourut. Mais nous avons son Supplement escript de son temps en ce Mont, où on voit qu'il commence l'an mil cent. Peut estre qu'il a fait comme sien ce que Sigibert avoit dit ces dernieres années et y a adjousté ce qu'il sçavoit particulièrement touchant l'Angleterre et la Normandie. Quant à ceux qui disent qu'il vescut jusques en l'an mil deux cens dix c'est chose qui ne se

---

[2] Ms. ↓ Fol. 18.
[1] Ms. II, Fol. 180.

peut admettre et faut asseurement confesser que
quelque un a voulu faire paroistre ce qu'il sçavoit sous
le nom de cet autheur. Partant il ne faut suivre
Coccius et tous ses adherans car nous avons en ce
monastere plusieurs manu-scripts bien approuvez qui
font foy qu'il est mort l'an mil cent quatre vingt six le
vingt-quatriesme de juin. Et de plus nous voyons des
lettres bien authentiques faictes du temps des deux
abbez qui luy succederent lesquelles sont dattées devant l'an mil deux cens dix et son manu-script ne
passe l'an mil quatre vingt six[1]. Voyons maintenant le
reste de ses actions. Ne se contentant de passer le
temps à composer et escrire des livres il prenoit soigneusement garde à tout ce qui estoit de sa charge[2].
Et premierement n'ayant trouvé que quarante religieux
conventuels en ce Mont il en receut encor une vingteine et eust soin que ce nombre de soixante ne diminuast, afin, par ce moyen de satisfaire aysement aux
devotions des pelerins et que le service divin y fut
faict honorablement. De plus il eut soin que toute
l'eglise et tous les bastiments du monastere fussent
tousjours en bon ordre; qu'il n'y manquast aucune
chose ès couvertures, vitres, murailles, voutes, planchers pavez et autres choses. Il fit construire les bastiments qui sont dessus et dessous la chapelle St Estienne qui est joignante la chapelle Notre Dame sous
terre du costé du midy; qui sont dessus et dessous les

---

[1] Mss. AA Fol. 115, 116, 121 et B Fol. 34.
[2] Ms. λ Fol. 135.

infirmeries d'à present; qui sont dessous le plomb du fond avec la tour de l'horloge qui s'y voit, et à costé une autre pareille qui est tombée il y a long temps.

Et ce qui est bien plus à regretter c'est qu'il avoit faict sa bibliotheque en un estage d'icelle où il avoit mis les livres qu'il avoit composez lesquels presque tous ont esté perdus pour lors. Il fit faire plusieurs autres choses tant en ce monastere qu'en ses dependances et le tout du bien du monastere selon qu'ont faict tous ses predecesseurs et successeurs. Pour conserver ces biens et les droicts de ce monastere il fit plusieurs voyages en Normandie, Bretagne, Le Maine et autres provinces de la France. Pour le même sujet il passa l'an mil cent cinquante sept en Angleterre d'où retournant il fit dedier l'eglise de Notre-Dame de Genest [1]. Il y retourna derechef l'an mil cent septante cinq où il fit confirmer par le roy Henry second, duc de Normandie, tous les biens et droicts de ce monastere lesquels le roy prit sous sa protection et sauvegarde [2]. Par toutes ces belles actions il n'acquist point seulement l'amitié de ses religieux mais aussy des prelats et des roys. Estienne evesque de Rennes lequel mourut l'an mil cent septante huict composa en son honneur cinquante vers et les intitula : de Senectute. Alienor femme du roy d'Angleterre Henry second ayant accouché à Domfront d'une fille l'an mil cent

---

[1] Mss. AA. Fol. 110, Z Fol. 23, II₁ Fol. 225.
[2] La lettre en bonne forme est en ce monastère.

soixante et un, ce roy prit pour parrain cet abbé et Richard evesque d'Avranches, peu auparavant abbé de St Victor de Paris. Le mesme Henry second estant venu par devotion visiter cette eglise l'an mil cent cinquante huict, ayant entendu la messe au grand autel alla à sa priere disner au refectoire avec luy et ses religieux[1]. Ce monarque se fioit aussy grandement en luy, d'où vient qu'ayant chassé, au moys de janvier l'an mil cent soixante deux, Aquilin capitaine du chasteau de Pontorson il luy bailla le gouvernement dudit chasteau. L'honneur qu'on luy portoit faisoit qu'on l'appelloit de toutes parts lors qu'il s'agissoit de faire quelque chose de consequence. L'an mil cent soixante trois il fut à Tours au concile qu'y tint Alexandre troisiesme souverain pontife contre Octavian antipape. L'an mil cent soixante neuf il fut mandé à Rennes et là en l'eglise cathedrale dediée à l'Apostre St Pierre il receut avec Estienne evesque de Rennes et Aubert evesque de St Malo les serments de fidelité que firent tous les seigneurs et barons de la Bretagne de reconnoistre Geoffroy second roy d'Angleterre pour leur duc. De plus l'an mil cent septante sept il se trouva à l'élection qui

---

[1] Eodem anno in festivitate beati Clementis die dominica venerunt Ludovicus rex Francorum et Henricus rex Anglorum ad Montem beati Anchangeli et cum magno tripudio tam cleri quam populi itum est regi Francorum obviam. In ipsa autem processione, excepto conventu monachorum et clericorum et plebe innumera fuerunt duo summi Pontifices, unus archiepiscopus, et alter episcopus, et quinque abbates. Audita missa redierunt (reges) Abrincas, Ms. 18.947, Fol. 147, v°. B. n.

se fit de Rolland doyen de l'eglise cathedrale d'Avranches pour estre evesque de Dol en Bretagne.

Nous trouvons la plus part de ce que nous avons dit ci dessus dans son Supplement dans lequel il faict mention de plusieurs autres choses dignes de remarque touchant notre sujet. L'an mil cent cinquante cinq il dit que le quatorziesme d'Apvril en jeudy devant le soleil levant qu'il sentit et tous ceux de ce Mont un tremblement de terre et l'an mil cent soixante cinq il met que le tonnerre tomba sur ce rocher sans faire aucun dommage [1].

CHAPITRE QUATORZIESME.

Des abbez Martin, Jourdain, Radulphe et Thomas [2].

L'an mil cent quatre vingt six le vingt quatriesme du moys de juin Robert de Thorigny estant mort, les religieux esleurent environ treize moys après, Martin, religieux de ce Mont, pour estre leur seiziesme abbé lequel gouverna honorablement ce monastere ne dissipant aucune chose mais ostant quelques biens d'iceluy

---

[1] Mss. II₁ Fol. 206, 209, 212, 226, 227, 216, 219, 232 et RR. Fol. 180.
[2] Mss. Z Fol. 24, 27, RR. Fol. 180. ↓ Fol. 23 ʌ Fol. 136, 137, 139, 140, 141 II₁₀ Fol. 10 Z Fol. 8. R. 7, R. 8 ϴ₁ Δ Fol. 48.

des mains de ceux qui s'en estoient emparez depuis la mort de son predecesseur.

Estant mort l'an mil cent nonante ou nonante et un le dix neufiesme de febvrier les religieux l'enterrerent en cette eglise et esleurent pour luy succeder le douziesme du moys de mars ensuivant Jourdain un d'entre eux et fut le dix septiesme abbé de cette abbaye laquelle il gouverna tousiours très prudemment et y fut demeuré fort content si les Bretons conduits par Guy de Touars leur duc n'eussent mis le feu en ce Mont et brûlé la ville et le monastere. Nous deduirons les causes ailleurs. Il nous suffira de savoir icy que le roy de France Philippe second qui lors conquit cette province sur Jean sans Terre roy des Anglois fut fort marry de cet incendie et que pour reparer la faute de Guy de Touars il envoya une grande somme de deniers à cet abbé Jourdain qui sous la faveur dudit roy fit recouvrir l'eglise et les bastiments du monastere lesquels il ne put faire parachever, la mort se venant saisir de luy l'an mil deux cens douze le sixiesme jour d'aoust. Son corps fut enterré à Tombelaine.

Radulphe second du nom surnommé des Isles religieux de ce Mont ayant esté esleu pour luy succeder continua de faire reparer les edifices entre autres le grand refectoire (auquel son predecesseur avoit desjà

---

[1] 1212. Die sexta augusti obiit Jordanus abbas Montis et sepultus fuit apud Tumbam Helenes. Tempore ipsius combusta fuit ecclesia a Britannis et ab ipso recædificata in tectura, turri et refectorio, dormitorio et celario liberalitate Philippi regis Francorum qui tunc Anglos a Normania expulit. Ms. 18, 147, B. nat. Fol. 148 v°.

commencé à faire travailler qu'il fit faire presque tout de neuf car le feu n'y avoit laissé que les quatre murailles et les voutes des sales de dessous. Nous lisons dans quelques manu-scripts et dans le livre du Pere Feuardent qu'il fit faire le refectoire; mais cela n'est point si ce n'est qu'on entende de ces paroles avec la restriction susdite.

Cet abbé estant mort le dix huictiesme jour de mars l'an mil deux cens dix huict ou vingt deux, les religieux esleurent Thomas des Chambres religieux de ce Mont et en fut le dix neufiesme abbé jusques à ce qu'il mourut l'an mil deux cens vingt cinq le cinquiesme de juillet.

CHAPITRE QUINZIESME.

De Radulphe troisiesme du nom vingtiesme abbé.

Incontinant après la mort de Thomas des Chambres les religieux eslurent Radulphe de Villedieu l'un d'entre eux pour luy succeder lequel fit faire tous ces beaux piliers du cloistre et toutes les figures qu'on voit au dessus avec cinquante huit roses toutes diverses. Mais ce qui est de plus admirable c'est qu'on voit là du costé de l'occident, Sainct François patriarche des freres mineurs representé selon la forme et figure que l'abbé Joachin l'avoit faict peindre dans sainct Marc de Venise auparavant que ce sainct eut fondé son ordre. Au costé de cette image en bosse ledit abbé Radulphe fit mettre les paroles suivantes que nous y voyons encore, *S. Franciscus canonizatus fuit anno Domini... M.CC.XXXVIII quo claustrum istud perfectum anno Domini.* C'est à dire : St François a esté canonizé l'an de Notre Seigneur mil deux cens vingt huict auquel an de Notre Seigneur ce cloistre a esté parfaict [1].

CHAPITRE SEIZIESME.

De Richard second du nom vingt et uniesme abbé [2].

L'an mil deux cens trente six le douziesme jour de febvrier Radulphe de Villedieu estant mort l'enterrerent en cette eglise et quelques jours après esleurent pour luy succeder Richard surnommé Tustin un d'entre eux lequel gouverna honorablement cette abbaye. Ce

---

[1] Eodem anno sexta martii (1228) oppressi sunt in hoc Monte a ruina quatuor domorum pauperes utriusque sexus, triginta octo, exceptis multis qui semimortui extracti sunt. Ms. 18,947 Fonds français B. nationale. Fol. 149, R·.

[2] Mss. Z Fol. 28. RR. Fol. 180. λ Fol. 142. Δ Fol. 48. B. Fol. 27. R. 7. R. 8 O¹.

fut luy qui fit faire Belle-Chaire et le corps de garde qui est dessous non pour des soldats (car il n'y en avoit point encor) mais pour les portiers du monastere. Et tout joignant il fit commencer un autre bastiment qui est encor imparfaict. Il fit aussi commencer le chapitre qui se voit imparfaict du costé du septentrion joignant le cloistre [1]. Ce fut le premier des abbez de ce Mont qui usa de mitres et autres ornements pontificaux par permission que luy en donna le pape Alexandre quatriesme l'an mil deux cens cinquante cinq le vingt sixiesme de septembre tant pour luy que pour ses successeurs : *Tibi, Fili abbas,* dit le susdit Pape *et successoribus tuis in perpetuum utendi mitra anulo, tunica, dalmatica, chirothecis et sandaliis ac benedicendi pallas altaris et alia ornamenta ecclesiastica, conferendi primam tonsuram, ac minores ordines et dandi benedictionem solemnem tam in divinis officiis quam in mensa plenam concedimus auctoritate præsentium facultatem* [2].

L'année d'après ces privileges furent modifiez et le pape declara, generalement parlant, que les abbez ayant pouvoir de donner la benediction ne le pourroyent ailleurs qu'aprez la messe, vespres et laudes; qu'ils ne pourroyent donner la premiere tonsure sinon

---

[1] Eodem anno (1264) die 29 julii obiit Richardus Tustin vigesimus primus abbas Montis. Hic fecit bellam cavam, incipit etiam novum capitulum et novum opus subtus bellam cavam. Ad omnes prioratus forenses multa bona fecit tam emendo redditus quam nova œdificia œdificando. Ms 18,947 F. français Bib. nationale. Fol. 150 R.

[2] L'original est en ce Mont et est aussy transcript en B. Fol. 27.

à leurs religieux et à ceux sur lesquels ils auroient juridiction comme episcopale, n'estoit que le St Siege en donnast quelque privilege spécial.

CHAPITRE DIX-SEPTIESME.

Des abbez Nicolas premier et second, de Jean et Guillaume[1].

L'an mil deux cens soixante quatre le vingt neufiesme de juillet mourut Richard Tustin et fut enterré en cette eglise au bas de la nef, les religieux ayant achevé ses obseques esleurent en sa place Nicolas Alexandre[2] et iceluy estant mort l'an mil deux cens septante et un lè dix septiesme de novembre, ils procederent à l'election de Nicolas Famigot qui dès longtemps estoit prieur claustral en cette abbaye et ayant suivy son predecesseur au passage de la mort l'an mil deux cens septante neuf le dix neufiesme du mois de mars, Jean Lefaye luy succeda en sa charge abbatiale et le suivit au tombeau l'an mil deux cens nonante huict le treiziesme jour de juillet.

Les religieux un an après esleurent Guillaume de Chasteau lequel fut à Avranches pour estre beny de

[1] Mss. Z Fol. 29, 30. A Fol. 146. 147, 148, 151, 152. R. 7, R. 8. Θ1.

l'evesque, d'où retournant il fut receu solemnellement des religieux l'an mil deux cens nonante neuf le mercredy veille de la Nativité de Notre Seigneur et promit publiquement de ne changer rien des constitutions de ce monastere mais les garder et faire garder, n'estoit que la raison ou variété des temps ne le contringnissent à faire autrement ce qu'alors il feroit avec le conseil de la communauté [1]. L'année d'après asçavoir l'an mil trois cent le treiziesme de juillet la foudre tomba sur le clocher de cette eglise et le ruina entièrement. Toutes les cloches furent fondues et le metail decoula de part et d'autre. Les toicts de l'eglise, du dortoir, et de plusieurs autres logis furent bruslez et les charbons tombans sur la ville ne laisserent presque aucune maison sur pied. L'abbé Guillaume remedia le mieux qu'il put à ces dommages jusques ce que l'an mil trois cens quatorze le onziesme de septembre il passa de ce monde en l'autre. Son corps fut enterré au bas de la nef de cette eglise [2].

---

[1] La forme du jurement qu'il en fit est à R. 8 p. 126.

[2] 1265 Eodem anno monachi Montis viderunt lunam rubeam in vigilia domini velut flammam ignis. — Eodem anno sexto calendas novembris in vigilia apostolorum Simonis et Judæ circa tertiam, luna decima quarta, factus est ventus vehemens et horribilis, turres et domos dejiciens, sylvas eradicans et virgulta confringens ab hora prædicta ad mediam noctem. Nullus nisi solus Deus scit quanta damna illa nocte, aquilone vehementissime flante, fecerunt ventus et mare. Mare siquidem terminos suos nimis ultra solitum egrediens multas bestias diversi generis submersit et terras juxta se positas cultas et incultas debaccatione sua occupavit. Multæ naves de pago Vasconnensi vina afferentes illa dia et nocte perierunt.

Eodem anno post completorium duo monachi viderunt quamdam

CHAPITRE DIX HUICTIESME.

De Jean second, vingt sixiesme abbé [1].

Incontinant après la mort de Guillaume du Chasteau Jean de la Porte fut esleu pour abbé par les religieux et gouverna prudemment ce monastere. De son temps les soldats commencerent à garder cette place pour le roy selon que nous dirons plus amplement au traicté cinquiesme où nous deduirons ce que fit cet abbé et ses successeurs touchant ce poinct. Il travailla fort pour la conservation des biens de ce monastere et retira le prieuré de St Clement de Gerzay dependant de cette abbaye des mains de ceux qui s'en estoient emparez. Et finalement laissa cette vallée de miseres l'an mil trois cens trente quatre le vendredy sainct à l'heure de sexte le quatorziesme jour du moys d'apvril. Les religieux enterrerent son corps en cette eglise devant l'autel dedié à la Saincte Trinité où on voit son tombeau dans la muraille et son effigie relevée en bosse et revestue pontificalement.

stellam in occidente quasi comas luminis portantem. Non multo post scilicet tertio calendas martii Carolus frater Ludovici regis Franciæ et rex Siciliæ pugnavit cum Mainfredo et gratia Dei victor extitit. Ms. 18, 147. Fonds français, Bib. nationale. Fol. 150 R·.

[1] RR. Fol. 180, ⊥ Fol. 23, ⋏ Fol. 105. Z Fol. 31, R. 7, R. 8, O1.
Eodem anno 1332, ruina turris Abrincensis. Ms. 18.947. Fol. 151.

CHAPITRE DIX NEUFIESME.

De Nicolas troisiesme dit le Vitrier.

Nicolas le Vitrier natif de la ville de ce Mont St Michel, prieur claustral de ce monastere, fut esleu pour abbé après la mort de Jean de la Porte et alla à Avranches où il fut beny par l'evesque dans l'eglise cathedrale. Retournant de là le vingt-cinquiesme du moys de juin il fut receu à la porte de cette abbaye par tous les religieux revestus en chappes [1]. Et là promit sur les Evangiles de garder les droicts de cette abbaye et de n'y rien innover des constitutions, mais de garder le tout en son etat. De son tans la regularité n'estoit point observée qu'avec tépidité tant en cette abbaye qu'en la plus part des autres. Pour y remedier le pape Benoist onziesme dit douziesme donna commission à Simon abbé de Marmoutier de visiter les provinces de Normandie et de Touraine; ce qu'il fit et quant à celuy cy il ordonna l'an mil trois cens trente sept le vingt cinquiesme de febvrier qu'on envoyroit à Paris ou à Caen tous les ans deux religieux de ceans pour y estudier qui seroient entretenus aux despens des prieurs forins qu'il taxa chacun selon la valeur de son prieuré [2].

---

[1] Nous avons leu la lettre faicte de cette reception.
[2] La taxe est dans le martyrologe au dernier feuillet.

Après cette visite, la mesme année au moys de juin tous les abbez des provinces susdittes s'assemblerent en la ville du Mans au monastere de St Pierre de la Cousture[1] où presiderent Simon, abbé de Marmoutier, et l'abbé de St-Florent pres Saumur[2]. Notre abbé Nicolas Le Vitrier porta en ce chapitre general un roole de tout le revenu de ce monastere par lequel il appert qu'il n'y avoit ordinairement de ce temps là que quarante religieux conventuels en cette abbaye sans compter ceux qui estoient residents ès prieurez. Il travailla beaucoup à conserver cette place durant les sanglantes guerres des Anglois en ce pays et fit reparer quelques logis de ce monastère que le feu du ciel brusla l'an mil trois cens cinquante. De plus il acquist le franc fief de Bacilly et finalement fit un accord avec ses religieux par lequel il est dit qu'il prendroit tous les ans cent livres des offrandes de cette eglise (qui estoient meilleures qu'elles ne sont à present) pour sa mense abbatiale et que le reste seroit pour les religieux[3].

[1] Les constitutions faictes en ce chapitre general sont en R. 8 p. 265 et suivantes.

[2] C'est Helie lequel mourut cardinal. Je parle de luy en l'histoire de l'abbaye de St Florent. Le roole est en ce Mont.

[3] Cet accord est en cette abbaye.

CHAPITRE VINGTIESME.

De Geffroy second de nom vingt-huictiesme abbé.

Nicolas le Vitrier estant mort l'an mil trois cens soixante dans le trentiesme jour d'octobre et enterré en ce Mont, les religieux esleurent Geffroy de Servon natif de la ville d'Avranches, prieur claustral de cette abbaye pour luy succeder lequel fit faire une mitre couverte de pierreries et semences de perles; acquist plusieurs fiefs nobles des deniers de cette abbaye: asçavoir le fief de Perier assis en la paroisse du Loreur, le fief de Bree en Domville; de la Meslerie et de Cran en la Baronnie Saint Pair: de Poterel, de Viel et de Montmirel en la baronnie de Genest, de Plomb, en la baronnie d'Ardevon, de Touffon au Maine prez le prieuré de l'Abbaiette. Il fit grandement travailler à l'eglise, dortoir et autres logis de ce monastere lesquels l'an mil trois cens septante quatre le huictiesme jour de juillet furent bruslez du feu du ciel comme aussy toute la ville de mesme que nous avons dit d'un autre incendie arrivé l'an mil trois cens. Cet abbé fit plusieurs autres choses pour l'utilité de ce monastere. Et finalement mourut l'an mil trois cens quatre vingt six

---

[1] Z Fol. 32. RR. Fol. 181. λ Fol. 159, 160, 13. Fol. 109. R. 7. R. 8 O₁.

le dernier jour de febvrier et fut enterré en cette eglise [1].

CHAPITRE VINGT ET UNIESME.

De Pierre Le Roy vingt neufiesme abbé [2].

Apres la mort de Geffroy de Servon, les religieux assemblez en chapitre esleurent Pierre Le Roy, natif d'Orval, diocese de Constances, très fameux docteur en decrets, abbé de Laissé au susdit diocése lequel auparavant avoit gouverné le monastere de St Taurin près Evreux. Iceluy consentant à laditte election renonça au gouvernement de l'abbaye de Laissé et vint aussy tost demeurer en ce Mont où ayant reconnu l'estat du monastere et la capacité des religieux il commença à leur lire le droict canon et à expliquer la saincte escriture ordonnant pour ce sujet quelques heures auxquelles il y pouvoit mieux vaquer. Et à ce que cet exercice ne fut interrompu lorsqu'il seroit absent il en ordonna quelques uns pour continuer la leçon lors qu'il n'y pouroit vacquer, et d'autres pour

---

[1] En ⋋ Fol. 162 et II₁₀ il dit 1385 tous les autres disent 1386. R. 7, R. 8, O: et RR Fol. 181.

[2] Mss. RR. Fol. 181. ∆ Fol. 48. ⊥ Fol. 30 et II₁₀. Nous lisons les gestes de cet abbé qui ont este adjoustez à la fin du dit livre.

enseigner la grammere aux jeunes freres. Pour les exciter à s'adonner fervemment ès dittes sciences il achepta une grande quantité de livres. N'entendant neantmoins qu'ils obmissent la régularité ains qu'ils entremelassent l'estude des lettres avec la devotion, il fit plusieurs belles constitutions lesquelles il voulut estre gardées [1]. Et pour oster tout pretexte d'impossibilité il eut soin de pourvoir aux necessitez d'un chacun, d'entretenir l'eglise et le monastere en bon estat et de conserver les biens et revenus d'iceluy. Commençant donc par l'eglise il y fit faire plusieurs beaux et riches ornements : fit decorer les autels d'une quantité de belles images qu'il fit apporter de Paris et l'an mil trois cens quatre vingt neuf il fit oster les chaires du chœur qui estoient trop vieilles et fit mettre au lieu celles que nous y voyons à present qui tesmoignent assez qu'il y avoit d'excellents menuisiers en ce temps là [2].

Le temple ainsy orné il passa en logis du monastere et là il fit rebastir le haut de la tour du refectoire qui estoit tombé depuis peu ; dans laquelle est un degré par lequel on monte du bas de l'edifice jusques au haut. Et depuis cette tour jusques à Bellechaire fit

---

[1] Nous lisons de ces constitutions R. 8. Fol. 344 et 350.

[2] Ms. A Fol. 171. — Pierre Le Roy 29ᵉ abbé et 3ᵉ gouverneur de ce Mont St Michel en l'an 1386 fut le premier qui fit mettre ses armes en cette abbaye, aux chaires de chœur qu'il fit l'an 1389 et se blasonnent ainsy. Blason : porte de gueules à trois pals d'or au franc quartier de Bretaigue à la cotice denchée ou canendée regnante sur le tout.

Addition de D. L. de Camps. Ms. 209. Bibl. d'Avranches.

bastir la muraille qu'on y voit. Auprès d'icelle il fit faire le dongeon au dessus des degrés en entrant dans le corps de garde. De l'autre costé de Bellechaire joignant icelle il fit bastir la tour quarrée qu'on nomme la Perrine nom derivé de cet abbé Pierre et tant dans cette tour que dans le dongeon il y fit accomoder plusieurs petites chambres pour la demeure de ses soldats (car il estoit aussy capitaine de ce Mont). Outre cela il fit bastir tout le corps de logis qu'on voit depuis la Perrine jusques au lieu où est la cuisine de l'abbé, excepté la chapelle des degrés ditte de Ste Catherine laquelle fut faicte du temps de son predecesseur. Une partie, à sçavoir ce qui se voit depuis la Perrine jusques à la Bailliverie, il la destina pour la demeure des religieux infirmes. En l'autre partie il y fit loger le baillif ou procureur du monastere et s'y logea aussy. Il n'estoit pas moins soucieux de conserver les meteries et appartenances de ce monastere et fit faire de tous costez plusieurs bastiments. Il achepta aussy le fief de Noyant en la baronnie d'Ardevon[1]. Pour faire ces choses il luy estoit necessaire d'estre bon mesnager comme il le fut, et nous en voyons encore aujourd'huy des marques très evidentes. Car voyant que ce monastere estoit grevé de procez pour ses rentes et revenus et que c'estoit souvent à cause qu'on ignoroit la situation et limite des terres dependantes d'iceluy pour le grand desordre qui estoit dans le chastrier, il se resolut

---

[1] Ms. B. Fol. 164

luy mesme de feuilletter tous les papiers et de les mettre d'ordre [1]. Par aprez pour ne manquer à l'intelligence des situations et limites des terres il se transporta luy mesme sur les lieux avec quelques uns de ses religieux et là où il y avoit des differents il les vuidoit avec ceux qui croyoient y avoir interest, puis reduisoit le tout par escript d'un tel ordre qu'incontinant qu'on venoit à douter de quelque chose sur ce sujet on en trouvoit dès aussy tost la solution dans les livres qu'il compila à cette occasion. Et afin que tous les originaux depuis la fondation de ce monastere jusques à son temps demeurassent toujours sains et entiers il les fit tous transcrire dans un gros livre de parchemin qu'on nomme *livre blanc* [2]. Ensuite d'une telle diligence voyant que plusieurs prieurez dependants de ce monastere avoient esté erigez par les abbez volontairement sans aucune obligation des fondateurs, il impetra permission du pape d'en supprimer cinq et de les unir comme au commencement à cette abbaye de peur qu'avec le temps ils ne vincent à en estre alienez du tout. Il obtint aussy que la thresorerie de ce Mont ne se put obtenir en cour de Rome sans le consentement des religieux et supprima l'office de sacristain avec permission de Pierre Cardinal diacre et légat du sainct Siege en France pour employer le revenu de cet office aux reparations de ce monastere.

---

[1] Ms. ⊥ Fol. 33.
[2] Les bulles et lestres sont en ce monastere et au cartulaire. B. Fol. 15, 17, 17, 132, 317, 20, 30.

S'occupant à tout ce que dessus il fut appellé à la cour du roy de France Charles sixiesme pour estre un des premiers de son conseil et à cette occasion prevoyant qu'il seroit souvent absent il fit un appoinctement ou concordat[1] avec ses religieux par lequel il estoit dit que, tandis qu'il seroit abbé de ce monastere soit qu'il fut present ou absent, il recevroit des biens d'iceluy pour sa mense abbatiale douze cens livres tous les ans. Après cet appoinctement nous trouvons qu'il fut souvent absent ainsy que nous avons dit qu'il avoit preveu. Et nous lisons que l'an mil trois cens nonante neuf il regentoit à Paris en la faculté des decrets[2]. Et d'autant que de son temps la Ste Eglise fut affligée d'un monstreux et detestable schisme qui dura depuis la mort de Gregoire onziesme jusques à l'election de Martin cinquiesme au souverain pontificat, cet abbé fut envoyé de par le roy de France[3] souvent en ambassade en Italie, Hongrie, Aragon, Angleterre et en plusieurs autres lieux pour exhorter un chacun à reconnoistre un mesme pape. A quoy il s'estudia grandement tant de corps que d'esprit. Et finalement l'an mil quatre cens huict il fut envoyé de par le roy avec plusieurs autres prelats à Pise où sa prudence fut grandement admirée du concile. Et là Philarge Candiot ayant esté esleu pape et nommé Alexandre cinquiesme, il fut pris d'iceluy en grande affection et le fit son referen-

---

[1] Il est dans les archives.
[2] Ms. B. Fol. 155.
[3] Ms. J Fol. 35.

daire, office qu'il exerça pendant sa vie et qui luy fut continué par Jean vingtiesme, successeur dudit Alexandre jusques à ce que l'an mil quatre cens dix le quatorziesme de febvrier il plut à Dieu appeller cet abbé à soy lors qu'il estoit à Boulongne la grasse l'an soixante et uniesme de son aage. Robert Jolivet son chapelin fit enterrer honorablement son corps en la ville de Boulongne dans l'eglise des freres prescheurs [1].

CHAPITRE VINGT DEUXIESME.

De Robert second trentiesme abbé [2].

Robert surnommé Jolivet, natif de Montpinçon, diocèse de Constances, receut l'habit de religieux en ce monastere l'an mil quatre cens un, où peu après il fut esleu procureur. A raison de quoy, Pierre Le Roy, son abbé, l'envoya au diocese de St Malo l'an mil quatre cens six faire publier l'union du prieuré de Sainct-Meloir à cette abbaye et ès lettres faictes sur ce sujet ses qualitez sont exprimées en cette sorte [3] : *Religiosus*

---

[1] Mss. Z Fol. 33. II₁₀ Fol. 12 et R. 7, R. 8 et O₁.
[2] Ms. II₁₀ Fol. 13.
[3] Ms. B. 358.

vir et honestus frater Robertus Joliveti, presbyter, magister in artibus et prior prioratus sancti Broladii, Dolensis diocesis, procurator religiosorun et honestorum virorum dominorum abbatis et conventus monasterii Sancti Michaelis in periculo maris. S'acquitant bien de sa charge il fut fort aymé de son abbé lequel l'an mil quatre cens huict, allant au concile de Pise ainsy que nous avons dit cy dessus, le mena avec soy et le retint tousjours jusques à sa mort luy baillant un peu auparavant quatre mille escus d'or et plusieurs joyaux pour apporter et donner à ce monastere. Robert ayant rendu les derniers devoirs à son maistre commença de penser à ses affaires et auparavant que de se mettre en chemin pour venir en ce Mont il fut trouver le Pape Jean vingt troisiesme qui estoit lors à Boulongne et lui demanda d'estre abbé de cette abbaye [1]. Ce que Sa Sainteté luy accorda et quarante jours d'indulgence pour tous ceux qui entendroient sa messe toutes et quantes fois qu'il celebreroit pontificalement. Asseuré de ses demandes il paya ce qu'il falloit pour ses bulles et se mit en chemin [2]. Arrivé en ce Mont, il annonça aux religieux ses confreres la mort de leur abbé et sans faire mention d'autres choses il dit qu'il estoit expedient de s'assembler en chapitre pour proceder à l'élection d'un abbé et tous unanimement par permission divine l'esleurent. (Et si cela fut arrivé autrement c'eut esté peut etre matiere de grands debats

[1] Ms. ↓ Fol. 36.
[2] Ms. R. 8, p. 346.

et procez). De quoy fort content il leur monstra les bulles qu'il avoit obtenu du pape et les quatre mille escus d'or que son predecesseur leur donnoit, ce qui les rendit tous fort joyeux. De cet or, l'abbé Robert y contribuant aussy beaucoup, on fit faire plusieurs riches ornements dont nous en voyons encore une bonne partie[1] : à sçavoir une chapelle complete de velours violet parsemée d'estoilles d'or et au milieu de chaque une R et une crosse. Item une autre de velours rouge parsemée de fleurons d'or et une chappe de drap d'or. Item une autre de satin blanc parsemée de fleurons de soye renaissants. Item le baston pastoral fort riche, bien esmaillé et façonné qui pese vingt cinq marcs d'argent. Item une mitre ornée de plusieurs riches pierreries et ayant le fond couvert de grosse semence de perles. Item une grande croix qui pese vingt cinq marcs d'argent sur laquelle sont gravées plusieurs coquilles, plusieurs R et des crosses à travers des susdites R. Sur icelle sont aussi les dictons suivants : Generationem ejus quis enarabit. Lignum vitæ in medio paradisi. Ego flos campi et lilium convallium. In cibum eum fructus ejus. Item une autre petite croix d'argent où sont plusieurs R. Item la grosse horloge et sur la crosse nous y lisons ces mots : mil quatre cent douze l'année de l'abbé Robert fu donnée. Cet abbé fit faire plusieurs autres choses qui ne parroissent plus. Il fit aussi travailler à dresser plusieurs bastiments et dependances de ce monastere. Durant qu'il

---

[1] Ms. R. 8.

faisoit faire toutes ces choses il ne laissoit de demeurer presque tousjours à Paris où il estudioit en la faculté de decrets [1] L'an mil quatre cens onze il avoit là pour regent Simon abbé de St-Pierre de Jnmiéges, docteur en laditte faculté, et l'an mil quatre cens seize, y estudiant encore, Jean Crepon docteur en la mesme faculté estoit son maistre. Tost après, il sortit de Paris pour venir deffendre ce monastere des ravages que faisoient les Anglois par toute cette province à quoy il s'occupa virilement jusques à ce que l'an mil quatre cens vingt il s'absenta derechef et ne revint oncques depuis.

CHAPITRE VINGT TROISIESME.

Jean Gonault gouverne cette abbaye durant l'absence de son abbé Robert Jolivet.

Robert Jolivet s'estant absenté et demeurant le reste de sa vie en divers quartiers de Normandie le pape ordonna pour vicaire general en cette abbaye tant pour

---

[1] Les lettres de scholarité de cet abbé sont en ce ce monastere. L'on voit les armes de cet abbé en plusieurs endroits. Blason : porte d'azur au chevron d'or chargé de trois tourteaux de sable avec trois glands d'or dressés la pointe en haut dans les cocques de sable, deux

le spirituel que pour le temporel Jean Gonault religieux de ce Mont lequel n'eut presque aucun contentement en cette charge. Car il falloit tous les jours se deffendre des ennemis qui assailloient cette place. Et pour la conserver sous l'obéissance des roys de France lui et ses religieux engaigerent de leur bon gré à Dinan et à St Malo toutes les richesses et thresors de ce monastere. Outre ces infortunes de guerre il vit l'an mil quatre cens vingt et un, la veille de St Martin tout le haut de cette eglise jusques aux chaires du chœur tomber par terre sans neanmoins, Dieu mercy, que personne fut blessé ¹. Pour remedier à ce deplorable accident Charles septiesme roy de France qui pour lors n'estoit encore que dauphin obtint des indulgences du St Siege pour exciter les fideles à venir en pelerinage en ce Mont et y faire des aumosnes pour reparer ces ruines ; mais cela ne réussit, car les guerres estoient trop sanglantes tous les jours en ces quartiers

en chef et un en pointe. Le mesme abbé fit mettre ailleurs ses armes en cette sorte, un chevron d'argent à trois roses aussy d'argent deux en chef et une en pointe le tout en champ d'azur, pour cimier une croce d'argent.

Addition de D- L. de Camps. Bibliothèque d'Avranches Ms. N. 209.

¹ 1421. Pars ecclesiæ Montis corruit unde versus :

L'eglise sainct Michel du Mont
Depuis la tour tout en amont
Tout à coup en ruine vint,
L'an mil quatre cent un et vingt,
En la vigile sainct Mathieu,
Sans blesser homme. Benist soit Dieu.

Accipe millenos et centenos quater annos
Bis denos, unum, feria vigilante Matthæum,
Illæsis cunctis, hæc ruit ecclesia.

entre les François et les Anglois et un chacun songeoit plustost à s'eschapper des dangers qu'à entreprendre des pelerinages. Jean Gonault aussy eut recours au concile de Basle se plaignant que l'abbé Robert jouissoit des biens de cette abbaye et y laissoit aller tout en ruine et obtint une bulle de ce concile pour contraindre cet abbé[1]. Mais c'estoit perdre du parchemin et de l'encre, car le roy d'Angleterre qui occupoit toute la Normandie et qui permettoit à l'abbé Robert de jouir des biens de son monastere ne luy eut permis d'y apporter du secours, ce Mont seul en tout ce pays resistant à ses commandements. Jean Gonault luy mesme eut peut-estre remedié à ces malheurs si le cardinal Guillaume d'Estouteville ne luy fut venu à la rencontre ainsy que je vais dire.

CHAPITRE VINGT QUATRIESME.

Les religieux eslisent Jean Gonault pour estre leur abbé mais le pape en faict le cardinal d'Estouteville commendataire[2].

Robert Jolivet abbé de cette abbaye estant mort l'an mil quatre cens quarante quatre le dix septiesme jour

---

[1] Nous voyons encore cette bulle.
Mss. Z Fol. 34. ⋏ Fol. 178 et 179. ⋎ Fol. 40. R. 7, R. 8 et O1.

de juillet en la ville de Rouen où il fut enterré à St Michel du Vieux Marché les religieux esleurent pour luy succeder Jean Gonault religieux profez de ce Mont depuis l'an mil quatre cens onze et vicaire du deffunct depuis l'an mil quatre cens vingt. Cette election faicte au grand contentement de tous ceux de ce Mont trouva incontinant de la resistance. Car Louys d'Estouteville capitaine de cette place pour le roy fit advertir son frere le cardinal Guillaume d'Estouteville demeurant lors à Rome de la mort de l'abbé Robert et supplia Charles septiesme roy de France d'en rescrire au pape à ce que Sa Saincteté donnast cette abbaye au cardinal, ce qu'elle fit sans prejudice des droicts de cette abbaye à l'advenir; et luy en fit donner des provisions pour en estre commendataire et perpetuel administrateur[1]. Cela faict, le troisiesme de septembre de la susditte année mil quatre cens quarante quatre, le cardinal esleut pour ses procureurs et vicaires generaux et speciaux avec toute commission Matthieu abbé de St Melaine, Geffroy Bertrand prieur du prieuré de St Martin de Josselin, Martin Tahon chanoyne de St Martin d'Angers et Guillaume Hebert son familier et secretaire. Avec cette procuration ce dernier partit incontinant de Rome et arriva en ce Mont, prit possession de cette abbaye au nom du cardinal, à quoy s'opposerent les religieux qui avoyent esleu Jean Gonault selon la regle de St Benoit et les privileges des papes donnez à ce monastere. Mais nonobstant tout cela, restoit à voir com-

---

[1] L'original est en ce Mont.

ment on procederoit en cette affaire. Jean Gonault à qui la chose touchoit de plus près, ne luy restant plus qu'à faire confirmer son election envoya pour ce sujet de ses religieux vers l'evesque d'Avranches lequel refusa de les entendre, sçachant que le cardinal d'Estouteville en estoit pourveu du pape; de là ils furent devant l'archevesque de Rouen puis devant celuy de Lyon où estant encore refusez ils se resolurent d'aller à Rome où cette cause fut agitée de part et d'autre et finalement conclue en faveur du cardinal. Eugene quatriesme lors souverain pontife en met la cause dans sa bulle en ces termes :

Eugenius episcopus, servus servorum Dei, et plusieurs lignes après : ad specialem et expressam supplicationem charissimi in christo filii nostri Caroli Francorum regis illustris, prœdictum monasterium sicut prœmittitur vacans, ex rationabilibus causis, de fratrum nostrorum Sanctœ Romanœ Ecclesiœ cardinalium consilio et assensu, commendavimus dilecto filio nostro Guillelmo tituli sancti Martini in montibus prœsbitero cardinali, dicti regis consanguineo pro eo quia tam per litteras dicti regis quam alias fuimus certificati dictum monasterium esse in loco eminenti et forti et quod bona et diligenti custodia egeret, cum esset situm in confinibus dicti regni, essetque propterea pernecessarium inibi fore personam fidelem et potentem quœ per se et suos dictum monasterium totumque locum cum suis munitionibus custodiret. Neque id melius fieri posse videretur quam concederetur in commendam prœfato cardinali[1]. Cela se passant à Rome, le parlement de Paris estoit pour Jean Gonault et le mettoit en possession des biens de cette abbaye. Neanmoins à la parfin les deux parties adverses s'accorderent amiablement en cette sorte.

1° Jean Gonault ceda le droict qu'il avoit sur cette abbaye à raison de son election et accorda au cardinal qu'il en seroit abbé commendataire et promirent tous deux de renoncer à toutes controverses meues sur ce sujet en telle forme et maniere que besoin seroit.

2° Le cardinal s'obligea de payer à Jean Gonault tous les ans deux cens saluts d'or bons et de legitime poids jusqu'à ce qu'il plairoit à Dieu appeller ledit Gonault de ce monde ou jusques à ce que ledit cardinal luy eut faict avoir un benefice equivalant, situé en place commode audit Gonault et sur ce le cardinal s'obligea d'en obtenir des bulles du pape.

3° Le cardinal promit et s'obligea de ne jamais demander ou faire demander à Jean Gonault rien des deux mille cinq cens escus qu'il avois pris de cette abbaye pour poursuivre les susdittes conventions.

4° Jean Gonault s'obligea autant que faire le pourroit de faire cesser tous les procez meuz au parlement de Paris de sorte que le cardinal n'en pourroit jamais estre inquieté et reciproquement le cardinal promit et s'obligea de faire la même chose à Rome et tous deux à leurs propres coups et despens[2].

---

[1] L'original est en ce monastere.
[2] L'accord est en ce Mont.

Par ces accords qui furent faicts à Chinon l'an mil quatre cens quarante six, le lundy dernier jour de janvier, en presence de Jean Gonault, Guillaume Hebert faisant pour ledit cardinal, Louys et Robert d'Estouteville freres du cardinal, le cardinal Guillaume d'Estouteville fut reconnu en cette abbaye et en fut le premier commandataire [1], lequel dans les archives de ce Mont est nommé seculier pour le distinguer de tous ceux qui auparavant luy ont estez abbez de ce monastere lesquels ont estez reguliers c'est à dire ont fait profession de garder et observer la regle de St Benoist et ont porté l'habit monacal. Les religieux de St Martin des Champs à Paris disent qu'il a été religieux en leur monastère. Mais si cela est, peut estre qu'il ne fit point profession ou s'il la fit qu'il se fit par après secularizer comme en ce temps a fait l'archevesque de Bordeaux [2].

[1] Ms. G. Fol. 22.
[2] F. Martin Maurier en son histoire dudit St Martin imprimée en l'an 1637 le dit aussy p. 255 et cite Ciacon, mais luy et Ciacon se trompent et Maurier devoit remarquer que le cardinal était seculier par le titre qu'il met p. 261 eù parlant de la reforme faicte l'an 1500.

CHAPITRE VINGT CINQUIESME.

De ce que fit le cardinal d'Estouteville en cette abbaye en estant commendataire.

Le cardinal Guillaume d'Estouteville gouverna par vicaires et procureur ce monastere tout le temps qu'il en fut commendataire et demeura presque tousjours à Rome où il obtint des papes qui gouvernerent successivement l'eglise plusieurs bulles contenantes indulgences plenieres de mesme que si on visitoit les eglises de St Pierre et St Paul à Rome pour tous ceux qui visiteroient cette eglise St Michel du Mont et y aumosneroient de leurs biens pour la fabrique. Par ce moyen comme aussy avec l'ayde du revenu de l'abbaye on commenca à rebastir le haut de l'eglise qui depuis l'an mil quatre cens vingt et un estoit tombé en ruine non pas comme auparavant mais si superbement et avec tant d'artifice que si on eut voulu continuer à faire bastir le reste de l'eglise de mesme facon on n'en eu pu voir en France une plus belle pour la structure; et cela ce faisoit si diligemment que bien tost on en esperoit la fin. Ce qui eut esté si on n'eut discontinué cet ouvrage vers l'an mil quatre cens cinquante deux lorsque ces dix piliers qu'on voit autour du grand autel estoient dejà eslevez jusques à la hauteur du circuit et des chapelles qui sont autour, lesquelles comme aussy le circuit furent achevées et couvertes de plomb en ce temps là, comme on le voit maintenant, et pareillement le dessus des piliers et arcsboutants imparfaicts et la voute qui est dessous le grand autel à ce que la pluye n'y fit aucun tort. Cependant il y avoit une muraille ou est maintenant la grille de fer entre le grand autel et les chaires laquelle estoit continuée jusque au haut et on se servoit du reste de l'eglise pour celebrer le service divin et rendre ses vœux au glorieux Arcange St Michel.

En cet œuvre sous deux pierres de deux piliers qui sont à costé du grand autel sur lesquelles ordinairement on met deux chandeliers les architectes firent cizeler les armes du susdit cardinal et sur une pierre de la muraille qui est du costé du septentrion où est la petite sacristie ils y firent mettre ce cyphre MCCCCL. Le cardinal vint voir cet œuvre l'an mil quatre cens cinquante deux le dix septiesme d'apvril, estant pour lors legat en France, pour exciter les roys de France et d'Angleterre à la paix et à dresser leurs armes contre les Turcs et demeura quelques jours en ce Mont, d'où sortant il s'en alla à Paris où le premier jour de cette mesme année il establit l'ordre qui s'y observe encore à present pour la creation du recteur de l'université. De là il retourna a Rome où il mourut fort aagé le 23 janvier l'an mil quatre cens quatre vingt deux[1]. Durant

---

[1] Primus abbas commenditarius Montis Sancti Michaelis in periculo maris ad quem bis aut ter accessit paucisque diebus moratus est. Ministri illius, ejus jussu et imperio, partem ecclesiæ dicti Montis quæ est supra chorum ad summitatem capellarum extrui curaverunt, p Ms. 18, 947. Fol. 153 v°. Mss. ⸶ Fol. 41. R. Fol. 8 et G. Fol. 32.

sa vie il eut plusieurs benefices ensemble. Car outre qu'il estoit cardinal du titre de St Martin ès Monts et commendataire de cette abbaye, il fut aussy archevesque de Rouen; eveque d'Ostie; abbé de St Guedas du Bois au diocese de Nantes; prieur des prieurez conventuels de Lehon près Dinan et de Ste Marie de Cunault en Anjou. Aussi par permission du pape il fut prieur des deux meilleurs prieurez de cette abbaye. Nous ne sçavons s'il n'eut point d'autres benefices. Nous trouvons que l'an mil quatre cens quarante huit l'abbé de St Melaine estant mort il plaida contre frere Mathurin Le Lyonnayer qui avoit esté esleu par les religieux pour abbé et tacha de l'en debouter, mais il perdit sa cause [1].

CHAPITRE VINGT SIXIESME.

D'André Laure trente et uniesme abbé regulier.

Les nouvelles de la mort du cardinal d'Estouteville estant parvenues jusques en ce Mont frere Guillaume Le Maire prieur claustral de cette abbaye et tous ses

[1] Ciacon dit qu'il fut evesque d'Angers; mais il ne le fut, bien qu'il tachât de l'estre et en eut des bulles du pape.

religieux [1] s'assemblerent en chapitre le troisiesme de febvrier l'an mil quatre cens quatre vingt deux et esleurent par faveur (ce disent nos manu-scripts) André Laure chantre et archidiacre de ce Mont, prieur de ce prieuré de Pontorson et religieux de cette abbaye depuis l'an mil quatre cens septante quatre. Iceluy accepta cette election à condition que s'il arrivoit par cas fortuit qu'il fut empesché de jouir de cette abbaye comme avoit esté Jean Gonault il rentreroit en la possession des biens offices et benefices qu'il avoit au temps de son election. Personne ne s'y opposant, il en fut reconnu le trente et uniesme abbé regulier. Iceluy estoit natif du Dauphiné, de la noble maison de Vessyly auprès la ville de Cremieu et avoit son oncle capitaine de ce Mont. De son temps il acquist à cette abbaye le fief d'Assigny et celuy de Haqueville sis en la paroisse de Grandville. Il fit aussy vitrer les chapelles de l'eglise de ce monastere où il fit peindre ses armes, celles du cardinal d'Estouteville comme aussy l'histoire de la fondation de ce Mont et le sacre des Roys de France. Plusieurs depuis ce temps là ont adjousté leurs armes à ces vitres. Or jaçoit que cet abbé au temps qu'il fut esleu en cette dignité fut docteur en l'un et l'autre droict, neantmoins presque tousjours depuis il demeura à Paris pour acquerir sciences, ce disent les manu-scripts de ce Mont, et finalement mourut l'an mil quatre cens nonante neuf le vingt cin-

---

[1] Qui estoient reduits au nombre de 25 sous le susdit cardinal. Ms. d'Avranches n° 209, p. 67. Mss. ⚭ Fol. 41, Z Fol. 30 A Fol. 186.

quiesme jour de mars et fut enterré en cette eglise devant l'autel de St Sauveur.

CHAPITRE VINGT SEPTIESME.

De Guillaume de Lamps trente deuxiesme abbé regulier [1].

Un moys après la mort de l'abbé André Laure ou environ, les Religieux assemblez en chapitre esleurent pour lui succeder Guillaume de Lamps, natif du Dauphiné de la maison de Mouchel, religieux de ce monastere depuis l'an mil quatre cens septante sept, lequel mourut l'an mil cinq cens dix le premier jour de mars et fut enterré derriere le chœur de cette eglise dans la chapelle de Notre Dame où on voit son sepulcre relevé et au dessus son effigie en bosse revestue pontificalement avec ses beaux faicts gravez sur deux lames de cuivre [2]. Là il est dit qu'il fit faire le *Sault-Gaultier*

---

[1] Mss. ⊥ Fol. 41. Z. Fol. 37. λ Fol. 188. ϴ1.

[2] Et au dessus de tout joignant la muraille sont ses armes portées splendidement de deux anges. Il portoit parti d'argent et de gueules au lion de l'un en l'autre armé et lampassé de mesme et pour cimier un baston pastoral.

Ms. d'Avranches n. 209, p. 59.

ainsi nommé parce que tel fut le plaisir de cet abbé : la galerie qui y est joignante, le logis qui est au bout de la galerie jusques à la chapelle de Ste Catherine qu'on voit maintenant sans autel, où est un degré au dedans par lequel on monte de cette chapelle au haut de l'edifice. Et fit couvrir de plomb ce logis et le suivant qui est dessus la chapelle de Ste Catherine jusques au degré qui est devant la citerne du Solier qu'on diroit qu'ils auroient estez faicts en mesme temps : il fit faire l'aumosnerie et la cisterne qu'on y voit. Il fit continuer l'œuvre discontinué du temps du cardinal d'Estouteville depuis la hauteur des chapelles jusques aux secondes vitres. Il fit faire le jardin qu'on voit du Sault Gaultier, la chapelle et le logis joignant ce jardin et applanir tant la cour qu'on y voit que le chemin par lequel on y descend de cette abbaye. Il fit grandement travailler aux manoirs de Brion et de Loysiliere et entretenoit ordinairement quatre vingt manœuvres pour faire travailler ainsy. Maintenant tous les susdits logis tant en cette abbaye qu'ès despendances sont mal entretenus et quelques uns desjà tombez en ruine à cause de l'absence des abbez commendataires. Cet abbé outre toutes ces choses achepta plusieurs vases d'argent doré jusques à la somme de dix mille livres tournois lesquels il laissa à ce monastere, où on en voit encore quelques uns entre autres tout ce qui est marqué de ce dicton repeté : *Recours à Dieu*[1]. Il fit aussy faire quelques or-

---

[1] Entre autres un calice qui est le plus beau de cette abbaye, un fort beau bassin, deux grands verreaux, deux chandeliers. Ms. d'Avranches, n. 209 p. 59.

nements[1]. Outre tout cela le feu du ciel ayant bruslé le clocher et fondu les cloches il fit refaire le tout. Il fit plusieurs autres choses pour l'utilité de cette abbaye soit deffendant les droicts d'icelle, soit en les augmentant.

CHAPITRE VINGT HUICTIESME.

De Guerin Laure trente troisiesme abbé regulier.

A peine Guillaume de Lamps avait expiré que plusieurs se mirent en peine pour luy succeder, car pour lors la plus part des seculiers et de ceux qui portoient le nom et l'habit de religieux visoient plustost au revenu de la mense abbatiale que les abbez s'estoient faict petit à petit des biens donnez à la communauté, qu'à la charge d'abbé. Guerin Laure frere de l'abbé André Laure, religieux de ce Mont depuis l'an mil quatre cens quatre vingt quatre, prieur de deux prieurez de ce Mont et aumosnier de cette abbaye, pour avoir plus d'authorité en chapitre, s'ayda de la faveur du sieur de Boschage son oncle capitaine de cette place et en-

[1] Comme cette chapelle de damas blanc parsemée de fleurons de soye où sont ses armes.

voya par son moyen vistement des messagers à Bloys où estoit le Roy Louis douziesme pour impetrer de sa majesté des lettres de recommandation aux religieux ses confreres. Ce que Sa Majesté accorda et fit expedier des lettres sur ce sujet dont voicy la teneur[1] :

De par le Roy,

Chers et bien amez presentement avons sçeu la vacation de vostre abbaye au moyen de quoy et qu'elle est si très limitrophe que plus ne pourroit, nous desirons pour le bien et seureté de nostre royaume qu'il y soit pourveu de personne à nous feable et qui soit pour sçavoir regir et entretenir laditte abbaye et soutenir les droicts d'icelle. Et pour ce que les bonnes mœurs, vertus et honnesteté de vie de nostre cher et bien amé frere Guerin Laure, religieux de vostre ordre, prieur de St Brolade, nepveu de nostre amé et féal conseiller et chambellan ordinaire et chevalier de nostre ordre le sieur Boschage vous sont assez connues d'autant qu'il a esté dès son infance religieux de vostre abbaye et vicaire d'icelle du temps de feu son frere, predecesseur abbé du dernier decedé et que en consideration de ce et mesmement à l'imitation de son oncle nous avons toute seureté et bonne confidence en sa personne, à cette cause nous vous prions le plus que faire pouvons

[1] Lettre tirée de l'original et transcripte mot pour mot.

que tous d'un accord et consentement le veilliez eslire en vostre futur abbé sans mettre la chose en difficulté pour eviter tout brouilly. En quoy faisant vous ferez le grand bien de vostre eglise et de vous tous, et de nostre part nous aurons la ditte election tant agreable que plus ne pourrions. Et en faveur de ce vous en aurons, ensemble les affaires de vostre ditte abbaye en plus grande recommandation, ainsy que vous dira le sieur de Murmays auquel nous escrivons plus amplement de cette matiere pour sur ce vous faire les remonstrances necessaires, lequel vous prions que croyez en obtemperant à ce qu'il vous en dira de nostre part. Donné à Bloys le quatriesme jour de mars. Signé : Louys, et plus bas : Robertet avec un paraphe.

Incontinant cette lettre fut apportée en ce Mont et presentée aux Religieux qui s'assemblerent en chapitre pour voir ce qu'il falloit faire sur ce sujet. Où outre cette lettre le sieur de Murmays lieutenant en ce Mont sous la charge de l'oncle dudit religieux donna tant de raisons que cette election se devoit faire que tous conclurent selon son desir et assirent Guerin Laure sur la chaire abbatiale. Nous ne sçavons ce qu'il fit durant qu'il fut abbé. Il mourut l'an mil cinq cens treize, en vendredy le dixiesme de febvrier sur les dix heures du matin et fut enterré le lendemain en cette abbaye dans la chapelle de Notre-Dame auprès de son predecesseur où il n'y a aucune marque de luy[1]. Quelques jours au-

---

[1] Et mourut ainsy sans rien effectuer l'an 1513 au chasteau de Brion où il prenoit ses divertissements. Ms. d'Avranches n° 209, p. 60. Mss Z Fol. 38 et λ Fol. 189.

paravant qu'il fut esleu abbé de cette abbaye a sçavoir le onziesme de janvier mil cinq cens dix, les religieux de l'Abbaye de Laissé apres avoir sçeu la mort de leur abbé commendataire Jean Vallin prestre prothonotaire apostolique l'eslurent pour leur abbé, en vertu de quoy il jouist jusques à sa mort tant de cette abbaye du Mont que de celle de Laissé par privilege du Pape.

CHAPITRE VINGT NEUFIESME.

De Jean de Lamps trente quatriesme et dernier abbé regulier en cette abbaye[1].

Jean de Lamps frere de l'abbé Guillaume de Lamps, duquel nous avons parlé, prieur claustral de ce monastere depuis le septiesme de may mil cinq cens un, fut esleu abbé de ce Mont incontinant apres la mort de Guerin Laure et le vingt huictiesme du moys de mars l'an mil cinq cens treize le mardy après le dimanche de *Lœtare Jerusalem*, en prit publiquement possession. De son temps il fit parachever tout le haut de l'edifice qui est sur le grand autel à sçavoir depuis le haut des premieres vitres jusques à la derniere ardoise des cou-

[1] Ms. Z Fol. 37 et 39. ⋋ Fol. 190.

vertures et fit accomplir le tout soit vitres, piliers, voutes ou toicts selon qu'on voit à present[1]. A la voute il fit mettre les armes de France, celles de cette abbaye et les siennes mais celuy qui luy succeda retirant ces dernieres y fit mettre les siennes. Quant aux vitres qu'il fit mettre au-dessus du grand autel il y fit peindre au milieu les armes de France et de Normandie puis à costé gauche les siennes et son portraict au dessus en habit monacal, du costé droict il fit mettre les armes du cardinal d'Estouteville et son portraict au-dessus en habit de cardinal. Du depuis Jean le Veneur cardinal fit mettre ses armes sur l'oratoire sur lequel semble s'appuyer le cardinal d'Estouteville; et Arthur de Cossé se fit mettre derriere en habit violet. De l'autre costé le cardinal d'Annebault se fit peindre selon qu'on voit encore à present. Mais retournons à notre dernier abbé regulier. Il fit faire plusieurs bastiments aux manoirs de Brion et de Loysiliere et ès autres manoirs dependants de ce monastere. Il acquist le fief de St Martin le Vieil et cens livres de rentes foncieres sur la terre de Bricqueville et finalement mourut l'an mil cinq cens vingt trois le quatriesme de decembre et fut enterré dans la chapelle Nostre-Dame auprès de ses deux predecesseurs. Les religieux y firent mettre son effigie en bosse representée à genoux sur un pilier[2].

[1] Hic fraterque suus partem ecclesiæ quæ est supra chorum à cardinale d'Estouteville incœptam perfici curaverunt. Ms. 18.947. Fol. 154 R°.

[2] 1522. Die 25 jullii terræ motus magnus factus est in Normannia et præcipue in Monte Tumba; terra mota est per horam scilicet à decima ad undecimam sine ulla intermissione. Ms. 18.947. Fol. 154 R°.

CHAPITRE TRENTIESME.

Des privileges des Papes donnez à ce monastere touchant l'election des abbez par les Religieux[1].

Auparavant que de parler de l'election de Jean Le Veneur pour abbé de ce monastere il sera bon de rapporter icy brievement les privileges donnez aux religieux sur ce sujet d'autant que pour lors le roy de France François premier s'en enquist grandement.

L'an neuf cent soixante six, Richard premier du nom troisiesme duc de Normandie mettant des religieux en cette eglise ordonna qu'ils eliroient leurs abbez selon que veut St Benoist en sa regle et que tant que faire se pourroit ce fut un religieux de ce monastere ou d'un autre du mesme ordre si en icelluy il ne si en rencontroit aucun digne de cet office. Et afin qu'une telle ordonnance eut plus d'authorité il la presenta au roy de France Lothaire son seigneur et son roy lequel la confirma estant pour lors à Laon et conseilla au duc de la faire corroborer par l'authorité du pape à ce que jamais personne n'entreprit de l'enfrindre. Ce qu'il fit. Ou pour mieux dire le roy de France

---

[1] RR. Fol. 135. AA. et B. Nous voyons encore toutes les bulles mentionnées en ce chapitre saines entières et sont dans les archives.

Lothaire ne se contenta de luy conseiller mais en supplia luy mesme le pape Jean treiziesme, ce que fit aussy Hugues archevêque de Rouen ainsy qu'il appert dans dans la bulle qui contient les mots suivants : « Noverit cunctorum notitia fidelium quod ego Joannes pii conditoris clementia Sanctœ Romanœ Sedis existens indignus Papa, gloriosi francorum regis Lotharii necnon et sanctœ Rothomagensis ecclesiœ archiprœsulis Hugonis, atque Ricardi Normanorum marchisi summisso pulsatus rogatu pro Monte sancti Michaelis videlicet in maris pelago sito quem ipsi, acti amore superni regis, in melius restauraverant, monachorum inibi aggregantes normam prœceptoque regali firmaverant, quod et ipse hoc facere non differerem. Quorum assentiens benignœ petitioni astruo et corroboro quo fine tenus in eo quo nunc pollet permaneat monachili ordine, ipsique monachi de suis sibi adhibeant pastorem. Si quis autem id molitus fuerit contra ire ex authoritate Patris et Filii et Spiritus sancti sanctœque Dei Genitricis et sancti Michaelis sanctorumque canonum, perpetuœ sit addictus maledictioni, nisi respuerit nostraque stimulatio inconvulsa permaneat. »

De plus Richard second confirmant ce que dessus dit ces mots : « Porro de ordinatione abbatum vel monachorum sive clericorum loci hoc decrevimus ut juxta quod à supradicto meo genitore sancitum est generali assensu Romani concilii monachi... ordinandos sibi eligant et ut sibi placuerit à quolibet episcopo suœ vicinitatis aut in illius sede aut in suo monasterio ordinari faciant. »

Ce nonobstant quelques ducs de Normandie etant allez contre (ne mettant toutefois l'abbaye en commande) les papes pour s'opposer tant à eux qu'à leur successeurs en donnerent d'autres plus amples et avec plus de menaces contre ceux qui presumeroient d'aller au contraire.

Eugene troisieme l'an mil cent cinquante donna une bulle à ce monastere en laquelle il dit parlant à l'abbé : « Obeunte vero te nunc ejusdem loci abbate vel tuorum quolibet successorum, nullus ibi surreptionis astutia seu violentia præponatur, nisi quem fratrum communi consensu, vel fratrum pars senioris consilii, secundum Dei timorem et sancti Benedicti regulam providerunt eligendum. » Alexandre troisiesme et Alexandre quatriesme disent la mesme chose ès bulles qu'ils ont donnez à ce monastere et icelles, outre les seaux de plomb, sont signées des susdits papes et de plusieurs cardinaux tant prestres que diacres. Honoré troisiesme; Gregoire neufiesme, Martin quatriesme ; Nicolas quatriesme ; Boniface huictiesme; Clement cinquiesme; Jean vingt deuxiesme; Clement sixiesme ; Urbain cinquiesme et Gregoire onziesme confirment les bulles precedentes. Bref Alexandre quatriesme ci dessus nommé outre plusieurs autres qu'il donna sur ce sujet donna aussy la suivante pour pour tous les droicts de ce monastere.

« Alexander episcopus, servus servorum Dei, dilectis filiis abbati et conventui monasterii Sancti Michaelis de periculo maris, ordinis Sancti Benedicti, Abrincensis diœcesis, salutem et apostolicam benedictionem.

Volentes monasterii vestri libertates, immunitates, jurisdictiones, honores et jura illibata omnino servari, prœsentium vobis authoritate concedimus ut gratiis et indulgentiis vobis communiter vel divisim aut eiden monasterio ab apostolica sede concessis uti libere sine contradictione aliqua valeatis, non obstantibus aliquibus litteris si quœ ab eadem sede in diminutionem gratiarum vel indulgentiarum hujusmodi emanarunt; vel si quas in posterum contigerit emanare non facientes plenam et expressam de prœsentibus mentionem; excommunicationis, suspensionis et sententias, si quas contra hujusmodi gratias vel indulgentias in vos vel vestrum aliquos fieri contigerit decernentes irritas et inanes, et revocantes si quœ forsitan sint prolatœ. Nulli ergo omnino hominum liceat hanc paginam nostrœ concessionis et revocationis infringere vel ei ausu temerario contraire. Si quis autem hoc attemptare prœsumpserit indignationem omnipotentis Dei et beatorum Petri et Pauli apostolorum ejus se noverit incursurum. Datum Laterani tertio idus januarii pontificatus nostri anno tertio. »

Les autres papes susdits ne concluent point leurs bulles avec moindres imprecations. Cela estant voyons maintenant comment se fit l'élection de Jean le Veneur pour abbé.

CHAPITRE TRENTE ET UNIESME.

De Jean Le Veneur second commendataire.

Dès aussy tost que Jean de Lamps abbé fut mort plusieurs se mirent à courir la poste vers la ville de Bloys où estoit François premier, roy de France avec madame Louyse de Savoie sa mere pour demander à Sa Majesté d'estre nommez à cette abbaye. Mais personne d'eux n'emporta le prix, lequel fut reservé pour Jean Le Veneur evesque et comte de Lisieux qui suivoit la cour qui l'obtint selon que nous allons dire.

L'an mil cinq cent quinze, Leon dixiesme souverain pontife et le roy de France François premier s'entrevirent à Boulongne la Grasse où sa Saincteté octroya à sa Majesté la nomination aux archeveschez, eveschez, abbayes et prieurez vrayment electifs sous certaines formes et conditions, lesquelles entre autres exceptoient cette abbaye qui avoit outre le droict commun d'eslire plusieurs privileges des Papes qui confirmoient ce droict selon que nous avons desja monstré. Voicy les paroles du concordat du susdit pape Leon dixiesme et de François premier : « Leo episcopus, servus servorum Dei », et plusieurs lignes après : « De monasteriis vero et prioratibus conventualibus et vere electivis videlicet in quorum electionibus forma capitis quia propter servatur et confirmationis electionum hujusmodi solemniter peti consueverunt in regno, delphinatu et comitatu hujusmodi nunc et pro tempore etiam per similem cessionem vacantibus, illorum conventus ad electionem seu postulationem abbatis seu prioris procedere non possint, sed idem rex, illorum occurente hujusmodi vacatione, religiosus ejusdem ordinis in œtate viginti trium annorum ad minus, constitutum infra simile tempus sex mensium die vacationis monasteriorum et prioratuum hujusmodi computendorum nobis et successoribus nostris aut sedi hujusmodi nominare et de persona hujusmodi per regem hujusmodi monasterio vacanti nominata per nos et successores nostros seu sedem hujusmodi provideri. » Et quelques lignes après: « Per prœmissa tamen non intendimus in aliquo prœjudicare capitulis ecclesiarum et conventibus monasteriorum et prioratuum hujusmodi privilegia à sede apostolica proprium eligendi prœlatum obtinentibus, quominus ad electionem episcoporum ac abbatum et priorum juxta privilegia eis concessa libere procedere possint juxta formam in eorum privilegia contentam. »

On voit par là quel droict les roys de France avoyent de nommer aux abbayes et que celles qui avoyent des privileges du St Siege d'eslire leur abbé n'y estoient point comprises. Partant les couriers susdits ayant adverty le roy et madame sa mere de la vacance de ce monastere, ce qui restoit à faire à leurs Majestez estoit de s'enquerir si cette abbaye n'avoit point de privileges pour eslire ses abbez. Ce qu'ils firent et premierement madame Louyse de Savoye mere du Roy envoya la lettre suivante aux religieux et donna charge au porteur de les advertir que son intention estoit que l'Evesque de Lizieux fut leur abbé.

« De par madame Regente en France,

Chers et bien amez, nous avons presentement esté advertie du trespas de vostre feu abbé et pour ce que le roy, nostre très cher seigneur et fils et nous aurions à singulier plaisir qu'il vous feust pourveu en son lieu de quelque bon, vertueux et honorable pasteur pour vostre abbaye et vous bien regir, administrer et aussy qu'il feust personnage seur, loyal et feable audit seigneur et à la couronne de France ainsy que vous sçavez que la situation de vostre abbaye le requiert et pareillement le temps qui court à present; à cette cause nous vous prions et mandons bien expressement suivant le pouvoir à nous donné par nostre seigneur et fils qu'incontinant ces presentes receues vous ayez à depputer deux ou trois religieux d'entre vous pour venir icy devers nous et par eux nous envoyer vos privilleiges d'eslire, si aucun en avez, afin de les veoir et visiter par le conseil de nostre dit seigneur et fils, et s'ils sont bons et vallables soyez seurs qu'ils vous seront conservez et gardez comme il appartient. Mais cependant et jusques à ce que nous ayons faicts veoir iceux vos privileiges et dit et declaré à vos dits depputez le voulloir et intention de nostre dit seigneur et fils sur le faict et election ou postullation de vostre futur abbé, gardez sur tant que vous aymez le bien de vous et de vostre ditte abbaye d'eslire ou postuller en aucune maniere, vous advisant que après que aurez entendu ce que nous avons à diré à vos dits depputez cognoistrez que avons vostre ditte abbaye autant en bonne recommandation que nul autre de ce royaume et de sorte que avez cause d'estre grandement contents et satisfaicts. Donné à Bloys ce dixiesme decembre. Signé : Louyse, et plus bas : Robertet. »

Un courrier fut incontinant depesché pour apporter cette lestre et l'Evesque de Lisieux qui desiroit passionement estre abbé de ce monastere à cause du revenu, de peur que cette lettre n'eut assez d'authorité en obtint trois jours après une autre du roy telle que s'ensuit :

De par le Roy,

Chers et bien amez, nous avons presentement esté adverty du trespas de vostre feu abbé et pour ce que avez peu entendre et cognoistre par ce que vous a en dessus escript nostre très chère et très amée dame et mere le vouloir et le desir que nous avons à ce que nostre amé et feal conseiller l'evesque de Lizieux duquel nous avons autant ou plus de fiance que de prelat de cestuy nostre royaume soit pourveu de vostre ditte abbaye, ainsy qu'il est très requis et necessaire, attendu la grande et grosse importance dont nous est ladite abbaye prochaine et limitrophe de nos ennemys et le temps de guerre et hostilité qui court de present, à cette cause nous vous prions et mandons très expressement et sur tant que desirez nous obeyr et complaire que ayez à depputer deux ou trois bons personnages d'entre vous pour venir là part que serons et, par eux nous envoyez vos privileiges d'eslire, si aucun en avez, afin de les faire voir et visiter par nostre conseil et s'ils sont bons et vallables les vous conserver et garder comme il appartient, ausquels vos depputez nous dirons et ferons entendre plus amplement nostre vouloir et intention qui ne cedera seullement aus grant bien, prouffit et utilité de vous et de vostre ditte abbaye mais de tout nostre pays de Normandie. Parquoy derechief vous prions et mandons aussy le faire sans cependant et jusques à ce que ayons veu et faict veoir vos dits privilleiges proceder à aucune election ou postullation, et gardez que à ce ne faictes faute sur tant que craygnez nous desobeyr et desplaire. Donné à Bloys le treiziesme jour de decembre. Signé : François, et plus bas : Robertet avec un paraphe. »

Auparavant que cette seconde lettre fut arrivée les religieux s'estoient desjà assemblez en chapitre où ils avoyent faicts la lecture de la premiere et après avoir meurement pensé au contenu d'icelle avoyent conclu qu'il falloit obeir et traicter cet affaire amiablement avec telles personnes aux prieres et vouloirs desquelles il ne faict bon contrevenir. Et se presserent encore davantage entendant la lecture de cette seconde. Donc tant le prieur que le couvent envoyerent à Bloys trois des premiers d'entre eux à sçavoir Thomas Roussel chantre, Michel Danneville aumosnier, et Louys de Festan infirmier chargez des susdittes bulles des papes et privileges des roys de France touchant le poinct de l'election, outre plusieurs autres lettres qui montroient evidemment comme en tout temps les religieux de ceans s'estoient maintenus courageusement en l'obéissance des roys de France contre tous les efforts des ennemys. Iceux furent benignement receus à Bloys et le roy commanda à son chancelier et autres de son conseil d'examiner très exactement tous les papiers et bulles qu'ils apportoient. Ce qu'estant faict, enfin le chancelier avec l'advis du conseil conclut pour la valeur des bulles qu'ils apportoient (car qui pourroit aller au contraire seulement au seul aspect des fulminations qui y sont), et le roy renvoya les desputez bien contens en ce monastere avec toutes leurs bulles, lesquelles nous voyons encore saines et entieres, leur accordant et à tout le couvent qu'ils esleurrent un abbé conformement à leurs privileges et leur donnant la lettre suivante pour apporter à leurs confreres :

« De par le Roy,

Chers et bien amés, en satisfaisant et obeissant à ce que vous avons cy devant escript et mandé, vos depputez sont venus par devers nous lesquels nous ont apporte vos privilleiges d'eslire que avons faicts veoir par nostre conseil vous advisant de la bonne diligence et obeissance que en ce vous avez faicte et demontrée, vous avons sçeu et sçavons très bon gré et sommes bien deliberez de ne la mettre en obly, mais la recognoistre envers vous et vostre eglise de sorte que aurez cause d'estre bien contens et satisfaicts. Et quand à l'election ou postullation de vostre futur abbé nous avons eté et sommes bien contens que, suivant vosdits privilleiges, ayez à y proceder, esperant que en ce faisant aurez bon regard à l'importance de vostre ditte abbaye, et combien elle touche à nous et à nostre royaume et le besoin qu'il est que en icelle soit pourveu de personnage en qui nous ayons totale confiance. Donné à Bloys le premier jour de janvier. Signé : François, et plus bas, Robertet avec un paraphe. »

Les depputez contents tellement quellement du bon accueil qu'on leur avoit faict et de la lettre confirmative en apparence de leurs privileges retournerent en ce Mont où ils dirent à tous leurs confreres combien ils s'estoient comportez diligemment en cette affaire, puis leur firent faire la lecture de la susditte lettre, de quoy ils eussent eté sans doute fort contens, si ces depputez n'eussent eu parole du roy de leur dire de bouche que son vouloir estoit qu'ils postulassent Jean le Veneur evesque de Lizieux pour leur abbé. Et cet evesque et comte, de peur que les religieux y manquassent ou retardassent trop l'affaire, impetra du roy une autre lettre le quatriesme de janvier laquelle fut apportée par un courrier exprès qui arriva en ce Mont presque aussy tost que les susdits depputez. Voicy la teneur de cette lettre :

« De par le Roy

« Chers et bien amez, combien que nous ayons ditet declaré aux depputez que avez envoyé devers nous avec vos privilleiges d'eslire lesquels vous avons renvoyé, nostre voulloir et intention sur le faict de la postullation de vostre futur abbé et que ne facions aucun doubte que suivant icelluy nostre voulloir et desir ne postuliez nostre amé et feal conseiller l'evesque de Lizieux duquel, comme vous avons cy devant faicts entendre, nous avons autant ou plus de fiance que de prelat qui soit en cestuy nostre royaume, outre les bonnes meurs, vertus, merites, pureté de vie et autres bonnes et louables qualitez qui sont en sa personne, sçaura aussy bien regir, administrer et gouverner vous et vostre abbaye à l'honneur de Dieu et descharge de nostre conscience que nul autre que nous sçachions, neantmoins pour ce que c'est chose que nous avons autant à cueur que nulle autre et que pour l'importance dont nous est vostre ditte abbaye ne pourrions aucunement souffrir estre pourveu en icelle de personnage que ne cognoissions envers nous et nostre royaume loyal et fidelle, ainsy que nous est icelluy nostre conseiller, à cette cause avons bien voulu vous escrire encore la presente vous priant et mandant bien expressement et, sur tant que desirez nous complaire et satisfaire et que desirez le bien de vous à de vostre ditte eglise, que ayez promptement et sans delay a demander et postuller pour abbé nostre dit conseiller l'evesque de Lizieux et non autre et pour aucunes bonnes causes que ne vous pouvons de present escrire, et vous prions vous diligenter et avancer de promptement et incontinant après que vos dits depputez seront arrivez par devers vous, faire laditte postullation sans la mettre en longueur ne differer en aucune maniere et icelle faicte l'envoyez incontinant par devers nous par aucuns d'entre vous et gardez que à ce ne faictes fautes. Car tel est nostre bon plaisir. Donné à Bloys le quatriesme jour de janvier, signé : François, et plus bas : Robertet avec un paraphe. »

Cette lettre tant absolue impetrée à la grande instance de Jean le Veneur mit hors de peine les religieux de beaucoup penser à se resoudre, Car ne vaut-il pas mieux perdre une partie que de perdre le tout. Ils s'accorderent donc tous à la volonté du roy et esleurent ou plustost consentirent que le susdit evesque de Lizieux fut leur abbé commendataire lequel ne sçachant l'election faicte de sa personne despecha derechef un courrier pour apporter encore une lettre telle que s'ensuit.

« De par le Roy

« Chers et bien amez, auparavant que vos depputez fussent venus par devers nous avions despesché nostre amé et feal conseiller et president à Rouen le sieur de Coulonces pour aller par devers vous et vous dire, remontrer et declarer le grand voulloir desir et affection que nous avons tant à cueur qu'il n'est possible de plus, comme avez peu entendre parce que vous avons cy devant escript et que vous aurons dit vosdits depputez. Neantmoins avons bien voulu vous escrire et prier derechief tant affectueusement que faire povons que le plus promptement et diligemment que faire ce pourra vous ayez à proceder à la postullation de nostre dit conseiller l'evesque de Lizieux, car pour aucunes causes que ne vous povons à present escripre il est requis que ainsy ce fasse, en croyant et adjoustant pleine et entiere foy à ce que vous en dira sur ce de par nous ledit sieur de Coulonces, comme feriez à nostre propre personne. Donné a Bloys le septiesme janvier. Signé : François, et plus bas : Robertet avec un paraphe. »

Ainsy ce fit l'election de Jean le Veneur evesque et comte de Lizieux [1]; ainsy fut admis en cette abbaye le second commendataire. Dieu sans doute permit cet infortune pour punir les religieux et leur faire porter tant leurs fautes que celles de leurs devanciers qui avoyent partagé le bien du monastere par entre eux exigeant des menses abbatiales, des revenus particuliers pour chaque officier, creant des prieurs pour aller demeurer seuls en des maisons particulieres et leur donnant des rentes particulieres pour y vivre à leur

---

[1] Fils de Philippe le Veneur et de Marie Blosset selon que dit Pierre Frizon en son livre intitulé *Gallia purpurata* p. 582.

volonté ; bref les abbez voulant paroistre par dessus les evesques en leurs ornements pontificaux et par dessus les seculiers et grands seigneurs en leurs habits et en leur suite. Mais les commendataires vescurent-ils mieux? Helas! ces desordres s'accrurent bien davantage. Quiconque desire voir leurs comportements en general, qu'il lise le premier tome du recueil general des affaires du clergé de France imprimé à Paris l'an mil six cent trente six chez Anthoine Vitray. Là il reconnoistra la perte et decadence de tous les monasteres.

CHAPITRE TRENTE-DEUXIESME.

De Jacques d'Annebault troisiesme abbé commendataire.

Jean le Veneur evesque et comte de Lizieux, grand aumosnier de France, créé cardinal du titre de St Barthelemy en l'Isle, l'an mil cinq cent trente trois, à Marseille, par le pape Clement septiesme, en presence du roy de France, n'ayant encore rien faict de bien pour cette abbaye previt l'an mil cinq cens trente neuf qu'il mourroit dans quelques années, et partant pour ne donner occasion aux religieux de cette abbaye de chercher un abbé apres sa mort, il se demit de son evesché de Lizieux et de cette abbaye entre les mains du pape Paul troisieme en faveur de Jacques d'Annebault clerc seculier [1], se reservant toutefois jusques à sa mort l'entiere administration dudit evesché et cette abbaye tant pour en recevoir les rentes que pour presenter aux prieurez vacquans. Ce que le souverain pontife eut pour agreable, et la susditte année mil cinq cent trente neuf le dix huictiesme jour d'aoust luy en donna une bulle en laquelle le pape donnoit audit d'Annebault toute puissance sur cette abbaye ne plus ne moins que s'il eut esté esleu par les religieux : « Non ut commendatarius, lisons-nous dans la bulle, sed ut verus abbas præesse libere et licite valeat, nec desuper quovis prœtextu seu quavis occasione vel causa molestari, inquietari, perturbari possit.... » Et ce privilége fut donné pour luy seul seulement tant qu'il en seroit commendataire [2]. De sorte qu'en vertu de cette bulle il pouvoit après la mort de Jean le Veneur qui fut le quatorziesme jour d'aoust de l'an mil cinq cent quarante trois venir en ce Mont et y commander, mais il n'y vint point non plus que son predecesseur, ains esleut ses procureurs et vicaires generaux et speciaux pour gouverner ce monastere et luy en porter le revenu [3]. Quelques années

[1] Fils de Jean d'Annebault et de Marguerite de Blosset dit Frizon ci-dessus cité.

[2] La bulle est en ce Mont.

[3] De son temps les Religieux de ce Mont firent bastir de revenu de quelques bénéfices dont ils jouissoient le grand autel tel qu'on le voit à present, sçavoir l'an 1547, et revenoit à 10.000 ll. en ce temps là sans que ledit commendataire y contribua du sien. Ms. d'Avranches, n. 209 p. 67. Mss Z Fol. 40 ⋏ Fol. 193.

après il fut créé cardinal du titre de Ste Susanne et finalement deceda l'an mil cinq cent cinquante huict le septiesme jour de juin à huict heures du matin à Rouen en la maison du Bec. Durant sa vie il fut aussy maistre de l'oratoire du roy, abbé commendataire des abbayes du Bec-Hellouin, diocese de Rouen, de Bonport, diocese d'Evreux, de St Taurin d'Evreux et de St Serge lès Angers.

Ciaconus, en son livre des *Papes et des Cardinaux*, et Frizon, en sa *Gallia purpurata*, disent que le cardinal Jean le Veneur mourut à Rome le 7 jour d'aoust où il gist, mais en l'*Appendix ad chronicun Beccense*, imprimé avec les œuvres de Lanfran, à Paris, l'an 1648, chez Jean Billaine, il est dit : « Joannes Venator abbas Becci septuagenarius in Marolea expeditione ad Merlam febre moritur. Jacobi Annibaldi successoris diligentia Beccum dilatus ubi tres hebdomadas quotidianis precibus ac vigiliis frequentatus in Virginis Matris œde pausat. Cor ejus theca plumbea in choro ad aram majorem conditur. Corpus Lexoviis in œde apostolica incredibili sumptu coepiscopis appositum quiescit.

« Claudius Annibaldus vir ex equestri ordine clarissimus, ac Franciæ admiralis, Jacobi Beccensis commendatari, frater, cum apud Ferram oppidum cum suis ageret solaque sui fama ferocem Ruthi exercitum eluderet, acriori febre actus, sanctis monitis unico filio relictis, decimo sexto Kal. februarii, inter sacra constanter moritur. Ad Annibaldeum œdem qui Appevilla dicebatur ingenti sumptu regio funere sepultus.

Idus junii septimo Jacobus Cardinalis Annibaldus, anno sessionis Beccensis decimo quinto, Rothomagi sub tecto Beccano in Appevillea fratri appositus. »

CHAPITRE TRENTE TROISIESME.

De François Le Roux quatriesme commendataire [1].

François Le Roux prothonotaire du St Siege apostolique, ordinaire du roy de France et seigneur temporel d'Avort en la paroisse de St Veterin de Gennes bourg, distant trois lieues de Saumur, au pays et evesché d'Anjou succeda à Jacques d'Annebault par l'authorité du roy de France, cette abbaye ayant vaqué plus d'un an. Iceluy laissant aller tout en ruine en ce monastere, Sebastien Ernault prieur claustral de ce Mont et ses religieux le firent condamner à y remedier l'an mil cinq cent soixante neuf[2]. De quoy marry il permuta cette abbaye avec Arthur de Cossé abbé

---

[1] 1560. Successis Jacobo d'Annebault, duobus annis interpositis, in commendam abbatiæ Montis, Franciscus le Roux Protonotarius Apostolicus authoritate regia. Qui quicquit potuit à Monte abstulit ut laute et opipare epularetur. Ms. 18.947. Fonds Français. Fol. 154 v·.

[2] Les papiers sont en ce Mont.

commendataire de St Melaine proche la ville de Rennes l'an mil cinq cens septante et en mourut abbé le mercredy vingt sixiesme de mars mil cinq cens septante deux.

CHAPITRE TRENTE QUATRIESME.

D'Artur de Cossé cinquiesme commendataire.

Charles neufiesme roy de France consentit à la susditte permutation et Artur de Cossé fut nommé de sa Majesté pour estre commendataire de cette abbaye. Iceluy estoit aussy evesque de Coustances, abbé commendataire des abbayes de Laissé diocese de Coustances, de St Jouin de Marnes diocese de Poictiers.

CHATITRE TRENTE CINQUIESME.

De l'Eminentissime cardinal Francois de Joyeuse.

Artur de Cossé mourant l'an mil cinq cens quatre vingt sept au moys d'octobre, le roy de France Henry troisiesme nomma l'an mil cinq cens quatre vingt huict, François de Joyeuse fils de Guillaume de Joyeuse et de Marie de Baternay, pour commendataire de cette abbaye, lequel dès aussy tost fit citer les heritiers du deffunct pour les contraindre à reparer les ruines arrivées en ce monastere durant sa vie. Et sur ce nous ne sçavons ce que la justice ordonna [1]. Ces ruines s'augmentant de jour en jour et le feu du ciel ayant foudroyé le clocher l'an mil cinq cens nonante quatre le vingt troisiesme jour de mars sur les deux heures après midy, il plut à Messieurs du Parlement de Rouen de prendre compassion de ceste eglise, vray sanctuaire de devotion et d'ordonner, le douziesme jour de septembre l'an mil six cens deux, que les abbez commendataires employroient tous les ans douze cens escus aux reparations d'icelle et de l'abbaye ce qu'ils firent mettre en effest dès aussy tost. Et derechef confirmerent cet arrect l'an mil six cens trois le dix neufiesme jour de juillet. Partant on fit reparer une grande partie de la nef du costé de midy où on voit les armes du sus-

---

[1] Nous ne trouvons point ce qui en fut ordonné mais nous sçavons bien que suivant les traces de son predecesseur, il se contenta de recevoir les revenus sans y rien reparer, jusquà' ce que les ruines de ce monastere criant vengeance au ciel, ne pouvant trouver ny obtenir de justice en terre, attirerent sur ce qui restoit d'entier le feu et la foudre qui tombant l'an 1594 le 23 jour de mars, environ les deux heures après midy, sur le clocher de cette eglise dont la piramide estoit une des plus hautes du royaume, elle fut totalement renversée et brustée avec le rond point du chœur et sa couverture et plusieurs debris et murailles : il y eut 9 cloches fondues qui estoient dans laditte tour. Ms. d'Avranches p. 209

dit cardinal et ce cyphre *1609*. On fit aussy refaire le clocher à sçavoir tout ce qu'on voit au dessus de la voute du chœur sousténue de quatre gros piliers, et dedans on y mit cinq cloches neufves, car le feu du ciel avoit fondu les vieilles et dispersé le métail de part et d'autre. Sur la plus grosse nous y lisons ces mots : « François de Joyeuse, cardinal abbé de ce lieu et Nicolas de la Motte chantre. 1609. Sancte Michael ora pro nobis. » Sur la suivante sont ces mots : « Jullien de La Touche sieur de Querolant gouverneur pour le Roy de ce lieu du Mont St Michel me nomma. 1598. » Sur la troisiesme nous lisons : *Noble Seigneur Pierre de la Luzerne, seigneur de Brevant gouverneur de ce lieu et noble homme Jean de Seurtainville seigneur de Lanctot son lieutenant. 1609*. Sur la quatriesme et cinquiesme nous ne sçavons ce qui y fut mis pour lors, car elles ont estez refondues l'an mil six cent trente trois au moys de juin et furent benistes par le Reverend pere prieur Dom Michel Pirou. Sur une d'icelles nous y lisons ces mots : *Sub illustrissimo principe à Lotharingia, archiepiscopo duce Remensi, patres congregationis Sancti Mauri, dicti monasterii, me Benedictam vocavére.* Sur l'autre les mesmes mots s'y lisent excepté qu'au lieu de ce mot *Benedictam* il y a *Catharinam*. Que cela suffise d'estre dit du clocher et des cloches. Retournons à l'abbé François de Joyeuse.

Iceluy tout le temps qu'il a esté abbé de cette abbaye n'y est jamais venu et tout ce qu'il y a faict, ç'a esté par ses agens et procureurs qui, tout le temps que leur maistre fut abbé, n'entretindrent que treize religieux en ce Mont, en retranchant la moytié des vingt six qu'ils trouverent à leur arrivée et qui un jour en son nom voulurent présenter aux cures dependantes de cette abbaye, lesquelles de tout temps se presentent en chapitre par la pluralité des voix de l'abbé et des religieux où l'abbé n'a que sa voix ; mais l'an mil six cens quatorze le dixiesme jour de septembre, le grand conseil de Paris ordonna que les cures continueroient à estre presentées selon que de coustume. Cet abbé outre la commande qu'il avoit de cette abbaye fut aussy cardinal du titre de St Pierre aux liens, doyen des cardinaux, protecteur de l'eglise gallicane en cour de Rome; archevesque des archeveschez de Rouen, de Toulouse et de Narbonne, abbé commendataire des abbayes de Marmoutier, de Sainct Florent les Saumur, de Fescan, etc. De tous ces benefices la mort le priva à Avignon, l'an cinquante quatriesme de son aage et de la Nativité de Notre Seigneur mil six cent quinze, le dimanche vingt troisiesme jour d'aoust, à l'heure du midy [1]. Son corps fut apporté à Pontoise où il est enterré. Jacques Gauttier en sa chronologie et Sippion Dupleix en son histoire du Roy d'à present, font mention de luy. Nous parlerons de son successeur au dernier traicté.

---

[1] Multœ et graves altercationes, diversis temporibus exarserunt inter ipsum Arturum de Cossé, Francisum le Roux, Franciscum de Joyeuse, et monachos Montis propter victum, vestitum et reparationes monasterii in œdificiis et ornamentis. Et vere abbatia Montis funditus euersa esset ni Rotomagense et Parisiense parlementa opem monachis tulissent Ms. 18.947. Fol. 154 v°.

CHAPITRE TRENTE SIXIESME.

Des religieux qui ont estez de cette abbaye pour estre evesques ou abbez [1].

Nous ne pouvons point icy nommer tous ceux qui ont estez tirez, autrefois de ce monastere pour estre evesques ou abbez. Car anciennement lors qu'on y procedoit par election et pluralité des voix cela estoit si ordinaire par tous les monasteres qu'on ne prenoit point la peine de les remarquer pour la plus part du temps. Nous nous contenterons donc d'en nommer quelques uns desquels nous sommes plus certains par les anciennes escritures de ce monastere jusques à ce que nous ayons une plus claire connoissance des autres. [2]

Rolland religieux profez de cette abbaye fut esleu

[1] Mss. R. 7, R. 8, ϴ Z Fol. 4, 15 ⋏ Fol. 21 II₁ Fol. 173, 147 ↓ Fol. 12, 13, G. Fol. 2. B. 4.

[2] Le manuscrit d'Avranches ajoute à ces noms Norgod evesque d'Avranches, Neel de St Sauveur vicomte de Costentin, Guillaume Pichenot, Ascelme seigneur de Calgey et son fils Roger, qui prirent l'habit de moine et furent les bienfaiteurs du monastere, Guérin Laure, abbé du Mont St Michel et de Lessay, qui ne fit pas grand scrupule de jouyr des deux abbayes jusqu'à sa mort et Jean de Grimouville nommé à l'abbaye de la Luzerne par le Roy de France. Ms. d'Avranches, n. 209 p. 75.

par le clergé de Dol en Bretagne, l'an neuf cens nonante deux, pour estre leur archevesque et le fut jusque en l'an mil quatre, auquel il mourut le douziesme de mars et fut enterré en cette eglise à l'entrée de la grand porte.

Garinus religieux de ce Mont fut le troisiesme abbé de Cernay.

Donoald fut tiré de ce monastere l'an mil cent vingt trois et faict evesque d'Aleth à present dite de Sainct Malo en Bretagne. Il mourut l'an mil cent trente et un le dix neufiesme jour d'aoust.

Vers ces mesmes temps, nous ne sçavons en quelle année, Gosselin fut faict abbé de Sainct Benoist de Fleury diocese d'Orleans et mourut le seiziesme du moys de juin.

Et Guillaume fut faict abbé de St Florent près Saumur et mourut le trentiesme du moys.

(Carolus Saussayus in Historia Aurelianensi quæ prælo subvenit 1615 p. 244 met: « Gauzling abbas St Benedicti anno 1005, fit archiepiscopus Bituricensis 1013 », ce qu'il dit aussy p. 235 tellement que je croy que ce Gosselin n'a esté moyne de St Michel non plus que Guillaume et que ce ↓ Fol. 12 et 13 s'est trompé en prenant peut estre societé pour monachat. Dans les archives de Saumur je trouve que Guillaume mourut ce jour et fut abbé depuis 1070 jusques à 1118 et on dit qu'il estoit moyne de Saumur et non point du Mont St Michel).

Quatre des religieux que Ranulphe neufiesme abbé de ce Mont envoya en Angleterre avec des navires pour ramener Guillaume le Conquerant duc des Normants et roy d'Angleterre furent faicts abbez en la ditte isle. Le premier nommé Ruald prieur claustral de ce monastere fut abbé d'Hilde près Vuincestre. Scholiand thresorier de ce monastere fut abbé de St Augustin ou St Pierre de Cantorbery; et selon qu'il est remarqué en l'histoire de Normandie remit en Angleterre la discipline reguliere en sa pristine splendeur. Il mourut le neufiesme de septembre. Le troisiesme, nommé Serlo, edifia le monastere de St Pierre de Glocester et en fut abbé. Il mourut le troisiesme de mars [1].

---

[1] Hugues Mainard moyne benedictin en son martyrologe benedictin qu'il a faict imprimer à Paris l'an 1628 au mesme jour parle de luy en cette sorte: «Fuit Serlo abbas Glocestrensis in Anglia, vir summæ discretionis et pietatis quem Guillelmus Malmesburiensis (L. b. 5 de gestis Regum Anglorum) confert cum sanctis viris, Beato Petro Pictaviensi, episcopo, Beato Bernardo Tyronensi abbate, Beato Roberto de Abriscellis qui sanctitatis opinione claruerunt, et ostendit illo tempore non defuisse viros sanctos in Anglia quemadmodum et in Gallia. Hæc enim de illo habet : Et ne Anglia expers boni patetur, quis posset præterire Serlonem abbatem Glocestrensem qui locum illum ex humili et pœne nullo ad gloriosum provectum extulit. Nota est omnibus Anglis Glocestrensis discreta religio quam infirmus possit suscipere nec fortis possit contemnere. Hoc illis signifer Serlo intulit : ut ne quid nimis. Quamvis ut erat bonis humilis, ita superbis minax atque terribilis, ad quod firmandum versus de. eo Godefridi prioris adduccendi :

  Ecce murus cecidit Serlone cadente
  Virtutis gladius, buccina justitiæ
  Vera loquens, et non vanis sermonibus utens :
  Et quos corripuit principibus placuit.
  Judicium prœceps, contrarius ordinis error
  Et levitas morum non placuere sibi.
  Tertius a Jano mensis, lux tertia mensis
  Cum neci suppressum vita levavit eum.

Guillaume d'Agon, le dernier des quatre, fut abbé de Cerneliense.

Hugues vers l'an mil cent fut le cinquiesme abbé de sainct Sauveur le Vicomte au diocese de Constances. Il mourut le onziesme jour d'aoust.

L'an mil cent cinquante huict Robert de Sainct Planchers fut faict abbé de Cerneliense en Angleterre. Il mourut le dix septiesme de janvier, nous ne sçavons l'année.

Dans le collectaire de cette abbaye nous trouvons deux religieux de ceans qui ont estez abbez. Le premier est nommé Jean et le second Geffroy ; nous ne sçavons en quels monasteres ces deux ont estez abbez.

Bono fut tiré de ceans et faict abbé de Saint-Taurin d'Evreux. Il mourut le quinziesme de juillet, nous ne sçavons l'année.

Dans les collectaires et martyrologes anciens, nous trouvons le vingt et uniesme de septembre un nommé Gleuloet qui fut evesque ; nous ne sçavons de quel evesché.

Le cinquiesme de septembre mourut Almod, abbé de Saint-Sauveur.

Le neufiesme d'octobre mourut Haimo, abbé de Nundentonia.

Le vingtiesme d'octobre mourut Mathias, abbé de Saint-Pierre-de-Burbe.

Tous ces dix-neuf susdits estoient religieux profez de cette abbaye du Mont.

ADDITION

AU TRAITÉ TROISIEME DE DOM HUYNES

Par Dom Louis de Camps.

Extrait du Manuscrit d'Avranches n° 209.

PREMIÈRE PARTIE.

CHAPITRE VI.

De l'etablissement des religieux en ce Mont et de Maynard
1ᵉʳ abbé (p. 17).

... Lesquels se voyants bien establis en ce lieu soub les faveurs et estendard du glorieux Saint Michel délibererent de s'assembler suivant la reigle de St Benoist pour proceder à l'election d'un abbé qui leur tint lieu de pere, de pasteur et de prelat et tous, par un commun consentement eleurent le venerable Mayard qui par une extrême humilité s'etait volontairement demis de son abbaye de St Vandrille pour venir combattre plus valeureusement sur ce rocher en qualité de simple soldat avec les armes de l'obeissance. La pieté du duc Richard ne se termina pas là. Ce chef d'œuvre de sa devotion et zèle pour l'honeur du glorieux archange ayant paru avec tant d'éclat, il ne faut pas s'estonner si les rayons et les emanations retinrent la splendeur de leur astre, car on peut dire que c'est en ce subjet que l'axiome des philosophes se trouve veritable, que le premier en quelque chose est la mesure et la reigle de toutes les autres choses qu'il contient en soy.

Ensuite de cela (le duc Richard) fit faire plusieurs bastiments propres pour des religieux et fit environner le haut du rocher de fortes murailles lesquelles par succession de temps ont été changées en d'autres œdifices plus magnifiques.

CHAPITRE VII.

De Maynard 2e abbé du Mont (p. 49.)

(An de J.-C. 992). Le feu ayant pris à quelques maisons de la ville qui est au bas du rocher, les flammes s'esleverent jusqu'en l'abbaye qui n'estoit autre chose pour lors que diverses petittes cellules autour de l'eglise et qui estoit separée du reste de la ville d'une simple muraille ; tant les logements que l'eglise furent reduits en cendres à l'exception de celuy où demeuroit autrefois le chanoine Bernier et qui servoit de logis a l'abbé, il fut guaranti de l'embrasement par les vertus de St Aubert dont le corps y estoit caché.

CHAPITRE VIII.

Des Abbez Hildebert 1er et 2e et de l'invention du corps de St Aubert (p. 22.)

Hildebert 2e neveu du deffunt fut eleu par les religieux pour leur 4e abbé lequel ayant le mesme esprit et conduite que son oncle s'acquist par sa douceur et debonnaireté le cœur de ses enfants et l'affection des externes et surtout de Richard 2e duc des Normands, lequel pour preuve de la sincerité de son amitié et pour la devotion qu'il avoit au St Archange choisit ce Mont St Michel pour y solemniser ses nopces, espousant en presence de l'abbé la princesse Judith fille du duc de Bretaigne, Geoffroy 1er du nom qui voulut aussy s'y trouver avec toute sa cour. La cerēmonie se fit dans l'eglise de cette abbaye en grande pompe et magnificence .. Le corps d'Hildebert fut enterré en ce monastere proche des autres abbez : nous n'en sçavons pas l'endroit à cause des grands changements qui ont esté faits aux œdifices depuis ce temps là.

CHAPITRE IX.

Des abbez Almod, Theodoric et Suppo (p. 23).

Le duc de Bretaigne Alain 3e du nom ne se sentant pas assez fort pour luy resister et d'ailleurs coulpable pour luy avoir refusé les hommages qu'il devoit audit duc Normand vint en ce Mont avec Robert archeveque de Rouen et sur sa parolle trouver le duc Robert[1]; le prince de la milice celeste favorisant cette entrevue, les deux ducs s'accorderent ensemble, le Breton fit hommage au Normand et ainsy touttes les troupes furent congediées et lesdits ducs demeurerent le reste de leur vie fort bons amis, L'archeveque de Rouen Robert et nostre abbé Almod contribuerent beaucoup à cette paix et encore plus le St Archange à qui seul en fut rapportée la gloire. Pour revenir à notre abbé comme touttes choses sont sujettes icy bas à l'inconstance, autant qu'il fut quelque temps caressé du prince Robert autant, puis après, tomba-t-il en sa disgrace et cedans à la passion de ce duc irrité contre luy, pour je ne sçay quel subjet, par une retraiste, ou plutost un bannissement volontaire il luy donna lieu de substituer en sa place Theodoric.

. . . .

Au lieu de trouver en Suppo un modele de l'observance et de la religion, les moines y trouverent à leur grand regret, une pierre d'achopement.

CHAPITRE XI.

Des abbés Roger 1er et 2e du nom (p. 26).

La mort de ce sage pasteur (Ranulphe) ayant esté rapportée au Roy duc Guillaume il en fut sensiblement touché

---

[1] Robert Ier, VI duc de Normandie.

l'ayant tousiours estimé comme son pere, respecté comme son prelat, et reveré comme un saint et croyant aussy bien rencontrer de son estoc, donnant un abbé de sa main aux religieux qu'ils avoient fait pour le choix du precedent leur fit recevoir Roger 1er du nom son chappelain, religieux profès de St Etienne de Caen, lequel après la mort du duc Guillaume rendit de très signalés services à son fils Henry qui se voyant persecuté de ses deux freres, Guillaume le Roux roy d'Angleterre et Robert II dit Courte Botte se vint refugier auprès de l'abbé Roger en ce monastere, se voyant abandonné de tous les siens, pour rechercher l'assistance du St Archange dans son extreme necessité. Ce qui luy reussit selon ses desirs. Car outre plusieurs graces inesperées qu'il y reçut de ses freres qui le vindrent assiéger en ce Mont, il en sortit par une honorable capitulation. Après que l'abbé Roger fut delivré de cette guerre, il fit refaire une bonne partie de la nef qui estoit tombée un peu auparavant et huit ans après cette mesme partie tomba derechef qui renversa la moitié de la grande salle qui servoit pour lors de dortoir sans blesser aucun des religieux qui estoient couchés, ce qui fut tenu pour chose miraculeuse.

Cette perte ne fut pas tant a déplorer que la discorde et mesintelligence qui survint entre les moynes et l'abbé qui les soubçonnant de luy vouloir rendre quelque mauvais service, à cause que son election avoit esté faite contre leur volonté, il en fit prendre plusieurs par les officiers du roy duc Henry et d'une authorité royalle les distribua et relegua en diverses abbayes de Normandie, de quoy les autres moynes demeurants fort indignés furent trouver le prince en la ville de Caen et luy remonstrerent avec bonnes preuves les ravages et desolation que fesoit le susdit abbé à ce monastere, lequel etant cité à comparoitre devant le duc avec ses accusateurs pour repondre du fait il ayma mieux ceder avec infamie son baston pastoral en presence du duc que rechercher avec impieté sa justification. Le Roy duc acceptant cette demission l'envoia en Angleterre pour estre abbé de Cerneliense où il mourut le 15 octobre 1112 et y fut enterré. En son temps le 16 octobre jour de la feste de St Michel au Mont de Tombe plusieurs de près et de loing y virent en forme de colonne brillante le St Archange (ainsy que l'on creut) passer à travers de cette eglise.

Roger II. L'esclat des vertus de cet abbé nouveau comme d'un soleil dans son apogée dissipa aussitost les nuages et tenebres eslevés en cette abbaye du temps de son prédecesseur.

CHAPITRE XII.

De Richard et de Bernard 12e et 13e abbez (p. 29).

Richard demeura plus considerable pour sa noblesse que pour ses vertus veu que ses déportements paroissoient plus tost d'un courtisan que d'un moyne lequel se voulant traitter selon la magnificence mondaine ne trouva par les revenus de l'abbaye assez amples. Pour y subvenir il endepta de beaucoup le monastere.

Bernard.

L'abbé Bernard choisit (Tombelaine) comme fort propre à y faire quelques exercices spirituels et de fait de temps en temps il y alloit avec quelqu'uns de ses religieux pour s'y recolliger et deschargé du soing et des affaires de son monastere vaquer à l'oroison et recollection pour en tirer de nouvelles forces spirituelles.....

Après la mort de Henry II duc de Normandie, s'estant eslevé une guerre civile en cette province, les villes de ce Duché se consommoient et ravageoient les unes les autres. Durant ces troubles et calamités vint en ce Mont-St-Michel une bande de canailles et fripons de la ville d'Avranches; ils mirent le feu en cette ville dont plusieurs maisons furent réduites en cendre. Le monastere n'en fut pas exempt d'autant que tous les lieux reguliers et logements des religieux furent bruslés à l'exception toutefois de ce grand corps de logis basti par l'abbé Roger II où est maintenant le refectoire : l'eglise ne fut pas non plus endommagée.

CHAPITRE XIII.

De Geoffroy 1er abbé et de deux autres abbez pretendus (p. 51).

Le duc irrité plus que devant de ce qu'on ne l'avoit pas averti de l'election de Richard de la Mouche s'y opposa et peu après il envoia de ses satellites en ce Mont pour enlever de l'eglise les croix, joyaux, calices dont l'abbé Bernard et quelqu'autres de ses predecesseurs avoient enrichi ce St-Lieu. Ces ministres d'impieté n'eurent pas plus de retenue à l'egard des autres biens du monastere qu'ils laisserent depouillé de presque tout en un déplorable estat. Le prince n'estant pas satisfait de tant de ravages il s'attaqua même à la personne de cet abbé malheureux et le bannit non seulement de ce Mont, mais aussy de toutte la Normandie et mit en cette abbaye pour y commander et administrer les biens et revenus trois seculiers et deux clercs qui la gouvernaient non en qualite de pasteurs mais comme des loups ravissants, ils y donnoient des ordres, en depit les uns des autres et le tout au préjudice de ce monastere desolé.

Pour remedier à ces miseres les moynes se resolurent de casser leur election et de proceder à une nouvelle. De fait ils nommerent, à la suasion de Reinald de St Valery et du consentement du prince, Robert Hardy moyne et cellerier de l'abbaye de Fescamp, homme libertin et sans vertu, nos manuscrits luy donnent le tesmoignage qu'il n'estoit ni moyne ni seculier.

CHAPITRE XIV.

De Robert de Thorigny dit Robert du Mont. 15ᵉ abbé (p. 33).

Le ciel destinoit cet abbé pour reluire en ce Mont comme un soleil après tant de tenebres, comme un astre favorable après une si furieuse tempeste, pour estre le restaurateur de cette abbaye, le miroir des prélats, et l'ornement de son ordre duquel les plus doctes escrivains de son temps ont pris plaisir d'escrire les louanges et particulierement Estienne evesque de Rennes, son grand amy et confrere de profession monastique, et cela certes avec beaucoup de raison veu qu'ayant en soy si parfaitement allié l'humilité religieuse avec la grandeur de la naissance il mit en admiration tous ceux de son siecle tant pour l'excellence de son esprit et pour sa rare doctrine que pour sa prudence dans touttes ses entreprises qui le firent estimer des papes, cherir des Roys, reverer des Reines et generalement aymer de tous.

CHAPITRE XV.

De Martin, Jourdan et Radulphe 16e, 17e et 18e abbés de ce Mont St Michel (p. 37).

Radulphe des Isles.

Radulphe se comporta en cette charge à la satisfaction tant de ses religieux que des externes. Il avoit les mêmes inclinations que le precedent. Il poursuivit les ouvrages qu'il avoit laissé imparfaites, il fit parachever les reparations qui restoient des ruines causées par la furie des Bretons. Les lambris, charpentes et toutte autre matiere combustible du grand corps du logis du costé de septentrion où sont maintenant les cloistres, refectoire, etc., avoient esté reduittes en cendre, les vouttes mesme avoient esté fort endommagées. Ce bon abbé fit tout reparer avec une si grande depense et si avantageusement que quelques manuscrits de cette abbaye le font autheur de ces superbes œdifices quoyque selon la verité nous en ayons l'obligation à Roger II, XI abbé de ce lieu.

CHAPITRE XVI.

De Thomas et de Radulphe 19ᵉ et 20ᵉ abbez (p. 58).

RADULPHE DIT RAOUL DE VILLEDIEU.

Voyant que le plus beau ornement des monasteres manquoit au sien, sçavoir un cloistre, il fit travailler les petits et admirables piliers d'une nature assez difficile à conoistre avec les voutes et arceaux soustenus desdits piliers, mastiqués, enrichis de quantité de belles figures avec cinquante huict roses en sculpture toutes de diverse invention ; du costé du chapitre encommencé il fit mettre le pourtraits de St Francois d'Assise sur le prototype de celuy que l'abbé Joachim avoit fait peindre dans St Marc de Venise avant le decès dudit saint. Radulphe fit graver autour de la figure ces mots : « Sanctus Franciscus canonisatus fuit, anno domini M. CC XXVIII quo claustrum istud perfectum fuit anno Domini. » Je puis dire avec verité que ces cloistres qui sont soutenus et elevés sur la voute de la 2ᵉ salle sont des plus agreables à veoir, quoyque petits, qu'il s'en puisse trouver en France. Dans le milieu est un plomb pour conserver les voutes sur lesquelles est un petit jardin à fleurs.

Cette glorieuse entreprise ne luy osta aucunement les moyens de faire plusieurs acquisitions en terres et en rentes. Il sçeut si bien mesnager les revenus de l'abbaye avec ses moynes qu'ils acquirent tout ce que Guillaume escuier sʳ de Breé avoit et possedoit tant en terres qu'en rentes dans leur seigneurie de Bretheville et de Verson.

Item Ravalain esquier Seigneur de Noyers et sa famme vendirent ausdits moynes et abbé tous les biens qu'ils avoient en la terre de Bretheville et Verson tant en terre, sergenterie, moulin, manoir, etc. ; de plus ils firent des acquets d'Alexandre et Heliot du Hommé et Guillaume des Mallets dans ladite seigneurie de Bretheville, ainsy qu'il appert par les lettres desdits acquests qui sont ès archives; outre ces acquisitions, les biens temporels furent augmentés de beaucoup durant cet abbé par plusieurs donations. Mais si Dieu sembloit combler de benedictions cette abbaye de ce costé la, d'ailleurs il permit qu'il souffrit et fut assiegé de grands troubles de la part de Guillaume de Hostily evesque d'Avranches lequel, comme un ennemi juré du monachisme, fit de grands esclandres aux priviléges de cette abbaye lequel, abusant de la bonté et facilité de notre abbé à luy accorder ce qu'il desiroit pour la conservation de la paix, vint en ce Mont pour y faire ses visites et mesme le scrutin, ce qu'il executa « tanquam dominus et magister, » et en cette qualité y fit plusieurs ordonnances, ce que notre abbé ne pouvant souffrir eut recours au Pape et contraignit ledit evesque et son archidiacre qui, à l'exemple de son prélat, vouloit empieter sur les droits de l'archidiaconé de ce Mont, à une nouvelle transaction qui conservant à l'abbé la jouissance paisible d'une partie des enciens priviléges dont l'abbaye avoit jouy l'espace de 300 ans, ne relaissoit audit evesque que le relief d'apel ès causes d'evocation. Ledit accort fut beaucoup plus avantageux à l'evêsque qu'aux moynes. Tous ces troubles ne se terminerent qu'avec la mort dudit evesque qui arriva l'an 1236, et l'abbé Radulphe alla la mesme année recevoir la recompense de ses heroiques vertus apres avoir glorieusement porté la crosse onze ans.

CHAPITRE XVII.

De Richard Tustin, 21e abbé (p. 39).

Richard ayant obtenu ces bulles si conformes à son humeur qui estoit de marcher à la grandeur et de paroistre magnifique en tout fit faire une mittre fort belle toute couverte de perle et de pierrerie ainsy qu'elle se voit encore dans la Thresorerie, et est la plus encienne des trois qui y sont conservées. Le vulgaire l'attribue à St Aubert mais à faux, comme je crois. Nostre abbé se voyant ainsy coeffé à la mode fut si pompeux en enfant des privileges qu'il avoit obtenu et si liberal de donner des benedictions que, non content de les donner dans les divins offices, mais voulant aller de pair avec les evesques il benissoit le peuple dans les places publiques, dans les villes et chasteaux, ce qui ne dura guere, d'autant que le Pape Alexandre IV, ayant eu les complaintes de plusieurs evesques qui portoient fort impatiemment que les abbez entreprisent sur leurs droits, le Pape, dis-je, depescha une bulle en forme de decret apostolique, sans nommer personne, estant en la ville d'Anagnie, par laquelle bulle il modifioit la precedente et declaroit que les abbez ayans pouvoir de donner les benedictions ne le pourroient ailleurs qu'aprez la messe, vespres et laudes, qu'ils ne pourroient donner la tonsure qu'à leurs moynes et à ceux sur lesquels ils avoient juridiction comme épiscopale, n'estoit que le St Siege n'en donnoit quelque privilége spécial.

Nonobstant ce revers de fortune qui affligea fort nostre abbé il n'obmit aucune occasion de paroistre splendide et de peur de perdre ce qui luy restoit de privileges il le fit confirmer par le souverain pontife qui en fit expedier deux bulles différentes la premiere en datte du 3ᵉ des ides de Janvier et la seconde du 4ᵉ des calendes de juillet de l'an 1257.....

Touttes ces grandeurs et magnificences exterieures de l'abbé Richard ne firent point marcher la regularité et l'observance d'un meilleur pas. Au contraire cela fut cause d'une infinité de desordres en ce monastere, les religieux prenants de là occasion de s'emanciper. L'abbé le portant trop haut devint insupportable à ses moynes.

Leur dispute et mesintelligence s'accrurent en sorte qu'il falut chercher un troisieme pour vuider les differents de part et d'autre. Quatre des religieux d'une part, mentionnez ès bulles du pape que nous avons encore toutes entieres et l'abbé de l'autre se presenterent devant l'evesque d'Avranches pour subir sa sentence. Mais ne la trouvant à leur gré il eurent recours à l'archevesque de Rouen, duquel n'estants pas plus satisfaicts, ils se resolurent d'aller devant le pape lequel leur donna quelques cardinaux pour leur querelle. Mais cela n'ayant non plus reussi, pour dernier remede le pape fit expedier une bulle par laquelle il commandoit à Guillaume de la Haye religieux de l'ordre des Freres prescheurs et à Jean de St Leonard de l'ordre des Freres mineurs, tous deux grands personnages de se transporter en ce monastere pour y examiner diligemment les constitutions, en faire d'autres si besoin estoit et ordonner en dernier ressort tout ce qu'ils jugeroient convenable selon Dieu et la raison. Lesquels estants arrivez en cette abbaye et ayants soigneusement leu, veu et examiné tous les differents firent certaines constitutions lesquelles ils commanderent d'estre gardées et l'abbé tesmoigna s'y soumettre volontiers et il leur donna des asseurances par lettres signées de sa main de la soumission qu'il rendoit au souverain pontife en leurs personnes.

L'abbé Richard et ses moynes estants remis en meilleure intelligence ils s'adonnerent conjoictement à augmenter les biens de leur abbaye, ils acquirent, cette année 1261, les prevostés, corvées et services que Robert et Geffroy, chevaliers, seigneurs de Brecé avoient en Ardevon, Espas, Beauvoir, Huynes, Curey et Brecé, ils acquirent aussy d'autres biens l'année suivante au profit de leur prieuré de Créant au diocese d'Angers. Ils augmenterent encore les possessions dudit prieuré l'an 1263 par une nouvelle acquisition ; les contrats en sont conservés. Enfin Richard Tustin, estant proche de sa fin et desjà saisi de la maladie dont il mourut, fit pourtant paroitre son zele pour la conservation des biens et possessions de son monastere à l'encontre d'un certain nommé Hamon Fichet chevalier joint avec l'archidiacre Draubie dans l'eglise cathedrale de Cornouaille en Basse Bretaigne et quelques autres ecclesiastiques de Treguier et de Dol qui avoient envahi plusieurs dismes dependantes aux prieurés de Roquillats, de Treuene et du Mont-Dol. Ledit abbé se pourvut vers le pape Urbain IV qui luy fit rendre ses appartenances par le moien de l'official de Dol fort affectionné à ce monastere. La bulle qui en fut expediée est dattée du 6 des calendes de mars le 3e de son pontificat. Le 29 jour du mois de juillet ensuivant, nostre abbé ayant veu son procès terminé fut cité devant le souverain juge. Son corps fut honorablement enterré au bas de la nef de cette eglise.

CHAPITRE XVIII.

De Nicolas 1er et 2e du nom, de Jean Lefae et Guillaume du Chasteau 22e 23e 24e et 25e abbés (p. 42.)

JEAN LEFAE.

Ce que j'en puis dire est que les plus serieux emplois ont paru non seulement dans son œconomie, augmentant par ses acquets journaliers le temporel de son abbaye, mais encore dans son entregent et modeste exterieur qui, charmant par ses attraits les plus grands seigneurs du pays, les rendit liberaux de plusieurs belles terres et seigneuries en faveur de son monastere. Ce n'est pas icy le lieu de traitter des donations; quant aux acquets que fit cet abbé je les trouve assez considerables. Peu aprés son election il obtint une bulle de Martin IV pour la confirmation ou plustost renouvellement de confirmation de tous les biens et privileges de cette abaye ; elle est sous la datte du 3e des nones de febvrier, le pape estant lors à Vieuville. Ensuitte de quoy l'abbé avec ses moynes acheterent et acquirent à leur seigneurie de (Domian ?) de Martin Guarin plusieurs rentes ; cinq ans aprés il obtint du Roy Philippe le Bel la donation et concession de la pesche des esturgeons et autres poissons royaux dans toutte l'etendue de leur baronnie de Genests, le mesme Roy determina l'année suivante 1287 contre quelques uns de ses officiers que la pesche des poissons royaux en la seigneurie de Bricqueville appartenoit aux moynes de ce Mont lesquels firent la mesme année acquest de quelques rentes de Thomas le Roy chevallier seigneur de la Pommeraye en la paroisse de St Ursin. De plus le dit abbé avec ses moynes acquirent par contrat exprès qui est aux archives avec les autres, de Foucques chevalier seigneur de Gastigny tout le droit qu'il pouvoit avoir sur le moulin de Quinquempoix avec plusieurs rentes sur diverses personnes de la paroisse de St Leger : il fit plusieurs autres acquisitions que j'obmets pour n'estre ennuieux de les raconter. Par le mesme il fut aidé à faire les augmentations par une bulle que le pape Nicolas IV lui octroya l'an 1288 et le premier de son pontificat sous la datte du 12 des calendes de septembre par laquelle il luy accorda le pouvoir d'heriter des biens des religieux qui prenoient l'habit en ce monastere à la reserve des fiefs qui devoient retourner aux parents des dits novices. Jean Lefae ne fut pas moins soigneux de conserver son bien que pour en acquerir de nouveau. L'an 1288 il eut recours à Sa Saincteté pour estre payé de certaines rentes qui lui estoient deniées par des seigneurs en l'evesché de Rennes et de Bayeux. Le pape estant lors à Rome donna commission, par bulle expresse sous la datte du 5 des calendes de novembre à l'abbé de sainte Melaine de contraindre les debiteurs par censures ecclesiastiques. La mesme année estant en la ville de Trente donna une autre commission à l'abbé de St Estienne de Caen de revoquer et rendre nulles certaines alienations des biens de ce Mont qui avoient esté envahis injustement par quelques ecclésiastiques et autres. La bulle est aux archives avec les precedentes et une troisiesme du mesme pape Nicolas quatriesme, de la mesme année qui confirme tous les biens et privileges de ce monastere. Le tout se faisoit à la sollicitation et supplique dudit abbé qui estant proche de la fin fit donner sentence contre Guillaume du Bois escuier qui les molestoit en la possession du bois de Prael en la seigneurie de St Planchers, et ainsy ayant beaucoup augmenté le temporel de son abbaye par son soing et vigilance quitta ce monde et laissa la dignité abbatiale.

Guillaume du Chasteau.

L'abbé Guillaume montra aussi sa constance à l'endroit de l'evesque d'Avranches auquel il refusa genereusement l'entrée en cette eglise où il vouloit tenir les ordonnances et ne luy accorda jusqu'à ce que ledit evesque eut donné acte de reconnaissance par escrit et bien authentique par lequel il declaroit ne pretendre aucun droit nouveau sur cette abbaye.

L'année suivante, l'evesque de la dite ville nommé Nicolas de Luzarche venant faire la visite du St Sacrement en cette eglise, Guillaume du Chasteau, personnage d'une heroique vertu, n'alla point au devant de luy en habit de subjet mais le receut avec tous ses moynes vestu pontificalement, la croce en main et la mittre en teste, lesquels ornements il ne quitta nullement pendant qu'il demeura en presence dudit evesque, de tout quoy il fit rapporter acte qui se voit aux archives...

Il fut enterré au bas de la nef de cette eglise.

CHAPITRE XIX.

De Jean de la Porte et de Nicolas le Vitrier 26° et 27° abbez (p. 44).

Jean de la Porte.

Ledit abbé monstra encore son zele et courage contre le Vicomte d'Avranches et quelques officiers du Roy qui s'estoient saisi au profit de Sa Majesté d'un vaisseau qui avoit abordé sur les terres et dependances de leur seigneurie de Genests, sans maistre avec quelques autres epaves; l'abbé deffendit si perseveramment son droit que le tout luy fut adjugé.

Le Vitrier.

Nous trouvons encore quelques autres accords et appointements faicts entre cet abbé et ses moynes pour la manse abbatiale, ce qui ne vaut rien et ce qui a donné lieu à tous les autres desordres de ce genre qui ont suivi en ce monastere. Le feu du ciel semble avoir vengé ce vice de propriété tombant sur ce monastere dont il brula et renversa une bonne partie des bastiments qui à peine estoient reparés des derniers debris. Touttes les couvertures, charpentes et autres matieres combustibles tant en l'eglise qu'en autres lieux furent totalement ruinés d'un esclat de tonnerre. Ledit abbé avec ses moynes furent extremement affligés de cette perte, leur estant chose bien difficile de la reparer, estants assez occupés pendant les guerres à deffendre ledit monastere contre les ennemis. Il ne manqua pourtant pas de courage en cette occasion : il fit travailler tout de bon et reedifier au plustost qu'il peust tous ces degasts; il eut aussy un soing fort particulier d'entretenir tous les bastiments en bon estat pendant toutte sa vie et n'en eut pas moins pour la conservation et bon mesnagement de son temporel.

CHAPITRE XX.

De Geoffroy de Servon 28ᵉ abbé (p. 47).

Geoffroy de Servon.

Ces magnificences ne luy firent point negliger les bastiments ausquels il fit beaucoup travailler. De son temps l'an 1374, le 8ᵉ jour de juillet, le feu du ciel tomba sur l'eglise, dortoir et autres logis de ce monastere et sur plusieurs maisons de la ville. Geoffroy de Servon suivant les traces de ses predecesseurs fit travailler jour et nuict aux reparations de ces ruines, se comportant en ceci comme les soldats de l'ancien testament tenants tousjours la truelle d'une main et l'espée de l'autre, ce qu'ayant parachevé il fit faire une petite chapelle en l'honneur de Sainte Catherine au lieu où est maintenant le logis abbatial. Il fit plusieurs autres biens à ce monastere jusqu'à sa mort qui arriva le dernier jour de febvrier l'an 1386, et fut enterré en cette eglise après avoir glorieusement gouverné cette abbaye treize ans et trois mois.

CHAPITRE XXI.

De Pierre Leroy 29ᵉ abbé (p. 48).

Ce fut un trait d'une haute sagesse aux religieux de ce Mont d'avoir eslu pour leur abbé Pierre Le Roy qui pour l'eminence de son sçavoir, la maturité de ses conseils et pour ses vertus veritablement religieuses et sans contredit, merite d'estre appellé de fait et de nom le roy des abbez, je ne diray pas du Mont St Michel, mais encor de tout son siecle, veu les charges honorables où il a esté esleu par les souverains pontifes et les employs glorieux qui luy ont esté commis par le Roy de France.

Et de tout ceci en compila un livre nommé à present le *Quanandrier de Pierre Le Roy* ou le papier rentier, ouvrage très utile; et l'autre livre qu'il composa en parchemin nommé *Le Livre Blanc* n'est pas de moindre utilité...

Ayant ainsy mis tous les tittres et papiers de son abbaye en bon ordre il fit construire un lieu pour les conserver, sçavoir le chartrier qui est un des plus beaux et artificieux qui se voyent en France.

Il unit en divers temps à cette abbaye les biens des prieurez de St Pair, de Brion, de Genest, de Baulan, et de St Meloir, ce qui fait maintenant le plus beau du revenu de cette eglise.

CHAPITRE XXII.

De Robert Jolivet 30e abbé (p. 51).

ROBERT JOLIVET.

De quoy iceluy fort content leur montra les bulles qu'il avoit obtenues du Pape sur ce subjet, de quoy ils demeurerent fort satisfaicts et joyeux, plus encore lorsqu'il leur parla des 4.000 escus d'or que son predecesseur luy avoit laissé. Il leur fit grande protestation d'une actuelle résidence et de ne les jamais abandonner nonobstant les attraits des grandes compagnies parmi lesquelles il avoit passé une partie de sa vie, ce qu'il garda un temps aussy fidelement que religieusement. Mais les habitudes qu'il avoit contractées d'une vie molle et courtisane plus tost que monastique fesant avorter les belles esperances qu'on avoit conceues de luy dans ses commencements, par l'horreur d'une lacheté criminelle, abandonnant son troupeau dans son plus grand besoin, firent perdre en un moment toute l'estime qu'il avoit acquise par les premices de sa valeur et de ses fidélités.

CHAPITRE XXIII.

De l'administration de Jean Gonault (p. 55).

Lorsque les gens dudit cardinal prevoiants sa perte de cause infaillible menagerent si adroittement l'esprit de ce pauvre moyne qu'ils le gaignerent et le firent condescendre à un accomodement par lequel il renonçoit entierement au droit qu'il pretendoit sur l'abbaye et la remettoit à Guillaume d'Estouteville à condition que ledit cardinal luy bailleroit annuellement deux cens escus de pension à prendre sur le revenu de la ditte abbaye, item deux mil cinq cents escus d'or une fois payés, de plus qu'il luy obtiendroit dispense *ad plura* pour posseder un prieuré avec celuy de St Victeur dont ledit cardinal luy devoit faire conserver la jouissance. Il y a plusieurs autres conditions et articles exprimés amplement en cette transaction qui fut faite et passée et signée l'an 1446 le lundy dernier jour de janvier, en la ville de Chinon, où furent presents en personne Jean Gounauct, eleu abbé de ce Mont, d'une part, et d'autre, Guillaume Hebert, procureur, pour le cardinal d'Estouteville en son absence, Louys d'Estouteville, capitaine de ce Mont, et Robert d'Estouteville, sieur d'Ausebosc, tous deux freres dudit cardinal. Ainsy cet Esaü vendit sa primogeniture pour une ecuellée de lentilles.

CHAPITRE XXIV.

Du cardinal d'Estouteville 1er commandataire (p. 56).

D'Estouteville.

Il mourut fort agé au commencement de l'an 1482, lequel, au rapport d'un annaliste de notre France ne se contentant pas d'estre spirituel, voulut aussi..... (La fin de la phrase a été batonnée.)

Nous avons en deux endroits de nostre eglise les armes de cet abbé commendataire qui se blasonnent ainsy : Ecartelées au premier et au dernier quartier burelés d'argent et de sable au lion de sable accolé d'or armé et lampassé, de gueule rampant sur le tout ; au 2 et 3 de gueules à deux (fasces) d'or ; pour cimier un chapeau de cardinal avec les pendants de soye, le tout rouge et la croix d'archevesque au dessus dudit chapeau et sur l'escuel les armes de France à la bande de gueules entre les fleurs de lys. Quant à ce qui est de ses obseques il y eut grande dispute entre les chanoines de St Marie Majeure et les freres Augustins à qui des deux appartenoient les precieux anneaux de ses doihts et ses riches vetements tellement que chacun le depouillant et prenant ce qu'il put, tant d'une part que d'autre, laisserent son corps presque tout nud et fut ainsy enterré par les Augustins non sans quelque ignominie, après avoir vescu si splendidement des biens de tant de benefices qu'il possedoit sans en avoir jamais exercé les charges. C'est ce que nous apprend l'experience journalière que les grands beneficiers ont tant de peine à vivre selon leur richesse, le bien de l'eglise ne prosperant jamais entre les mains de tels commendataires. A la vérité si je suivois le stile de nos enciens manuscrits je ferois scrupule de leur donner place au catalogue des abbez de ce monastere, veu que ces enciens pancartes le refusent à trois ou quatre abbez de ce Mont quoyque canoniquement esleus, d'autant qu'ils n'en avoient point fait l'office. Retournons à nos reguliers.

CHAPITRE XXV.

André de Laure 32e abbé (p. 57).

ANDRÉ DE LAURE.

Quoyque au temps de son election il fut docteur en l'un et l'autre droit, neantmoins il passa presque tout le temps de sa prelasture en la ville de Paris sous pretexte d'estudes, mais à la vérité pour hanter le grand monde ainsy que fesoient la plus part des abbez de son temps.

Sur une autre vitre il fit peindre le sacre des rois de France où l'on voit d'ordre les XII pairs de France chacun d'eux tenant en sa main ce qu'il doit presenter à l'archevesque de Rheims pour mestre sur la personne du Roy. — Voilà ce que nous en pouvons dire, car de parler de la regularité, de son temps cela n'estoit plus de saison.

Son corps fut enterré solennellement en la chapelle de la Trinité devant l'autel de St Sauveur que l'on nomme à present Notre Dame de Pitié que luy mesme avoit fait faire, ainsy qu'il appert par les armes qui se voient apposées aux deux petites colonnes de bois de ladite chapelle. Je m'oubliois à dire que cet abbé fit faire cette belle vitre du corps de garde où il fit mettre pareillement ses armes. Il portoit au chef de vair d'argent et de gueules de deux tires.

CHAPITRE XXVI.

De Guillaume de Lamps, 33e abbé (p. 58).

La vie courtisane plus que religieuse qu'avait mené dans Paris André de Laure eut sans doute jetté dans l'esprit de nos electeurs des fortes apprehensions de se voir à jamais descheus de leurs privileges et droits d'election, s'ils ne se fussent veu appuyés de la faveur des sieurs de Baternay comte du Boschage leurs capitaines qui estants puissants en cour sçeurent si adroittement mesnager le tiltre de cette abbaye pour leurs nepveux qu'ils avoient fait venir du Dauphiné et engager sur cette espérance à la profession rellgieuse. En effet tous les quatre se succederent alternativement par les suffrages de la communauté plus touttefois pour les sollicitations de leurs dits oncles et pour leur extraction que non pas pour leurs merites et propre vertu qui demeurant languissante sous un habit de moyne les rendit d'autant plus blasmable qu'ils s'oublioient de la perfection de leurs encetres et predecesseurs. Neantmoins avec cette différence que les deux frères André et Guerin Laure flestrirent leur nom par une vie feneante et seculiere, ne s'estants rendus recommandables ny par leurs merites personnels ny par aucun service à l'advantage de cette abbaye, au contraire les deux autres freres, leurs cousins, Guillaume et Jean de Lamps ont esclairé comme des lampes lumineuses en leur vie par l'odeur de leur honnesteté et ont rendu à jamais leur memoire esclatante par l'objet journalier de leurs entreprises heroiques.

Guillaume de Lamps.

C'est à Guillaume de Lamps qu'est du l'honneur d'avoir fait continuer le chœur de l'église encommencé par le cardinal d'Estouteville jusqu'au second estage et parachever les piliers et gardefous qu'on voit au dessus des chapelles au dehors, et auroit sans doute paracheué cette œuvre s'il eut vescu plus longtemps ou s'il n'eut entrepris tant d'autres œdifices. Car il fit abattre les degrez par lesquels on montoit depuis le corps de garde jusques dans l'eglise et les murailles qui estoient à costé et fit faire au lieu ce grand et spacieux escallier qui se voit à present, cette belle platte forme, vulgairement appelée le Sault Gaultier, la galerie et le logis abbatial qu'il fit couvrir de plomb; il fit dresser le pont par lequel on passe de ce logis en l'eglise de plain pied, à prendre du quatriesme estage dudit logis. De plus il fit faire l'aumonerie et la grande cisterne qui est auprès, contenant plus de 1200 tonneaux; auparavant il n'y avoit là qu'un cimitière où on enterroit les moynes. Il fit aussy parachever la cisterne du dessous le thresor, nommée du Solier, proche laquelle, où estoit autrefois la chapelle de Saint-Martin, il fit faire le moulin à chevaux qui est une piece fort rare pour sa façon et grandeur. Outre tout cela il fit aplanir ce grand jardin, qui est au milieu du rocher vers le midy, il fit bastir en mesme temps le logis et la chapelle qui sont au bout du dit jardin.

Il acheta un calice qui est le plus beau de cette abbaye, un fort beau bassin, deux grands urceaux, deux chandeliers. . . . . comme cette chapelle de damas blanc parsemée de fleurons de soye où sont ses armes.

CHAPITRE XXVII.

De Guerin Laure et Jean de Lamps, 34ᵉ et 35ᵉ abbez (p. 60).

JEAN DE LAMPS.

En quoy ils ne furent aucunement trompés veu que le tittre de cette abbaye estant comme aux abbois de la mort pour l'ordre de St-Benoist, en sa personne, à guise d'un soleil couchant, il le rendit assez esclatant et lumineux, mais ce fut pour s'esteindre aussitost et s'esclipser pour toujours.

Il eut l'honneur l'an 1518 de recevoir en son abbaye François premier, roy de France, avec tous les devoirs et plus grande soubmission qu'il put, allant processionnellement au devant en habits pontificaux, imprimant par sa modestie des tendresses de devotion au cœur du Roy et par cet eclat exterieur de la veneration. Bref, nostre abbé desirant ensevelir avec honneur la majesté et splendeur de la dignité abbatiale de ce Mont St-Michel et laisser des objets dignes d'admiration à la posterité, fit plusieurs autres choses pour le bien de son abbaye et n'obmit rien qui peut servir à l'advantage et decoration interieure et exterieure du monastere, les religieux pouvant dire à sa mort : Adieu les loix canoniques, et la pragmatique sanction de St Louys et de Bourges ; adieu nos privileges ; adieu honneurs et prerogatives inseparables des abbez réguliers et incommunicables aux commandataires. L'an 1523, le 4 decembre, Dieu l'ayant rappellé à soy, les moynes enterrerent son corps dans la chapelle de Nostre Dame auprès de ses deux predecesseurs, et pour tesmoingner leur reconnoissance en son endroit et en conserver plus longtemps la memoire, ils firent poser son effigie sur un pilier comme on voit encore à present. Ce qui n'a esté accordé à d'autre qu'à luy, et à la verité est une chose assez remarquable. Car si après luy nous n'avons eu aucun abbé qui ait porté l'habit de St Benoist, au moins nous pouvons dire qu'iceluy nous est resté qui le porte jour et nuict en peinture.

Ses armes se voyent en divers endroits de l'eglise et porte comme son frere Guillaume de Lamps[1]. Il y fit aussi appliquer celles de l'abbaye que j'ai jugé à propos de blazonner icy n'en ayant parlé ailleurs.

Ce monastere porte d'argent chargé de coquilles St Michel de sable sans nombre, au chef d'azur à trois fleurs de lys d'or. L'abbé Robert Jolivet fut le premier qui inventa cet escusson l'an 1420, à l'exception du chef de Roy que Louys XI donna l'an 1462 estant venu en devotion au Mont St Michel.

---

[1] B. Porte d'argent et de gueules au lion de l'un dans l'autre, armé et lampassé de mesme. — Ms. Deschamps du Manoir.

CHAPITRE XXIX.

De Jean le Veneur, 2ᵉ commendataire. (p. 17).

Ainsy se fit l'election de Jean le Veneur, evesque et comte de Lisieux, ainsy fut admis en ceste abbaye le second commendataire, si touttefois cela peut se dire à l'egard de celuy qui n'est jamais venu en ce Mont. Ainsy cette sainte et devote maison fut mise en commande et abandonnée à la discretion d'une domination etrangere et seculiere, possible jusques à la fin du monde, si Dieu n'y met la main. Qui a jamais veu une ambition plus violente pour des benefices ? J'escris ceci le jour du grand docteur St Ambroise. Qu'il ferait beau mettre en parallele l'affection de ces deux prelats? Mais ceci passe les bornes que je me suis proposées. J'ay demeuré plus longtemps à discourir de cette election qu'à mon ordinaire. Mais il faut considérer que ce commandataire m'a obligé de beaucoup parler de son admission à la dignité abbatiale pour me laisser garder le silence sur le reste de sa vie et tout le temps de sa prelature, ne pouvant rien dire de ses gestes à sa gloire ny à l'advantage de cette abbaye.

Si tost donc qu'il luy fut permis de porter le nom d'abbé, il envoya ses agents et procureurs pour recevoir les biens de ce monastere en laissant le moins qu'il pouvoit pour l'entretien des moynes dont il diminua le nombre pour en avoir moins à nourrir. Il jouit de cette abbaye l'espace de 15 ans sans y avoir laissé d'autres marques que celles de son escusson. Il le fit premierement mettre en la place de celuy du cardinal Guillaume d'Estouteville qui estoit sur l'oratoire, près de son effigie en peinture ès grandes vitres du chœur, voulant donner à connoistre à la posterité que cette effigie etoit sienne. En suitte de cela il fit biffer les armes de Jean de Lamps, son predecesseur, qui estoient au haut de la voute du chœur et y fit appliquer les siennes, pensant immortalizer sa memoire, estant cru l'autheur d'un ouvrage si magnifique. Je m'estonne comment l'on a souffert si longtemps ces armes ainsy placées. Il portoit d'argent à la bande d'azur chargée de trois sautoirs d'or.

CHAPITRE XXX.

De Jacques d'Annebault, François Le Roux, Arthur de Cossé, 3e, 4e et 5e abbez commandataires (p. 67).

Jacques d'Annebault vint luy mesme après la mort de Jean le Veneur prendre possession de cette abbaye et avec cette puissance et authorité du St Siege commença à gouverner les moynes à sa fantaisie; mais l'air du monde estant plus essentiel à son naturel que celuy des cloestres, cette solitude luy fut aussitot insipide, si bien que sa naissance aussy bien que son ambition l'appelant en cour, il se contenta d'eslire ses procureurs et vicaires generaux et speciaux avec pleine puissance sur le spirituel et temporel de cette abbaye, à l'imitation de son predecesseur, et fit reculer le pourtrait et l'escusson de l'abbé Jean de Lamps, qui estoit au grand vitrail du chœur et y fit mettre en la place son effigie en habit de cardinal et ses armes vis-à-vis celles du cardinal d'Estouteville. Ses agents firent apposer ses armes en deux autres endroits, et en cela consistent tous ses beaux faits à l'egard de cette abbaye. (B. Porte de gueule à la croix de vair regnant sur le tout de bout à l'autre egalement. Ms. Deschamps, du Manoir.)

Artur Cossé de la maison de Brissac evesque de Coustances ayant fait agréer au roy Charles IX cette permutation, il demanda ses bulles et provisions de Rome et il prit possession de cette abbaye le 6 juin de l'an 1570. Avant mesme qu'ils les eut obtenues il commença sa commande *in virga ferrea*. Car dès la premiere année, le roy Charles IX par permission du souverain pontif Pie V ayant imposé une taxe sur toutes les eglises de son royaulme pour subvenir aux guerres contre les Huguenots, nostre commendataire Artur de Cossé chercha le moien de payer la taxe de son abbaye sans qu'il luy en cousta rien et pour laisser à la posterité le tesmoignage insigne de sa haute pieté il jetta incontinent sa pensée sur les saintes reliques et argenteries de la thresorerie de cette eglise (chose qui n'estoit pas extraordinaire à ce devot prelat, car les pancartes des archives de l'abbaye de St Jovin sur Marne dans le Poitou, de laquelle il estoit aussy abbé portent qu'il vendit en ce lieu là tous les calices, vaisseaux sacrés et un nombre immense d'argenteries pour en disposer du prix à sa volonté) il amena donc un orphevre en ce Mont St Michel et fit marché avec luy pour la belle croce à dix milles escus, d'un grand calice d'or de l'abbé Robert Jolivet et plusieurs autres choses de grande valeur. Le prieur claustral, zélé pour cette abbaye, s'opposa aux intentions de ce loup ravissant soubs le nom de pasteur, et s'estant joint avec quelques uns des moynes se prit de parole avec ledit Cossé, et dans la chaleur donna un si grand soufflet au venerable abbé que le pavé luy en donna un autre, adjoustant que le diable emporteroit plus tost l'abbé, que l'abbé sa croce, tellement que tous les moynes se rallierent avec le prieur, et le pauvre Artur tout espouventé prit la fuite avec son orphevre qui par malheur avoit desjà le calice d'or et autre argenterie de grand prix que l'abbé Robert avoit fait faire environ l'an 1412. Ainsy cette imposition de main nous a conservé nostre croce et le reste que nous voions en la thresorerie.

L'affaire se termina par là. Car l'an 1575 cette abbaye ayant esté taxée de nouveau par le roy Henry troisiesme, pour le mesme subjet que dessus, à la somme de 1860, pour le payement de quoy il fut vendu par permission du pape quelques terres et rentes de la seigneurie de Bretteville, l'abbé cependant entreprit procez contre les moynes au parlement de Rouen et les moynes réciproquerrent l'abbé pour diverses causes. Le dit Artur se voulant venger de l'affront qu'il avoit reçu du grand prieur à la thresorerie obtint enfin un arrêt dudit parlement l'an 1573 contre les moynes, au bout d'un an de procez, par lequel il est [dit] que le prieur claustral sera electif et ne pourroit l'estre qu'un triennat. La mesme année Jean de Grimouville prieur claustral qui avoit donné le soufflet à l'abbé fut nommé par le roy de France à l'abbaye de la Luzerne et en a jouy sa vie durant, ce qui n'empescha pas que ledit Jean Grimouville ne fut de rechef eleu par les moynes de ce Mont leur prieur claustral, ce qui donna un grand courroux audit Cossé de voir ainsy eslevé son adversaire qui ne luy cedoit de rien en naissance.

D'autre part les moynes de ce Mont ne donnoient aucun repos à leur abbé, qui le plaidoient fort et ferme au parlement de Rouen pour le contraindre de rapporter les vases d'or et d'argent qu'il avoit enlevé à la thresorerie, l'an 1570. Il fut enfin contraint par arrest l'an 1574 de rapporter le tout, et pour le faire il se resolut de vendre quelques terres de sa manse. Il exposa donc en vente le manoir et college que ce monastere avoit en la ville de Caen, et fut vendu 1,500 liv. et 10 liv. de rente à perpetuité; il vendit aussy la coupe de bois de Meusneville, et de cet argent il retira les dites argenteries des héritiers de M. Le Texier, bourgeois de la ville de Rouen, en son vivant adjudicataire d'icelles, par les voyes de justice. Ils furent donc rapportés en cette abbaye le 28ᵉ jour de septembre de l'an 1577, suivant l'inventaire, excepté le beau calice d'or qui fut perdu pour le monastere et 17 onces tant d'or que d'argent qui manquoient sur le total au poids.

Ce commandataire ainsy inquieté et maltraitté de ces moynes n'osoit se montrer en ceste abbaye, ains fesoit sa residence ordinaire au chasteau de Loyseliere dependant de ce monastere à six lieues de la ville de Coustances dont il estoit evesque. Enfin pour laisser quelque indice à cette eglise de tous ses bienfaits, au moins affin qu'on le creut de mesme, il fit mettre son pourtraict vestu en violet avec ses armoiries aus vitres du chœur à costé du cardinal d'Estouteville. Il mourut au mois d'octobre de l'an 1587 sans avoir rien fait en ce monastere digne de louanges. — L'on reconnoit en quel estat estoit l'observance reguliere en ce monastere du temps du commendataire Artur Cossé par les reglements que Jean de Grimouville prieur claustral y fit pour la reformation des moynes. Il ordonna entre autres choses que les religieux ne garderoient point en l'enclos de l'abbaye leurs chiens de chasse ; qu'ils ne porteroient point de dentelles aus colets et poignets de leurs chemises. [Il defendit] de porter des habits de soyes, d'aller aux champs sans scapulaire, de porter moustaches et cheveux longs, de jurer le nom de Dieu, etc. Cet abbé en ses armes portoit de sable à trois fasces d'or denchées. Ce sont les armes de la maison de Brissac dont il estoit bastard selon l'opinion commune.

CHAPITRE XXXI.

De Francois de Joyeuse, 6ᵉ commendataire (p. 71).

Voilà ce que nous pouvons dire de ce religieux commendataire. Qui voudra sçavoir quelque chose en sa louange pourra s'adresser ailleurs qu'à nos archives. Jacques Gaultier, jesuite, le met en sa Chronologie entre les illustres personnages du xviiᵉ siècle. Ses œuvres pies ausquelles il emploia plus de 200,000 escus seroient plus à louer s'il les avoit faits de son patrimoine et qu'il n'eu pas, pour ainsy dire, descouvert St Pierre pour couvrir St Paul, veu que de ce seul monastere pendant sa commande on luy a porté dans ses coffres pour le moins pareille somme. *Gallia purpurata* en parle aussy à son advantage, mais ces autheurs n'ont pas fait une remarque que je trouve dans un de nos manuscrits qui est assez considérable pour monstrer quelle benediction ce grand beneficier attiroit sur ses benefices. 1..Le clocher du Mont St Michel fut bruslé de son temps. 2. La gallerie de Gaillon fut bruslée avec le grand pavillon dependant de l'archevesché de Rouen, dont il etoit archevesque. 3. L'abbaye de Marmoutiers fut bruslée, dont il estoit commendataire. 4. La nef de la grande eglise de Narbonne fut bruslée, dont il estoit archevesque, et la plus grande partie de l'eglise de Toulouse fut bruslée, dont il estoit aussy archevesque. Enfin une partie de la belle eglise de Fescamp fut pareillement bruslée, dont il etoit commendataire, et le tout arrivé en moins de quinze ans. Dupleix raporte à Louis XIII qu'un jour un predicateur declamant en sa presence contre ceux qui tiennent plusieurs benefices incompatibles, il creut, et avec fondement, que cette censure s'adressoit à luy et après la predication fit voir au predicateur la dispense qu'il en avoit du pape, à quoy le dit predicateur repondit en peu de mots : « A bien faire il ne faut point de dispenses. » Il mourut à Avignon le 54e de son aage, le 23e jour d'aoust de l'an 1615. Son corps fut porté à Pontoise où il est enterré en l'eglise des Jesuites qu'il a fondée d'une partie des despouilles des eglises qu'il possedoit en commande. Un de nos manuscrits fait de son temps acheva sa vie par ces mots : *Væ, væ, væ.*

Il portoit escartelé au 1er et dernier quartier d'azur, à 3 pals d'or, au chef de gueules, chargé de 3 hidres accolés d'or, qui est de Joyeuse, au 2 et 1 d'azur, au lion d'argent, armé et lampassé d'or, à la bordure de gueules chargées de 8 fleurs de lys d'or posées en orle, qui est de St Didier.

CHAPITRE XXXII.

De Henry de Lorraine, 7e commandataire (p. 73).

HENRI DE LORRAINE.

Il portait contrescartelé au 1er fascé d'argent et de gueules de 8 pièces qui est de Hongrie ; au 2e d'azur, semé de fleurs de lys d'or, au lambel de gueules mis en chef qui est de Naples-Sicile ; au 3e d'argent, à la croix potencée d'or, cantonnée de 4 croisettes aussy d'or ; au 4e d'or, à 4 pals de gueules qui est d'Arragon ; aux 5e et 1er de la pointe semé de France à la bordure de gueules qui est d'Anjou ; au 6ᵉ d'azur, au lion contourné d'or couronné et armé de gueules qui est de Gueldre ; au 7ᵉ d'or, au lion de sable, lampassé et armé de gueules, qui est de Flandre ; au 8ᵉ et dernier d'azur, à deux barbeaux adossez semés de croix recroissetées d'or au pied fiché, qui est de Bar ; sur le tout un escusson d'or à la bande de gueules, chargée de 3 alerions d'argent, qui est de Lorraine.

CHAPITRE XXXIV.

De Jacques de Souvré, 8ᵉ commandataire (p. 76).

Nous ne donnerons aucun lieu en ce catalogue au sieur Rufé d'Effiat quoiqu'il ait obtenu le brevet du Roy de cette abbaye après la disgrace du duc de Guise et en ait jouy un an, d'autant qu'il ne fut reconnu pour abbé en ce Mont, le souverain pontife luy ayant refusé les bulles et le Roy l'ayant revocqué, c'est pourquoy nous faisons suivre à l'illustrissime Prince de Lorraine Monsieur de Souvré, chevalier de Malthe, commandeur de la commanderie de Valence et homme de grande vertu et prudence et fort estimé et cheri en cour auquel Sa Majesté donna cette abbaye l'an 1643 peu après la mort du sieur d'Effiat. Ses bulles luy furent octroiées de sa Sainteté le 19 jour de may de l'an 1644, en vertu desquelles il envoia procuration specialle à un chanoine de l'église d'Avranches pour prendre possession en son nom. C'est chose remarquable que le souverain pontife luy accorda ses bulles pour l'administration de cette abbaye en commande à la condition de la tenir en bonne et deue reparation, de s'acquitter de toutes les charges, de n'amoindrir le nombre des religieux, de ne les molester en aucune façon, de leur administrer leurs pensions amplement selon la coustume du lieu et qu'il feroit serment de tout ce que dessus devant un juge d'eglise, lequel serment, avec attestation du juge il feroit envoyer à Rome pour le faire enregistrer au greffe romain. A faute desquelles conditions *presens gratia nulla sit, dit la bulle*. Ledit seigneur de Souvré s'acquitta fort fidelement de toutes ces formalités; en touttes occasions il monstra son affection et sa faveur envers les moynes prenant et portant leurs interests comme les siens mesmes. Dans plusieurs procez et affaires d'importance qu'ils ont eu spécialement avec le sieur de Lorge Montgommery et M. Roger d'Aumont evesque d'Avranches il s'est porté partie intervenante dans les poursuites et deffences et a sçu par son crédit et authorité les renger à la raison. Outre cela nous avons icy des marques de liberalité pour son abbaye entre autres le beau parement blanc des grandes festes qui cousta environ 7,000 livres avec un tableau de St Michel de 600 livres. L'an 1661 monsieur Fouquet surintendant des finances ayant esté disgracié, le Roy envoia en ce Mont trente soldats dont il en devoit aller dix à Tombelaine avec un lieutenant du regiment de Picardie, entendu qu'elles estoient tenues par des creatures dudit sieur Fouquet. Lesdits soldats furent receus sans difficulté. Le R. P. Prieur Moynet considerant qu'ils etoient fort onereux à la ville obligeant les habitants de leur fournir logement, ustensiles et 40 livres par moys en escrivit audit seigneur abbé pour retrancher le nombre et les faire payer des deniers du Roy. Ce que ledit seigneur abbé executa incontinent et fit envoyer en diligence ordre audit lieutenant de se retirer en la garnison du Havre de Grace et de ne laisser en ce Mont que quatre soldats avec un sergent, ce qui fut fait au grand contentement de la ville et des religieux qui ont tout subjet de se louer de luy et de luy souhaither toute prosperité en ce monde et la gloire en la vie eternelle. Notre seigneur luy fasse la grace de tenir et administrer cette abbaye plusieurs années à la gloire de Dieu et au salut de son ame !

B. Porte d'azur à cinq barres d'or au chef de gueules chargé d'une croix pleine d'argent ; de plus en qualité de commandeur porte la grande croix et le chapelet. (Ms. Deschamps du Manoir, sans numero. Bibliothèque d'Avranches.)

www.ingramcontent.com/pod-product-compliance
Lightning Source LLC
Chambersburg PA
CBHW062008180426
43199CB00033B/1566